张加强◎著

顾渚山传

上海人民出版社

茶山曲

古茶韵

贡茶院遗址

茶山之境

寿圣古寺

歌舞剧《六羡歌》

陆羽阁

顾渚山茶园

禅茶会

大唐贡茶院

贡茶院廊

摩崖石刻

目录

序　千金买断顾渚春

顾渚山一直很潮，一直引领，令诸多时代缠绵。

于是，我借学者姿态，试文士笔墨，执子弟之礼，报儿女情怀，为一座家园之山著书立传。一晃十年，今再版（增订版），重生味很浓。

顾渚山出名茶，藏名泉，聚名人，是世界茶人朝圣地。紫笋茶因官中首选名播天下，千年不辍。她用故事解读这幅渐渐舒展着的精美的山居图。

闻香识唐朝。一千多年前，中国历史上最著名的朝代的味道，是紫笋茶香。

顾渚山到了宋朝，成为一座文化上不可或缺的山，是因为苏东坡送给三个好友的三句诗：

一个是湖州太守孙觉，苏东坡做杭州通判，要到湖州办事，给孙觉寄诗说："顾渚茶芽白于齿"。

另一个叫刘行甫，长兴人，是杭州做州试监官时的茶友，刘行甫要去余姚任职，苏东坡赠诗："千金买断顾渚春"。

再一个是钱塘令周开祖，湖州人，他俩在虎跑祖培寺吟诗品茶，苏轼念想顾渚山的金沙泉，便作"金沙涌泉雪涛香"。

苏东坡对于顾渚山，用情颇深。

作为精神上的旗手，陆羽在长兴山川构建了茶文化学，令整个中国大地充满敬意。这里每一条山谷，每一泓清澈，每一片竹海，似乎都在竭力接近艺术，让历史上那些令人高山仰止的名家们稍做停留，今天我们进得顾渚山，依旧感觉得到精美又肃然的贵族气无处不在，连散发的气息都在充塞那个伟大的旧梦。

茶风在偌大的中国转一大圈后，在顾渚山安然地沉淀下来，留下了植物与文化合璧的经典情节。这座不起眼的普普通通的江南山脉率先读懂了中国的心灵，跑到了时代的前面，构成江南风流的一个奇观。

王旭烽写《茶人三部曲》第一部《南方有嘉木》，快完工时，来电话，说要到顾渚山住几天，找点感觉。闲聊中，得知我的《顾渚山传》写作构想，她说我来写序。接着，有了她的序《品山之境》。后来，她的"茶人三部曲"之第三部《筑草为城》中，用了较多的篇幅把人物故事情节放在了顾渚山。

于是王旭烽成为第一个夜宿顾渚民居的客人，于是有了今天的蜂拥而至，于是，每年超过两百万人次的上海游客来"顾渚问茶"，《人民日报》有过一篇题为"这里有个上海村"的报道。于是，"上海有个长兴岛，长兴有个上海村"的说法传开。

今天的顾渚山，俨然一座海派山乡。人们优雅地闲逛在"山涧外滩"，山道上"侬"声余音不断，偶遇纯情女孩的笑靥与溪边的小黄花一样柔曼。

用侬字寒暄，撩得山村直痒痒。一个"侬"字，望尽山乡景色，不见沧桑，尽是逍遥林下的目光。清风明月的佳景与一声"阿拉"，一样味道。

清溪绕着群山，漫山鸟语，绿道移步易景，村落景观，如水墨画般淡雅，自然、文化与人融合与共生。尘俗世嚣不易入得，乡村的优雅表现在安定的日子连同安定的情绪上，等待夕阳染红。顾渚民宿街区见不到鲁迅笔下那一类花五文钱就在柜台外喝酒的长短工，也少见陆文夫境界里的临窗独品者。

这里的游荡者很绅士，着张爱玲式松软的现时服装，踏无虑的散淡漫步，操纯粹的海派口音，三三两两的连同鸡狗鹅鸭悠闲逛来，散发着浓浓文苑味道的农家、酒馆摆开八仙桌，招待十六方，冲淡了那些粉墙小院内养鸟种草、玩棋赏桂、品茗谈艺的情趣。生发的各种各样的玩法，为生命过程多一点情节，适合百姓的命。

初版《顾渚山传》写了这座茶山的旷世风雅，后来第八届世界国际禅茶大会在顾渚山召开，各地茶人拿着我的书求签名。日本茶人仓泽行洋是一所大学的茶学教授，他在贡茶院见了我，说《顾渚山传》中用了他一句话：在中国，唐以后"茶道"一词突然成了死语。抬了他的身价，他希望我授权译成日文介绍去东瀛。

那是后话。

第一章

超然之境

顾渚山，
一个春天的童话

中国的名山，顾渚山是个异数，人家尚在大自然的怀抱里休眠，她已早早地走出深闺迎奉八方贵客了，其实她远未到持家的年龄。

——作者手记

山之异

这座山的学名，是一个有着周王朝天子血统的叫做夫概王者带来的，毫无装饰与打扮的顾渚山，在夫概踏步的一瞬间，走到了所有江南名山的前列，被大气与高耸包围，被尊严与雅致守护，这历史的质地今天随便找一处崖壁都可以解析。

山之怡

人文精神因一座山的阻击，散发出自然主义光芒，这缘于一叶翠绿。风细竹软，旧影依稀，顾渚山古朴与青翠的景象，似乎在告诉你，它的不寻常之处，就隐匿在茶叶的背后。

茶叶，古老的中国文化最辉煌的象征之一。如果说中国的茶叶被赋予文化内涵起始于某一座山的话，无疑，这座山一定是顾渚山，中国茶文化之源，这是顾渚山书写历史的另一种手笔。

顾渚山如一个琼台玉人翩然来至眼前，撩人眼目的是那一身无与伦比的霓裳。她戴着流云，披着星月，裹着薄雾，舞着轻纱，更袭一身茶香飘逸而至。

山之灵

茶风在偌大的中国转一大圈后，在顾渚山安然地沉淀下来，留下了植物与文化合璧的经典情节，令历史猝不及防。这座不起眼的普普通通的江南山脉率先读懂了中国的心灵，跑到了时代的前面，构成江南风流的一个奇观。

作为精神上的旗手，顾渚山早就不拘于一式，挣脱中国传统文化的束缚，居然毫无拦遮，陆羽在这里构建了整个茶文化学，令整个中国大地充满敬意。

这里每一条山谷，每一泓清澈，每一片竹海，似乎都在竭力接近艺术，让中国历史上那些令人高山仰止的名家们稍做停留，今天我们进得顾渚山，依旧感觉得到精美又肃然的贵族气无处不在，连散发的气息都在充塞那个伟大的旧梦。

假如你想去寻觅清灵的空间，放飞被都市缠绕而疲惫的心境，那么你可以在顾渚山，用身体和心灵去解读这幅渐渐舒展着的精美的山居图。

任何时候进入顾渚山，驻足在任何一条山道上读山、读茶园、读修竹、读生命，定有另一番解悟。羊肠小道蜿蜒远去，仿佛由心灵铺出，呵护着生命之路，直奔时间的去处。游人夹道而行，山间偶尔苍劲的千年古木和百年古藤，让人世间变得情意绵长。

山之精

所有绿的点式与翠的把玩都不是独立的，她的青草味，泥土气，她的自然态、精美状，她的旧故事新传说与经典的山体构造，都是在相融相通中完成，被农业文明与乡土文化紧框的中国，是难找阳春白雪的，顾渚山在这节骨眼上站出来，这不仅仅勇气二字可以诠释。

顾渚山的百姓不刻意追寻山的文化积淀与历史过往，在这里生活，习惯成自然，不触及某种深沉的心路。衣食男女，于其中有的是舒心和惬意，但偶尔的一凝眸，一沉吟，山所蕴含的深厚便化为心灵的嘱托，跑到了时代面前。

夜深了，又回到火柴煤油灯的时代，天籁交给了山神，顾渚山重返悠远的时光，听到朴素的泉水流进身体的汩汩之声，听到遥远的古风遛耳而过的伟大的唐韵，方可体悟人生的久违和时光的倒流。

山之气

清晨，满目青山轻雾缥缈，万物苏醒，鸟语雀声四起，又是一个好世道。

贡茶院，把宫廷的建筑风格带入顾渚山，是大胆的创举，是观念上的革命。建筑中气势宏大、装饰华丽的风格跑到尚在冬眠的中国乡村，给封闭、凝固、沉闷的中国古代建筑以猛烈的冲击，这陌生的唐风居然为这座名山所容纳，所接受。安顿下来以后，呈现的竟是和谐与亮丽，这种融汇和结合在大自然独树一帜。

顾渚山悄悄的，寂寂的，不论何时在中漫步，都宁静如黄昏，可以清晰地听到自己的足音，让走人顿生落井之感。即使是在白天，依旧感到一股宁静直透心底，仿佛自己被融入历史。

顾渚山的茅草与昏暗构成的空间，给了思考的长度，穿行在无形的时间里，被一点点地消磨与改造，被沉静、苍劲、深厚，奇怪的是人自如地活着，自在地行走着，让现代人自如，本是个难题，顾渚山却解开了这个难题。

山之幽

太湖水滋养着顾渚山，灵气所赋，孕育出水灵灵的绮丽秀美而又文明昌盛的茶山性灵。

现代人走青山，已很难找到寂寞的深闺。山道深处，依然有帘幕低垂之处，依然可以找到芭蕉投绿的窗下，修竹、梧桐静立之处，找到爬满苍苔的墙基，找到颓败的花坛和花坛里的秋海棠。可以浮想，当年的村落之中，闺房无论深浅，照样养着小家碧玉，照样有温柔乡里的多情种子，创作出悲喜故事，顾渚山给了你一个寻觅旧式时光的甬道。

山之韵

顾渚山给你一个美妙的状态，显然超越了感官和物质层面的需求，进入审美领域，个中含蕴的是一种韵致。

顾渚山虽地处江南，但它不会有小家子气，顾渚山带着它特有的江南水乡的灵秀，以它的大家风范面对着世界，它永远不会也不愿意停下它那走了多时的稳健的步伐。

顾渚山以她特有的景观与内容吸引并征服着每一个走近她的人。走进顾渚山我才明白，为什么每一个到过或走进她的人都会在心灵的一角珍藏着她。

顾渚山不单单是可以采的，更是可以读的。每一片古茶、每一叶老绿、每一刀石刻、每一块青石板上，都隐含着一个历史故事，而整个顾渚山就是一部史书。

山之远

踏上顾渚山的曲曲弯弯，不如说是拐进了昔日的岁月巷道。山道长长，岁月悠悠，路旁密布着涤荡心灵的生命之绿，竹径通幽，引领着层出不穷的人们在时光里风尘仆仆，谁都知道自己无法缩短与绿的灵魂的距离，只能在朝暮岁月的两端打量，这是顾渚山的长度，却又是流淌着鲜活、奇葩的区间。

在顾渚山，你应该留心那些青灰砖墙，以及墙缝里的一抹苔藓和几株暗绿的小草。山道的深沉依然如初，青石板的岁月留痕被现代沥青所掩盖。你若驾车行驶在这黑色甬道上，你依然会感悟出由沧桑而生长出来的深远浩渺。

悠然的人文美与自然主义有着迷人的结合，给所有光临顾渚山的人以刻骨的感受。

踏青一梦
三千年

　　天机贵在心照。吴王夫概登临顾渚山后说："顾其渚次，原隰平衍，可为都邑之所。"遂得名。

——作者手记

　　在长兴的地层上，还保留着两亿五千万年前的生物，以及冰川时期的植物和恐龙时期的动物痕迹。地老天荒这个词适用于史前的长兴，它刻画了大自然浑浑噩噩的原始状，今天我们很难想象远古世界是怎样的荒凉与寂静。

　　上古时，太湖是个波涛汹涌的海湾，七千年前，长江入海口还远在镇江一带，这个数字在地壳运动的时表中算不得恒久，但对于人类文明史却是漫长的。河姆渡遗址发现稻米，钱山漾发现了蚕丝制品，良渚发现了艺术。粗算起来，良渚文明迄今四千年，河姆渡、马家浜、钱山漾、马桥文明迄今六七千年。良渚遗址发现九千年前的木船，这与湖州钱山漾出土七千年前的木桨构成呼应。人们对历史的追根溯源，依然徘徊于一万年太久的层面。

　　考古学家在长兴的网纹红土层，发现了远古人类使用过的诸多石器，证明这里旧石器时期已有人类活动，距今十余万年。这一重大发现被誉为"浙江远古文化宝库的奇葩"。十万年的嬗递，于生物和植物，算不得什么，但对于今天的人们，像是一个虚幻的概念，那时的人类应该还在树上，或在山洞里。然距生命繁衍，种子萌发的起初阶段，又是极度的遥远。

　　顾渚山那种地域之灵，放射出一种生命原力，生命的振幅，一种适合文化士人的化学气体，给你一个伟大的真实。

　　顾渚山的自然太独特，如果你不深切的了解它，就难以理解它灵气腾升的独特的形态，偌大的山体沉浸在无休止的湿润里，岩石缝处处阐释生命时间的课题。这里永远不见残缺与废墟，永远不见干裂与泥荒，永远不见裸露与风化。生命的勃发景象无处不显。这里太撩人，太诱人。

顾渚山精华密布，一缕缕奇云飘挂在轻雾迷漫中的黛峰，上迷浩天，下漫旷野。天地溟蒙，身边修竹藤蔓，苔藓地衣，无不健壮茂盛，浓浓的雾气，裹挟着时有时无的朦胧的境界，胸中多少名句追随着身边云卷云舒，在如梦似迷的竹径，得几分道骨仙风。

顾渚山形势如太师椅，坦然面向太湖，太湖水气进入顾渚山便在此聚涌，整日云雾蒙蒙，山上野茶经云雾滋润、浸养，既得气候之宜，又获水土之精。

山水化的宗教，宗教化的风物，风物化的信念，给人以悟性，这种历史魅力可能在史前就有了，不过直到吴王夫差的弟弟夫概为防越国侵略踏勘地形上了此山，才开始有了名人效应。不过以顾渚山的山性，周太王古公亶父的两个儿子泰伯和仲雍隐遁江南，定居无锡梅里，也许也已踏访过顾渚山，只是史无记载罢了，顾渚山的诱惑力如以夫概为起点，也有近三千年了。

仁者乐山，山不但给人一种道德上的承诺，似乎也助于生发某种预言的启示，古之圣贤都有登山训众之举。吴王阖闾夺取政权后，派他的弟弟夫概到长兴筑城，并沿太湖筑三圻三城，即斯圻、石圻、卢圻；吴城、彭城、邱城，圻是训练水军的地方，城为训练步骑，城圻互为依托，今古遗址尚存。城狭长而得名长城，在北宋以前一直是长兴的县名。夫概到顾渚察看地形，夫概登山后，感觉极好，登高远眺，浩渺太湖，一展浩瀚，脱口而出："顾其渚次，原隰平衍，可为都邑之所。"顾渚山由此得名，古人一向是占山便可为王，在此建了城邑，建了都会，进退自如不说，处太华山接西天目山脉，活动空间自然是江南绝佳之地，防一个区区越国，绝对不成问题。在今天长兴的吴山乡仍保留夫概山、横涧村等地名。

夫概回无锡梅里说服了吴王，夫差也认为可以建都于顾渚山，建都之事如在吴越之争犹酣之际，夫差即可拍案定夺，古吴城遗址也许另有炉灶，只因勾践不是对手，只因屡舞吴娘艳，吴女多销魂。迁都顾渚山之事暂且一放，这一放，放出一个卧薪尝胆的复仇典故，放出一个顾渚山两千年前的原汁原味。

从夫概起，人类一直未能实实在在地见证这座山的一部沧海桑田的造化史，真正为这座山树碑立传的，居然是茶叶，居然通过茶叶展示了她那人得其中的魅力，人文精神与自然主义高度和谐的魅力，顾渚茶凭借其惊人的表现力，诠释出一种链接大自然的通俗语言，假如这种语言被赋予了某种文化，姑妄言之茶文化。

难得沽名
一霸王

> 项羽是有名的英雄，他在没有办法的时候自杀，比汪精卫、张国焘好得多，我们要学习项羽的英雄气节。
>
> ——毛泽东

战国时的一段恩怨，改变了后来的历史走向，楚国的名将项燕在抗秦中被秦将王翦所杀，项燕有个孙子叫项羽，与他的叔叔项梁杀了会稽令，躲避吴中，就是今天的湖州一带。这个"吴中"在史家眼里一般是指苏州，但史记里的吴中是泛指一个地域，也就是那个令人神往的"江东"。据说项羽曾在湖州见到秦始皇巡视的壮观队伍，项羽居然说我可以取而代之，项梁怕惹出大祸，赶紧以手掩其嘴，当地人把这事的发生地称为"掩浦"或"项浦"。

顾渚山长留一个千古名潭，清澈的山泉十米见底，据考是当年项羽洗澡的地方，有资料显示，项羽曾在弁山、顾渚山等处屯兵练兵，他的数千江东弟子大多为这一带的吴人。秦时的顾渚山明月峡极为恐怖，豺狼虎豹出没，狼嗥猿啼不止，鬼门关一个，比之景阳冈毫不逊色。英雄项羽在会稽杀了贪官，为避官兵追杀，躲进弁山、顾渚山，项羽在明月峡留下神奇传说，项羽袭一身泥土、臭汗、疲惫、瘫软浸入泉潭，清澈的甘泉诱发了项羽把此地作为自己的根据地。

陈胜、吴广起义不久，项羽立马在太湖四周广招兵马，在长兴的弁山练兵，今天弁山上还留着项羽的走马坪、饮马池、系马木等募兵、练兵的遗址。项羽集中江东八千子弟，集聚湖州宣誓起兵，那宣誓之处湖州人称为子城、项王城，是历代府台衙门所在地。后人描写当时雄风"举旗振臂起江东，子弟八千胆力雄"，项羽从此踏上"争霸伐秦功盖世，称王立楚史留名"之路。

杜牧很敬佩项羽，他说："胜败兵家不可期，包羞忍耻是男儿，江东弟子多才俊，卷土重来未可知。"项羽不愿回江东，不愿卷土重来，归根到底是感到有愧于江东父老。有一首叫作《濠城咏》的诗这样写道：垓下风云卷地汹，项王兵败亦豪雄，八千子弟魂何处，父老于今泪眼朦。

项羽在顾渚山待了些时日，他饮用过的水井，至今泉水甘洌，他的丰功伟绩充满了隐隐的悲凉和忧伤，然这位失败的西楚霸王在顾渚山留下伟岸的身影和雄性的印记因这泓清澈的霸王潭而显英雄气质。霸王潭在顾渚山流传了两千多年后，姗姗而来的游人，望着一潭幽波，依然展不开想象的翅膀，就像当年那雄浑古朴的歌声不能失去浩淼的水光衬托一样，人的思绪需要一种相宜的背景滋润。

无论是它的刺激性还是启发性，都与霸王潭本身一样有些粗糙。世间的事常常这样，人都力求将大自然作为一种寄托情思的对象。霸王潭就在他心头留下了一抹幽碧的波光，只是他或许没料到它在顾渚山深处藏了千百年之后，才从唐诗中走出，成为供游人瞻仰的风景。它的故乡也只能去发黄的故纸中寻觅，霸王潭只是缓缓无声在流淌。

在对霸王潭的经验中，大自然的静美、天籁的亲切、古茶的文化意味，给了人们无法言说的悸动，复活了人们心中的审美本能。到过霸王潭的游人都会感激它的一石一草，感谢她千古不息的殷勤流水。霸王潭其实是优美的，它的质朴粗糙有一种包容的力量，数千年的岁月那般无情，但它却依旧真实地存在着，使潭的美丽雾气和不远千里前来凭吊的人有了一种实在的依托。

气韵千年
古茶山

大地偶然的泄密，让今人放语未休。

——作者手记

千年以前的顾渚山，山川秀美，山间流出的长长溪水直奔水口草市入湖，湖州的刺史们进山修贡，一般都走水路。从湖州下船经城西官塘到小梅口入太湖，沿湖进沉渎港到县城，再经市河直达水口镇。也有的沿太湖入夹浦环沉港至水口，上岸后坐轿或骑马十八里到顾渚贡茶院，入住清风楼，自然也有好游者改坐竹筏顺溪流而上，逶迤行来，溪流回环转折，奔流间赏尽层峦叠嶂，偶尔的挂山裂石。坐竹筏进山，绝妙也。

借助陆羽的痴狂，我也感受到了当年陆羽写《茶经》开篇"茶之源"时的兴奋。

顾渚山是一组群山的合成，太湖水气漫漫浸养，滋润着它的肌体。山，不算高，气韵非常生动，苍苍古木与翠翠青竹从中耸拔，茫茫烟霏自幽谷中出没。

顾渚方坞岕和四坞岕，大片大片的野生茶园，世代相传，这里的茶叶便是陆羽说的"上者生烂石"。此处高崖屏挡，群峰锁户，一处纯粹的山野僻地，藏匿山精水魅，无怪乎茶叶这天然的灵草生于斯，长于斯，闯荡天下于斯。

陆羽随御史大夫李栖筠在宜兴的茶山督贡，闲来无事，翻山来到顾渚山的一座寺院，和尚献上佳茗，以茶待客。陆羽尝后，顿感此茶芳香甘辣，是他所到之处喝到的最好的茶，向李栖筠建议推荐给皇帝。

陆羽穿行于这茶树之间，他在这片不同寻常的山坡上，他发现了不同等次的茶树，好的茶叶都生于烂石，长于阳崖阴林，做了精辟的概括：紫者上，绿者次；笋者上，牙者次；叶卷上，叶舒次。

　　方坞岕与四坞岕都围绕在碣石山的东西两侧，海拔五百米，因山巅如峭壁，常被云雾遮盖，受太湖水体温度的调节，雨水丰沛，是茶叶的适生区。清人周昱有诗云："晓云漫漫白苍苍，绝壁难跻万仞冈。"山谷属阳崖，潮湿空气，四季雾缭绕。野生茶生长在烂石中，茶丛中夹杂着树或毛竹，阳光透过，洒下一串，清爽，给茶树以光合作用，这应了陆羽所说的阳崖阴林，不使阳光直射茶树。这阴林还有为茶树施肥的作用，冬季除草、修枝、培土。阴林落下的枝叶和杂草积下的腐殖质，成为软软的天然肥料。一年只采一次春茶，故这里茶芽粗壮肥硕、饱满似笋，色紫，而老叶则成为墨绿色、且厚，这是平地茶无法比拟的。

　　散落在溪边、阳坡一丛丛天然生长的茶树，有的茶树已有几百年的历史，因长得太高，采茶不便，茶农将其砍截后再生。山崖上的每处缝隙，每尺瘠土，每块烂石，必定有茶树亭亭地笑傲尘寰，曲壑蟠间，与漫山修竹相映，更增添无限空蒙幽翠，山风掠过一啸百吟，云卷云舒，万千气韵。

　　古茶山藏得很深，顺碎石路而去，临峻崖削壁，壁上苔痕斑驳，乱石纵横无序，阳光自竹梢射入，将朦朦薄雾分割，似缕缕裂隙。

　　野生紫笋茶生长在烂石地上，下为腐殖土，茶根扎于有机质丰富的腐殖土中，从中吸取诸多养分而不必施肥，茶芽粗壮。顾渚山斫射岕中的各条山岕大多为东西向，山坡上长满毛竹和阔叶林，遍受到阳光的漫射。这个环境里生长的野山茶，依其有独特的内质和色香的出众，连续三次被评为全国名茶。

　　细察这少有的唐代古茶园，让人感到清新亮丽，茶山古雅闲寂，烂石挤压出历史的怪脸，茶树的表皮盖着青青绿苔，太阳正挂，山岱蒸腾出迷蒙的薄雾。少有的境况，使人顿生沧桑之感，时间改变历史，一切存亡都是自然存亡，寂寞身后事，这古茶山教人领略人生的短暂和历史的悠长，教人阻纷扰于红尘之外，而不阻浩气于千秋之外。

　　深幽、旷野的古茶山，苍劲、古老，醺醺然的空气中挟带着一股令人心醉的优雅气息，每一株古茶树都在表现一种强烈的倾诉欲望，演绎成植物黄金。每一片叶，都沾满了阳光的味道，森林活跃了起来。激越情怀浪漫情愫都一一复活，平静记录了多少个时代的变迁，挤满对前世今生的严肃思考。

　　透过林间一束阳光，打在淌过坚硬岩石上的细流，为养育那一条根脉提供养分，古茶树回到了恣意撒野的岁月。树茎挂满青苔的古茶树竟日甚一日地清晰着，生动、不躁地显现着生命的质感。

古茶山以深沉、内向、稳重、宁静的大气质赋予山一种文化韵律，又平添几分诗意的浪漫、隐逸的野幽。茶生长于这样的深山幽谷，野与幽正是它的天赋禀性。唐伯虎因了茶叶的禀性，赋出"买得青山只种茶"的好句。诗人对隐居清幽、超逸生活的向往，竟成为今人的向往。

茶叶承载了人类诸多的情感和理想，中国茶道中佛教圆通空灵之美、道教幽玄旷达之美、儒家文雅含蓄之美皆来源于小小一片茶叶。而茶山也在千年前将不事张扬的个性在幽静的深山里默默地厚重着，这该是怎样的一种境界！

顾渚山将自然美与人文美结合得如此精巧绝妙，它将许多词句、诗歌以外的文字早已写进这块幸运的土地。"莫等春风来，莫等春花开。雪底有春草，携君山里找。"日本茶道千利休大师的这首茶诗，更令古茶园生机盎然。

进入茶山之人都会用身心去感受茶叶青涩的苦味，让茶香的淡和人心的酽、茶叶的小和心灵的大，简素又深刻的道理来充实人生。

茶山内古老的茶树与茂密的竹林交错丛生，保持着完整的原生态。茶叶的采摘和加工仍采用传统的手工工艺，他们祖祖辈辈与大山、与古茶树共生共荣。

一个奇妙的自然奇境，大山、村落，古茶、竹林融合为一体，相依相随同度岁月风雨。那些身穿苔衣的古茶树，无不渗透着顾渚山的血液，生活在这里的世世代代都依托着大山繁衍生息。

走进古茶山，置身于绿色植物的怀抱，聆听百鸟争啼，感受着人与自然的和谐相融，怎么让人赞叹植物世界的惊人的创造。

回过头看去，古茶山的葱茏，有种文士的落魄风度。时光流逝，浮躁气、场面气都磨洗褪尽。饱含功力的雕刻线条早已不怎么棱角分明，块面也含糊不清，辉煌年代里所有的经典都被化作一种积淀，如同窖了上百年的好酒，细细品，能品出点味儿来。

月下踏访
明月峡

顾渚山的泉流日复一日地追赶它无法企及的心愿。

——作者手记

　　顾渚山走到明代，依然是到处潺潺泉流，船到水口换乘竹筏，逆流向上的感觉是十分惬意的；坐在竹筏上可以细细欣赏：乱草丛生的堤岸，兀然平坦的河脊，互相拥着的石头，被河水擦得光洁照人。

　　唐时的明月峡绝壁峭立、乱石飞走，明月峡展示一种亘古的原始寂静，令人得其中者有凉气直透心底之感，峡谷古藤攀崖，古木森森，山如屏，峰如削，一路水幽林深，气柔涧静，静得令人听到耳边的气息声，顾渚山一度拥有层层叠叠的殿宇楼阁，气象非凡，那些世外高人因此把这里作为他们漫长的精神皈依点。

　　这座山的精灵凭一种通达，让任何一根水的弦丝和山的纤维，都会与人引发共振。水声常常会牵动心情别异的访山者，当破雾的阳光点穿的泉流，水流复起如初。

　　明月峡名字很有些雅味，却阴森森地使人悚然，夜间的面孔更是狰狞，也只有项羽这样的男子汉可独闯明月峡，即便是今人去明月峡，仍感觉到那种宁静和孤绝气息。

　　古之视过顾渚明月峡者为英雄豪杰，自项羽只身过明月峡，留下神奇传说后，那位东吴的大将孙权也慕名而来，孙权带着他的铁军与护卫在此安营扎寨，一只老虎见有人入侵它的领地，一声长啸从山顶而下，好在这队兵马尚未解甲，孙权稳稳举箭张弓，一箭中的，孙权射虎的故事，连同项羽的足迹给顾渚山狠狠地增了辉的。

　　顾渚山每一块石头都是一部小小的断代史，一幅苍劲枯笔的行草，石头与水组合了亘古不息的生命激情，这里任何一块土地都不会生硬地蜕皮，所有植物蔓延的生命在眷恋的地方浮游，顾渚山连植物的内心都存一片释然，只有懂茶认泉的音容才会心开怀。

明代御史游士任择一个春茶吐绿时节，游了顾渚山，写了一篇极具现场感的游记《登顾渚山记》。他坐船到水口镇，再换乘竹筏逆水而上，沿途所见逶迤曲折，适逢春水时节，泉流几溅其面。到了顾渚，观景色旖旎，目不暇接：尧市山、斫射山、贡茶院，又辗转有枕流、息躬、金沙、忘归亭，已废其二。金沙泉窦大如盘，喷涌飞泻；忘归亭在顾渚山腰上，徙倚其上，可望太湖；大、小官山，顶可手摩。上有虎头岩，下有石门，白云在门隙中冉冉飞升。侧有明月峡，尧市、顾渚两峰对峙，茶生其中，香味若兰。

明月峡三面环山，东南面为谷地，每逢朗月东升，景色迷人，明月之名由此而得。颜真卿任湖州刺史时，带了陆羽、皎然等一批文人，先到小浦竹山潭作诗联句，后又来到顾渚山。与诗友在此月下散步吟诗，有人将他们所吟之诗如实记下，颜真卿欣然勒碑题字。山间有一石，石上有颜真卿镌刻的蚕头鼠尾碑。北宋长兴县令许遵为纪念颜公这一雅行，在眠牛山下合涧上重修了一座石拱桥，名颜板桥，后被洪水冲毁。

遗憾的是，颜真卿所勒碑石，因是一方石碑，不是摩崖石刻，当地人因厌烦那些成群的游人前来拓碑而将其击碎。在偌大的明月峡中，碎碑已漫无可寻。溪上石壁峭立，常年被洪水激流冲刷得净光。沿溪有一片冲积谷地，有竹园、茶地、民居和菜地。

按游士任的线路，从眠牛山麓牛板桥始，沿着明月峡中溪涧逆行。游人在溪涧中趔趄前行时，仍不时看到巨石横躺或屹立于涧中，这就是史书上"大涧中流，乱石飞滚。茶生其间，尤为绝品。"的描述。湖州刺史张文规诗："清风楼下草初茁，明月峡中茶始生"由此而出！

明月峡左侧的石坞岕里古树名木枝繁叶茂，粗壮的毛竹华盖蔽天。一块巨石尤为醒目，应该是游士任《登顾渚山记》中提到的带缆石，估计是从山上石丛中滚落下来，三四十吨重。中有一条短促的溪涧，泉水淙淙，偶有绿油油小片茶园，周围被郁郁葱葱的林木包围，也可以称"阳崖阴林"茶。

皮日休有诗："生于顾渚山，老在漫石坞。"石坞岕早在唐代已经出名了。

金沙泉，
天和地的造化

斯须炒成满室香，
便酌沏下金沙水。

——刘禹锡

顾渚山的泉水悠悠流淌了千年万年，流出的是这座山的悠悠往事，是它历经千古而不衰的精神记忆。

金沙泉，是顾渚山茶、水、壶品茗三绝之一，清澈的泉水从砾石中汩汩涌流，终年不竭。史书上说：顾渚贡茶院侧，有碧泉涌沙，灿如金星。《新唐书》等记载：贡茶院用金沙泉加工紫笋茶，并随紫笋茶一起作贡。

《诗话总龟》里说道，金沙泉边有一碑刻，碑上刻有当时湖、杭、常三州太守贡茶倡和诗，其中白居易云：十只画船何处宿，洞庭山脚太湖心。常州太守和云：殷勤为报春风道，不贡新茶只贡心。

泉水发出轰隆的奔腾之声。高耸入云的山峰，宽平深邃的山洞，隐约从天上传来人们的欢声笑语。金沙泉绕着贡茶院、清风楼、木瓜堂、仰高亭等楼、台、亭、阁汩汩而去，紫笋茶须金沙泉烹蒸涤濯，"非此水不能制也"。皇帝赐名此泉为瑞应泉，要求每年造茶时两地太守举行摆敕祭泉仪式，以祈求水溢充盈。

名茶常与名山名水相伴，对于饮茶之用水却也是极讲究的。王安石曾诗曰：水与茶同香。

感受金沙水，应该打通生命所有孔窍，只凭眼睛和肌肤的直感是不够的，由此生发的舒展和畅快，让人心里所有的浮躁、郁闷、烦琐都随淙淙流泉而去。

山之秀，茶之美，泉之甘甜，令历代文人倾情。湖州刺史裴清将金沙泉水送进宫时，专门写了一段文字，名曰《进金沙泉表》，文中说：吴兴古郡，顾渚名山，当贡焙之所居，有灵泉而特异，用之蒸捣，别著方馨，倍至德之感，通合太湖而献纳，甘有同与沈潆清远，胜于沧浪。从此，每年作贡时，用五十六两重的银瓶，灌装金沙泉后，以火漆封印，由驿骑直送京都长安，以供皇帝在清明时祭祀使用。其余泉水以水路运输，限以四月到京。杜牧赞金沙泉、紫笋茶用了这样两句诗：泉嫩黄金涌，芽香紫璧裁。这是作贡八十年以后的事了。

金沙泉神话，五代时毛文锡的《茶谱》这样说：每年初春造茶时，太守们都要拜祭金沙泉，然后就会泉水清溢。待贡茶完毕，泉水即渐渐减少直至泉水干涸，紫笋茶、金沙泉，成为人间品茗美谈。毛文锡是唐末的一位进士，五代十国时在后蜀做了礼部尚书，生活在四川这个茶的故乡，通晓茶的知识，后贬荆州司马，临近陆羽的故乡，降后唐转悠在江南茶乡，深敬陆羽，细究《茶经》，得苏浙饮茶妙趣，写了《茶谱》。他将金沙水写得出神入化，其实金沙泉从不见干涸，只是有季节性涨浅缓急而已。

《元史》说，金沙泉不常出，每造茶时，须祭拜后才得水，事后又常干涸。这是从毛文锡的《茶谱》里引来了。元时，中书省组织官员到这里祭泉时，溢水奔腾，可灌溉千亩良田，安抚司听说了如此利民好事，立马上报皇帝，元世祖高兴之余，赐名瑞应泉。

元时长兴有位叫沈贞的文士，自号茶山老人，他有一诗：鳞磷金屑精，泛波崖下泌。远涵珠光润，净闷蟾窟溢。流芳衍余派，漱甘彻声密。上栖凤凰林，下隐蛇龙宝。岂堆穴向丙，更激支折乙。顾分泽疲民，坐致康衢日。诗读来有些晦涩，说白了，名茶名泉挨在一起，是自然界的奇妙的恩赐。

来看看清代吴庆奎、鲍钤两人的诗句："金沙潭碧弄潺湲……""箬溪净于油，清甘泌心魂。"令人吟之上口，思之神往。

顾渚山婆娑的竹影后面，山影、泉声、茗香，茶、诗、画，风、云、雾，合成一种独立的生命圈，这样的生存境况里，泉水的鸣响才压倒一切尘世喧嚣。按照袁中道的说法，以它那哀松碎玉摇荡川岳的天籁之音，来荡涤人的灵魂。

到了晚明，山东巡按监军游士任慕名来到顾渚山，记下了金沙泉的壮美：寺侧有四亭，金沙以泉名，其窦大如盎，喷涌飞泻。

历代地方官对金沙泉顶礼膜拜。公元 810 年，湖州刺史范传正在金沙泉侧首建金沙亭。清嘉庆二十年，水口乡绅、社会贤达 15 人，联名上书县知府，为保护金沙泉不受污染、壅塞，提出禁止在金沙涧里淘花生。经县知府同意，勒石建碑《禁止庙潭淘花生碑》，碑石现保存在水口顾渚村。

金沙泉被珍视，符合源清、水甘、品活、质轻的鉴水原则，有人用玻璃杯盛满金沙泉，而后用镍币一枚枚投入杯中，随着镍币的增加，杯口水面不断向上鼓起，最后形成弧度而水不溢，金沙泉因质轻而倍受关注。

后来有不少茶人论名茶必论名泉，要从泉中听取大自然箫声琴韵。清人张大复甚至把水品放在茶品之上"八分之茶遇十分之水，茶亦十分矣；八分之水遇十分之茶，茶亦只八分耳"。

金沙泉清澈明亮，口感甘冽，水量丰富，大旱不竭。金沙泉上游由斫射岕、悬臼岕、葛岭坞岕三条溪流汇成一条长达 10 多公里的金沙溪，流到水口镇与河流汇合，这个镇名也由金沙溪的出口处而得。

金沙泉区三面环山，山区植被密布，多为毛竹、灌木、茶叶，泉区处在锅底，地下岩属花岗岩，泉水的补给面积达 100 多平方公里。国内外 12 个科研单位作 360 多个项目化验，并采用同位素测试揭开了金沙泉的奥秘，由于泉水潜藏在花岗岩体内，含锶、锌、锂、锰、铁、钾、钙等 40 多种对人体有益的微量元素。1987 年，国家地质矿产部、卫生部、轻工部共同鉴定：命名金沙泉为"含锶偏硅和氡优质矿泉水"。美、法、德国等国家元首来访时，都给饮用过的金沙泉予以好评。

陆羽在顾渚山置茶园后，研究了水，他说："山水上，其山水，拣乳泉石池慢流者上。使新泉涓涓然，酌之。"陆羽时代，鉴水尚无科学的手段，仅凭口感与眼力判别水之等次，金沙泉给了陆羽一个检测基准，他与朱放品到此泉后，断为天下第一。带着这个标准，陆羽游了浙南地区的镜湖、耶溪、剡溪，鉴天台千丈瀑布水。回湖州时走富春江，游睦州、严州、婺州，鉴严子滩水。又去了无锡鉴惠山泉，再随新任洪州刺史李皋到洪州，鉴洪州西山瀑布、庐山水廉水。这次调查历时 14 年，陆羽觉得他早年的《泉品》尚存在不足，他又根据新的鉴水成果，写了《水品》一书，在湖州金盖山的一次聚会上首次示人，下了楚水第一的结论。

名泉，合于物质之理，自然之理，含着中国茶人对大自然的热恋和高雅，深沉的审美情趣。明代茶著《品泉》，写得非常到位：茶者水之神，水者茶之体。非真水莫显其神，非精茶莫窥其体，山顶泉清而轻，山下泉清而重，石中泉清而甘，砂中泉清而冽，土中泉清而白。流于黄石为佳，泻出青石无用，流动者愈于安静，负阴者胜于向阳。真源无味，真火无香。历代文人品评名泉成为一种时尚，寓情于景，吟诗作画，天长日久而成名胜。因此，品茶、赏泉，吟诗，作画，丰富了茶文化的内涵。

顾渚山的水构建了一种气质，穿过岩石而出的金沙泉水，构成水涅槃的圣地。它来到地面，水便躺着，编织成地上流动的梦幻，缘水而生的卵石，缘水而歌的泉音，凝聚成一种气韵，滑过光溜溜的粼粼砾石，大自然在这里流淌出了不朽的经典。

竹筏上的
群山

　　山可人，泉怡人。顾渚山的水是地上缓缓流动的梦幻，它赋予了山的圣洁，给予了这座名山似水流年之后的本真。

——作者手记

　　陆龟蒙徜徉顾渚山，一不小心，人走了，心丢了。于是要再作踏访，心倒是找回了，魂却留下了，于是买地八百亩，种茶二十年，这大概是他的顾渚山情结。

　　皮日休也是这德行，他跟着陆龟蒙进得顾渚山，居然也是荣辱皆忘，便不想再要那顶乌纱，后人难以理解这两位大诗人情欲寡浅的出世，不过到了顾渚山，便不会愕然他们的超然之举。

　　山水藏魂，乃古传的真理，湖州的刺史们船到水口后，换乘竹筏沿滚滚溪流进山，因无心理准备，一旦入得其中，才发现用形容词赞美，是徒劳的，即使再新的概念，亦终归无助，这里是不能言说只能感受的地方，世上已经很少有如此挥洒情性的悠悠山川了。

　　明人游士任乘坐老乡的竹筏进山，在杜牧"山秀白云腻，溪光红粉鲜"的诗句中渐入佳境，那时商业性的旅游还没有兴起，山涧自然显得清冷，随便付几个钱便可享受一次人生的游历。雨后乍晴，空气里毫无纤尘，山如黛，水如蓝，山顶挂着朵朵白云。竹筏游弋溪涧，任凭浮荡，进入这清澈世界，着实体味了一番"沉舟侧畔千山过"的诗意。青山沿岸走，溪随竹筏去，移篙见奇，涉步成趣，走筏观峰影，坐筏淌绿水，那情趣实不可描摹。

　　浅水成滩，深水为潭，每一湾每一滩都在与大自然交换能量，却同时又在积聚能量，竹筏借助这能量，无拘无束地漂过这安静的人生。这滩潭相间的被青山染绿的一泓清泉，碧绿澄澈，纯净柔和，阳光射入，水底砂草，纤毫毕露，细条游鱼悠哉自如。

水绕青山山绕水，山浮绿水水浮山，山多绿，水便多绿，山养水，水润山，这大概是顾渚山独有的哲学。竹筏过处，牧童、水牛、浣纱女、渔人、篙影、鸟鸣声，都在湍流浪花间构筑各自的生命图案。人在竹排，随手间，可饮、可濯、可听空山回响，听水中禅语，听溪涧清风，听渔舟小唱，称之为灵魂的沐浴，不算过分。人能有一次阻纷扰于红尘之外、而不阻山水于浩气之外的经历，诚然也是一种命运。

好水育好山，千古同理。然好山出好水，倒并非如此，如今的天下名山好像都少了唐时顾渚山那一泓清澈见底的水的魂魄。山水不仅属于风景，而是一种心情，是各种各样的心境。任何名山，少了水的滋润便少了特有的灵气，即便雄浑，即便伟岸，即便高耸入云，即便浩瀚无际，但终究难聚人气，终究不能爱的。

山光水色不仅隔绝了污流浊气，更隔绝了尘世喧嚣，在这样的地方炼性，可以深藏虚怀，可以不偏颇也不逃避，不焦躁也不颓唐，可以做些怀抱清远的事体。

这诗化的群山，逶迤气韵，傍水青山的松风幽径，修竹清池，构成江南山水的倾情之美，构成这温柔富贵之乡、大雅与大俗共融之地。

顾渚山虽没有拔地横空盖世凌人的孤绝和傲气，不能让人虔诚让人顶礼膜拜，让人诚惶诚恐。顾渚山是人性化的，溢着灵气的，游历此山不会有前路茫茫、孤旅天涯的体悟，沐林间轻风、心境自然是不错的，加上身边淙淙溪流、琴韵般散尽人间忧愁。

顾渚山踏过细风软水，晃过旧影依稀，这如玉之润，如水之静的状态，一不小心走到了江南大地的前列，这历史的质地不是随便找一处古宅断垣可以解析的。它的气息，是历经千年而不衰的精神记忆。

竹林深处
有慧光

南朝四百八十寺，
多少楼台烟雨中。

——杜　牧

　　说顾渚山通神灵，于是有上海龙华寺圆成法师以九十高龄入主顾渚山寿圣寺，他在这里了却了生命之缘。圆成大师的继承者是他年轻的高徒界隆法师，其红唇皓齿，一脸的清爽，这位曾就读于上海复旦大学的年轻智者，对心界的想往是不可用语言描摹的。这竹海深处的寺院，青灯黄卷，继之朗月，在时空的演化和苦修行程中，由俗汉走向圣徒，余下的无不是苍烟落照一枕清霜。

　　顾渚山连阳光细雨微风薄雾都在营造古典情调，在这里会发现那些默然无语的曾经，流传在人世间的宗教理念，零星地散落在旧苑荒台上，也折射出人与自然的文化品格。它的排场毫不炫目，毫不张扬与粉饰，更无阔绰与炫耀的底色，这里的主角是茶与禅，是心灵坦然，是从容不迫，是温良恭俭让。

　　寿圣寺群山拥抱，翠竹掩映，古木参天，于山水怀抱中得尽灵气。这座寺院，北枕金山，南屏九龙，小溪环绕而过，潺潺流水间尽得禅气，古朴美丽的自然风光堪称绝妙无比。

　　始建于距今1700多年前的三国赤乌年间的寿圣寺，在顾渚山得了玄机，是江南历史最为悠久的千年古刹。在唐代，这里有一道闻名于世的景观。相传，从顾渚山向东铺展直至太湖，沿途有七十二座庙宇，且无一相同，香火盛极，高僧云集自然不必说，法事排场也是极为像样的。唐贞观后，这里的佛教景象"为雄邑一大名蓝"。由于茶事兴盛，一些高僧如皎然等驻足于此，与陆羽、钱起、颜真卿、杜牧、张文规等贤士、墨客于此品茗参禅。

寿圣寺在宋代有过一个高峰，宋理宗时，宰相章子厚为这座名寺作记，并延请高僧净瑞法师来此讲经，法宴盛大，名流云集，蔚为壮观，可与西竺南华风幡交映。元朝又增建气势宏伟的佛阁，不光是本县四大丛林之首，更为江南著名佛地。顾渚山四季滋润，金沙泉水流淌出一地精华，千年佛气缭绕，不知实现多少轮回。

寿圣寺同样有它苦难的经历：明初一场大火焚毁了寺院的大部分建筑，只留下藏经阁。明景泰五年，又遇特大洪水，寿圣古刹顿时淹没于波涛，寺内千年洪钟，陷于泥沙之中。直至清朝顺治八年，圆好法师入驻，恢复殿阁，弘法授徒，山门又见复兴，祖庭重辉。嘉庆四年，僧人朗月重建齐堂、客堂，以后又遇战乱遭兵燹，寿圣寺化为一片废墟。

相传清同治年间，有个叫陈伦的士人过寺遗址，闻脚下大地钟鸣，甚感奇异，立即发愿：地下若有神钟，可再鸣三声，余为之重修庙宇佛塑金。话毕，钟即鸣三声。于是陈伦、臧宝莹等五人重修该寺，建起大殿三座，寮房五百余间，寺内常住僧人百余。进入民国，世事混乱，香火日下，"文革"时期又遭毁坏。笔者在二十年前见到的寿圣寺是荒草断垣、蛛网密布的几间破屋。

清静之地往往蕴含着许多对某种善良行为的颂扬，这远离尘嚣的佛地，让人心骨皆清，不起妄心。在寿圣寺你会发现，每一个存在物都是神圣的。20世纪90年代，有护法居士发菩提心，建起三圣殿一座，寮房二十余间，1997年又发起重建大雄宝殿这愿心，再创寿圣佛士之光辉。心学的神奇是不可思议的，耐得住沧桑之后，寿圣寺屡毁屡建，空旷的原野硬是不放过那缕缕幽香。

任何时候入寿圣寺，总有气象肃穆之感，早晨阴影和黄昏阴影时时连接在一起，不可分辨。岁将云暮，终日昏暗，到寺院去散步，似有寒气攻心之感，好在有大自然呵护，坦然些。然旷野竹涛，静穆里更见清幽，按高人说法，古寺巍巍，森森然才有佛性，和阴沉沉的季候正好调和。跨进大门，觉得自己已经置身远古，相忘于古人的幻影之中了。生发出肃然的想法，并非坏事，寺院要的就是这种感觉，人生不能自如的日子，佛地的解脱也是一法。

认知神灵的漫长过程，在寿圣寺被缩短了，现如今已听不到当年的晨钟暮鼓，青衣布衲都已屏息静气地隐于苍茫的幕后了，那些细节的渐变于我辈，给人永远是生疏的。

宠辱皆忘，人间正道不仅仅是沧桑，一日三餐的山民也在不经意间走精神一路，一介草民偶尔也能圆一回神灵的梦，是怎样的人文境况啊。这幅幽静的古刹图，有些潜行的年份了。那些青油油的紫藤、爬山虎悄然无声地布满了庭院的墙，浓浓的绿如时间的帷幕，构成顾渚山水的眼神里动人的一瞬。

寺院之圣殿两侧一雄一雌两棵银杏树，历经千年，仍然勃勃生机，雌者已是五世同堂。说银杏通风水，不无根据，名寺必有名木，参天大树里总有银杏撑着浩气，昭示着灵气的生发，寺内那口与寺同建的古井，水质清洌甘甜，是优质矿泉水，水量丰沛，可供千人饮用，誉为神井。寺内还有古代所遗青砖、顶柱石、石脸盆、荷花缸等物。

人性的脆弱在于他很难自觉地到达一种完美的境界，总需要外力的迫使，宗教便自然成了这种迫使的手段之一，成为人类渴望改变命运的祈福，渴求洁身自好的心灵避难所。

访寿圣寺的，大多不是立地成佛之人，本无大喜大悲之事，只求个好心境，便是满足，倒是成全了人性的另一端，亦为归宿一种。陆羽上顾渚山炼茶，难忍这空山寂寞，寿圣寺钟声硬是熨平那浮躁之心。杜牧奉旨进山修贡，原本是要带着歌伎狠狠地在山里玩一把的，轿过寿圣寺，拜过，收敛起那份风流。刺史杨汉公上见山民为修贡而无故受苦，遂起佛心，上书朝廷，减贡。寿圣寺的功德已在佛境之外。

在寿圣寺欣赏人生的过往，大概是最恰当不过了，人生道路的两边存在着无数美的事物，我们常常为了赶路而忘了欣赏，即便是瞬间一瞥亦会深藏于脑海，宇宙的每一刹那都包含着过去的一切，蕴藏着未来的一切。佛经上说一刹那就包含着千世万世，刹那即是千年，并非是宗教的呓语。

本书成稿之时，寿圣寺方丈圆成法师以九五高寿圆寂，其舍利子将藏于寿圣宝塔，顾渚山这一新增奇观，将高耸于信者的心灵。在此略施笔墨，回望大师入禅之路，以志怀念。

1931年依如东圣护寺圣权法师披剃，1934年南京宝华山受具足戒，1935年苏州灵岩山寺参学，1938年任如东掘港国清寺住持。在侵华日军洗劫该寺时，不顾日寇毒打，奋起保护佛像及法器。1982年入驻上海龙华寺。先后三次应邀赴日本、美国、中国香港等地参加水陆大法会。

寺后乃山涧小股细流，飘然入竹林幽处。静心听去，有江南丝竹之纯正，小桥流水之婉约，倒不是什么道骨仙风，只是顺应了佛家的想法，心往清静里去，人世间一切势利、等级、浮华到此一律烟消云散。

漫山旌旗
望长安

一个遥远年代里壮阔场面的缩影，其实是一种大自然的心理蕴藏。

——作者手记

陆羽惜墨如金，他的《茶经》只简述了紫笋茶的品第，省却了紫笋茶的成名过程。但我们可以在《全唐诗》中，读到紫笋茶的采摘、加工、递送、宴饮的细节。

在唐朝，根据代宗皇帝李豫的诏令，属于顾渚山区的长兴、宜兴诸乡的芽茶，不得外卖，都要集中置培于顾渚山，"以刺史主之，观察史总之"。构筑了严密的省、市、县、乡四级培、督贡茶体制。

让我们一睹茶季盛况：顾渚山张旗立幕，三万山民上山采茶，千余工匠日夜制作，水口小镇画舫遍布，丝竹歌舞飘逸空谷。漫山旌旗将顾渚山导入一个盛大的场景，这个场景一直延续了几百年。

顾渚山的上等好茶，换来一个宏大的会战，这缘于一道异常艰难的坎。皇帝诏命很明确：清明节这天，紫笋茶必须到京，皇帝用来祭祀和宴请王公大臣。一个王朝，还有什么比清明祭祀更重大的事，这是天子的限日，谁也不敢含糊，湖、常两州的官员们深感压力重大。

旧历清明，一般在公历4月4日，去掉从长兴到西安十天送茶的行程，贡茶须在清明前十日制好，而采茶的时间必须提前到公历3月24日前进行，相当于阴历的二月初。茶农到山里采的究竟是什么样的茶？这个时间山区的野茶，芽头初露，要加工成今天我们饮用的一芽二叶的茶，几乎是不可能的。负责修贡的官员，必须按圣旨时间要求办，否则就要摘掉乌纱帽。湖州刺史裴充，因"贡不得法"被罢官。

顾渚山的野生茶都生长在烂石和砾石中，没有黄土。而且山岕里的野生茶，都数散落在"阳崖阴林"中，茶农采的自然是紫色的茶芽，因在烂石中的土壤肥沃，加上阴林下腐殖质多，茶头长而肥硕，饱满如笋，故得名紫笋。

顾渚山的气候偏冷，季节更替迟缓，在袁高、李郢的诗中可以看到，清明前很难采摘到紫笋茶的茶芽，因此，明前茶愈觉珍贵，这于茶农言是灾难性的。

湖州刺史袁高有过几年的修贡经验，他为此写了一首极具感情色彩的《茶山诗》，诗中说，他到顾渚修贡，看到农民放下手中春耕的农具，一家子都得上山采茶。攀藤登壁，蓬头垢面钻到荒山里找野茶，忙碌了一整天，还采不到一捧茶芽，而且手脚皮肤都皲裂起皱。山间充满了茶农的悲叹，连草木都同情，失去了春天欣欣向荣的景象。长在山背后的茶树，芽还未吐出来，衙门里催征贡茶的文书接连不断的送来了。

季节早，采野生茶的芽头，一天还采不到一捧。官员们只好搞人海战役，将老百姓赶进山里采摘，便有了"役工三万，工匠千余"的壮观。

侍御刺史李郢《茶山贡焙歌》也写到采茶的情节："春风三月贡茶时，逐尽红旌到山里。凌烟触露不停探，官家赤印连帖催。焙中清晓朱门开，箱筐渐见新芽来。"李郢亲眼看到了阳春三月顾渚山采贡茶的境况，看到官员们拿着盖着红印的催茶文书，接连把所有的妇女赶到山里，冒着雾露不停地寻找野茶。

紫笋茶采回来后，经过夜以继日地选纳，挑选优质茶芽，再用金沙泉洗涤后，放在笼里蒸，蒸熟后经过捣、研成膏，而后用模具拍成茶饼，再经过炭火烘干，封包，才上送。

我们来看看陆羽在《茶经》中对紫笋茶的制作过程：凡采茶，在二月、三月、四月之间，其日有雨而不采，晴有云不采。晴采之、蒸之、捣之、拍之、焙之、穿之、封之，茶之干矣。

陆羽的记述是一种写实，比之诗人的描写少了一种韵味，但紫笋茶的采摘、制作，比起其他名茶要求更高，这是贡茶的特殊之处。

紫笋茶焙干后，如是饼茶，则将其穿起来：一斤为上穿，半斤为中穿，四两五两为小穿。紫笋茶初贡五百穿，包装后用龙袱包裹，火漆封印，刺史写好表章文书，由驿骑飞送长安，紫笋茶造好了，尽快让皇帝，喝到新茶，于是如李郢所说：十日王程路四千，到时须及清明宴。杜牧这样描述：拜章期沃日，轻骑疾奔雷。

急程茶在驿骑的鞭声中，一站接一站往京城去，马跑得像闪电，连半夜里都在赶路，所有这些，都是为了在十天之内，将紫笋茶送到京城，以便清明这天为皇帝举办茶宴使用。

袁高、李郢、陆龟蒙、皮日休等这几位名诗人，都亲自到顾渚山修贡或租种茶园，目睹甚至亲自参加采摘、加工的过程，因此他们写出来的茶诗，都是实践经验的表露。唐代诗人用艺术语言反映紫笋茶的造茶经过。袁高、李郢也可以写出同情百姓，抨击朝政的诗歌，从中看到唐代政治的宽松。

中国古代官场的黑暗，在迎合皇帝的过程中不时显现出来，各级官吏不敢向上陈说。那些奸邪谄媚之徒，不惜耗费人力物力，违反茶叶生长的规律，强制茶农上山采茶，争先将贡茶送京都，在皇帝面前邀宠，求升官，不顾百姓死活，提前将贡茶送京。袁高写了《茶山诗》，连同贡茶一并送进宫中，诗中称贡茶是朝廷不顾百姓死活的夺命茶，袁高的英名现留于顾渚山银山摩崖阳面。

西安法门寺出土了一整套唐代茶叶的加工、饮茶用的器具，揭开了紫笋茶的加工这个谜，当然唐诗中也向我们揭示了紫笋茶加工的整个工艺流程。

长兴的紫笋茶和两广、四川的荔枝都是唐代有名的贡品。李郢的诗和杜牧的《过华清宫》绝句三首，有异曲同工之妙。杜牧诗说："长安回望绣成堆，山顶千门次第开。一骑红尘妃子笑，无人知是荔枝来。"从荔枝产地广东到长安，一路上关隘的大门敞开，让急驰的驿骑顺利通过。护送荔枝的专使，一站接一站，路上奔驰过急，跌倒撞死人的事时有发生，甚至人马累死在路上，黄尘飞处驿骑到，杨贵妃才高兴，这首诗和李郢的诗都以隐喻讽刺的笔调，揭露唐玄宗和唐德宗以后的诸皇帝骄奢淫逸的生活。

袁高的《茶山诗》点了贡茶的扰民之害。后来做了宰相的李吉甫在湖州做刺史时敬仰袁高，将其全文勒石于湖州墨妙亭。其实每一位刺史都为急程茶头痛，于頔做湖州刺史时，无奈之下与常州刺史商量决定，两地共同向上奏请延缓数日。直到杨汉公做湖州刺史时表奏皇帝，请将清明到京的旧限，延迟三五日，最后得到皇帝的恩准，茶农才缓了一口气。

灵品之独立，
世间之尤物

　　蝴蝶一样的树叶，秋天到来，蝴蝶已经死的时候，银杏碧叶要翻成金黄，又飞出满园的蝴蝶。

——郭沫若

　　一方植物护一方水土，一方水土显一方灵性。

　　入顾渚山除了尽见俞曲园笔下的景观：重重叠叠山，曲曲弯弯路，叮叮咚咚泉，高高下下树。另有一景值得抹上一笔：隐隐约约雾，清清明明竹。雾养茶，竹养性，自然之理。

　　茶与竹以外，更有植物中的霸主亦悄然耸立于山口，为这座名山当起了护法天使。顾渚山寿圣寺的三圣殿外，东西不到 40 米的距离，雌雄两棵银杏树分立左右，它们是三国时所栽，距今 1700 多年的历史，这棵长寿树，以其生机勃发的生命历程阐释着寿圣寺这个寺名人文意义。

　　因山的滋养，母树已生长出第五代和第六代，均已产果。尽管经千年风霜的侵蚀，树枝依旧干练，依旧苍劲，枝叶茂盛。两树如一对夫妻紧紧相守，面面相视，子孙后代繁衍不断。肃立树下，人们肯定会被这对千岁老人的恩爱而生敬慕之意。

　　植物一族中，银杏的心态大概是最平和的了，几千年几万年慢慢地活着。科学家说一亿多年前的银杏化石与今天的银杏无异，活化石的说法由此而来，上亿的年龄，仍不原愿意进化，给了达尔文尴尬。

　　据考证银杏有灵性，银杏树种对感情的专一最具教化意义，雄雌成对独居于荒郊野坡，孤傲地对视着，两树间相去不远，以扬花时够得着为宜，凝望着互传真气，恩爱着到地老天荒。韩国人说母银杏树在一公里外只要望公银杏一眼便会受孕，想来是风媒。因为长寿的缘故，同时代的植物相继作古，新生的又不愿做伴，故将自我封闭，孤居一处，于是有"走遍天下景，难见银杏林"的说法。

这块土地冥冥中得到了神灵的护送，从远古走到今天。距顾渚山不远的一个叫做八都岕的神秘山沟，用二十里银杏长林，向外界一展神奇。湖州府志记载：此景为华东八省一市所罕见。雄奇、壮美的大景观是任何人造景点无法比拟的。

江南的古村落，行走得慢的，与时代失去了联系，作为一种标本存在，居住者却是鲜活的，现代的，与外界的关联是隐藏的，用一种低调的开放姿态欣赏着自足。顾渚山的树木不乏千年以外，樟、槐、榆、松、银杏、黄杨，都喜欢独自遮掩着大地，将古典呵护。

陆羽来八都岕访茶，将这里的物产记入了《茶经》；明李时珍来此踏山访药，在访问当地居民中发现了银杏果的药用价值，将此详尽载入了《本草纲目》；吴昌硕游银杏林深处观音庵，题扁"万世一寺"。

据考，一亿多年前，银杏遍及全球，频频的地质灾变，使银杏族几乎绝种。至第四世纪冰川时，仅天目山支脉的长兴八都深山的银杏树幸存下来，长兴作为银杏的故乡成为定论。

银杏依托山的呵护，也随之转换自己的角色，春和夏柔秋肃冬煞，春绿夏黑秋黄冬白，相映在自然里，不放任，也不平庸，这是银杏创造的智慧。植物里，银杏可以读到气质，老态不龙钟，万年不改颜，株干的端直、枝条的蓬勃是随中华文明繁衍至今的亘古证人，其美德像音乐一样流溢八荒。

银杏三十年开花，三十年结果，六十年一轮回，顺合了佛家的想法，视为大境界，禅院近处广植银杏，以借助银杏的灵光，给庙宇戴上巍峨的云冠。说银杏仰不愧天，俯不怍地，冷不抖身，热不燥心，静养浩然之气，绝不是虚构的，要解读银杏的生命密码，恐怕很难。鹤风仙骨，拒绝老态，风水独钟，大约是高洁大气所致。银杏用年年产白果的方式叙述自己的生命形态，坚定着走自己的路，佛教称修成正果。

银杏果靠其凝聚的精气，医治人类疾病，被视作长寿果。银杏果实性寒、味甘，食之有三日留香之说。银杏果有止带浊、止泻泄、解毒疮和补阴敛肺气之功效。待到秋风落果时，入顾渚山，站立于寿圣寺这两位千岁老人的脚下，在品尝果中珍品中得一分佛缘，袭一身仙气，造化也。

所有的生命里，银杏树是最长寿的。世事嬗变如金圣叹曰：几万万年月皆如水逝、云卷、风驰、电掣，无不尽去。然在银杏树那里，秦时月，汉时雨，唐时风，犹若昨日风景，眼前故事，皆为同一个生存的寓言。每条皱纹虽有孤寂的痕迹，然银杏的躯干永无病态，抚摸老树，仿佛抚摸了逝去的岁月，老树自然认识世世代代的主人，然千年古银杏，更阅尽沧桑，成为读不尽的历史卷轴。夏木荫浓固具有郁郁葱葱之美，而产完硕果以后的秋冬银杏，赤裸着身躯，光秃着坚硬、屈曲的枝干，傲视群芳，更见体态魁伟的阳刚之气，此时乃探寻银杏树精灵的佳期。

大自然演进的经历，把太古老的历史塑造得更加古老，古生物化石及残留的珍稀物种，默默地展示其苍凉和粗糙，唯银杏的肌肤滋润着。人们非常敬重银杏树对生命的执着，对世态炎凉的不屑一顾，长寿也是需要勇气的。

银杏作为造物者用来救助人类德行的密语，绝不与繁华发生关联，在演绎博大与深邃中，凝聚真气。考古发现中国最古老的鼓，鼓身乃银杏树桩镂空，鼓皮为鳄鱼皮所制，这两件古之珍稀，在今天的长兴不足为奇。

遭雷击后的银杏树，仍坚强挺拔着，第二次世界大战中原子弹袭击了日本的长崎、广岛，植物绝迹，只有银杏新枝依然吐绿。这深沉，这诗意，这奇迹，被称为高贵的荒唐。

有推算，地球上每天有一百个生物物种灭绝，银杏抵御着环境的沉沦，为人类拒绝任何一个无鸟的春天，而率领植物坚守绿色，坚守生命。

这棵银杏，属于这方水土的人文始祖，为顾渚山默默释放着生命精气，带来的是生命不朽之叹。在这里无需作绅士的散步，只需作虔诚的聆听，大树底下的心境，谁也无法自如。

银杏以其独到的姿态报道秋天的成熟，深秋的银杏叶金黄剔透，那份过分的亮丽如同花朵，光灿莹澈如琥珀一般，初初凋零的霜叶如此凄绝艳艳近似黄花，银杏树的遗传密码注定了这瓣如花的叶子，郭沫若先生赞美道："蝴蝶一样的树叶，秋天到来，蝴蝶已经死的时候，银杏碧叶要翻成金黄，又飞出满园的蝴蝶。"

最是可人
玲珑石

长兴弁山小玲珑尤胜石林大玲珑。

——范成大

距顾渚山不远的长兴弁山的闻名于世，倒不是它在汉时已产贡茶，而是它盛产中国四大名石之一的太湖石。其实长兴遍布太湖石，陆羽走过的顾渚山、罗岕、青岘岭等地，都有太湖石的玲珑美景。长兴作为太湖石的故乡，名播天下，给了人类太多的惊喜，它是历代皇室富户搜采太湖石的重区。

石头进入人的精神领域，应验了传统文化里天人合一的说法。

宋徽宗极想自己的后庭有一座江南园林，一位近臣向他推荐了太湖石，当他美滋滋地欣赏完长兴弁山的太湖石以后，大运河又增加了输送艺术的功用。

裸露着的太湖石，随意间显现的美意，只有在这样的境况里才具石的魅力。

宋人叶梦得说弁山：山势如冠弁，相看四面同。项羽起兵江东，屯兵于此，死后被尊为"苍弁之神"。有句古诗这样说：苍苍高弁与天通，此间留得小玲珑。

范成大耐不住苏州石湖的寂寞，跑到太湖对岸的弁山脚下访石，惊叹长兴弁山小玲珑尤胜石林大玲珑。写下《太湖石志》，对太湖石的质地、形状做了详细的描摹。

高弁苍苍，遥闻天语，岩洞生奇，涧坞列秀，山石嵌空奇峻，所产太湖石成为北宋时的贡石。当今江南三大名石如上海豫园的"玉玲珑"、苏州拙政园的"缀云峰"、留园"冠云峰"都采之弁山。集太湖石之大成的湖州潜园，有一石峰，状如初绽莲花，上镌赵孟𫖯篆书"莲花峰"，这座名石采自弁山。弁山佳景还在山湖相映之间，苏东坡登山俯瞰太湖后感慨：纵观始觉人寰隘。自唐至清历代名宦文士题刻、咏诵甚丰，弁山为众峰之尊。

太湖石甲天下，其皱、瘦、漏、透四大特色，汇日月之精华，融雨露之润泽，吸大地之精气，承泥土之呵护，浓缩山之魂魄，凝聚水之灵性，是难得的极品。

白居易一边品尝紫笋茶，一边欣赏太湖石。对太湖石有过传神的描绘：远望老嵯峨，近观怪嵌崟。形质观古今，气色通晴阴。何乃主人意，重之如万金。他的《太湖石》诗中又写：烟翠之秋色，波涛万古痕。削成青玉片，截断碧云根。

观赏这些天然绝妙之石，陆游有诗云：花如解语还多事，石不能言最可人。可谓精辟地道出了古人对奇石的钟爱，就在于奇石的可人。

白居易是赏石名家，但他从不藏石，这位苏州刺史命人取石易如囊中探物。可他终抱“久宦苏州，不置太湖石一片”态度，后人评说藏石太操心，白太守不做这等费心事，也有说法，当时官场藏石成风，爱石成癖，一些高官玩入膏肓，误了朝政，玩物丧志，为社稷不容。

白居易不玩石另有原委，时值牛李党争正酣，那位牛大人玩石极地道，牛僧儒对太湖石那“通身鳞甲隐，透穴洞天明”的形态和石质作了细品，白居易于是说牛僧儒“游息之时，与石为伍”，他的别墅里的奇石“有盘拗秀出，有端俨挺立，有如虬如凤，如鬼如兽。三山五岳，百洞千壑。千里一瞬，坐而得之。”而李德裕则精研植物，他平原庄的“嘉木芳草”极负盛名，牛李的私家园林一为奇石，一为奇树，既自成体系，又互为斗奇，白居易绝不因玩石而卷入党争。

石之万千形态，古拙神韵，纵横纹理，令人生发幽远寂寥之遐想，勃动散放冲淡之逸兴，勾起平和温馨之闲情，如此境界，似显文采风流，书卷韵致。奇石是上苍鬼斧神工的大艺术，这艺术射放出的大美，倾倒王朝布衣，风靡朱门蓬庐。

历代王公贵族玩石，大都与园林建筑相连，秦之阿房宫，汉之上林苑，晋朝石崇的金谷园，隋唐的皇家园林，都穷极人间之奇巧奢华。宋徽宗收太湖石声势浩大，为修御花园，从江南采集太湖石数千块之多，由大运河北上。乾隆建御园，收尽江南奇石，太湖石一时遍及京城，这倒陶冶了北人性情，不乏益处。

米芾玩石，穿了官袍，手持朝笏，对心爱的奇石行跪拜之礼，如此违世异俗之行为传为笑谈，冯梦龙对此作过生动记述。米芾为官湖州，屡至弁山精研太湖石，于是有了"瘦皱漏透"之概括。以后李渔为朱元璋选都来到湖州，将这四个字上升到了理论高度，这四字被奉为品评太湖石高下等第的圭臬。

太湖石具有一个自主的灵魂，大自然本不想让石块标新立异、刻意独行，而玲珑剔透，怪异嶙峋的走向，是天画神镂之巧，绝无追潮逐浪的想法。

让太湖石生活在江南，蕴涵的那种独特的理想化的精神，支撑起一种文化，巧思奇想地塑造自己。其实石头坚贞，不以柔媚悦人，石性沉静，不随波逐流，温润纯洁如良土，正是玩石者的心理依据。

每块岩石，乃至整座山体在风化、蚀变、裂解、崩析中吐纳自如。太湖石一定没有阵痛的时候，也没有色彩迸发的年代，这妙文华章的背后是拒绝天灾而物产丰茂。

独特的形态让原本没有生命的石头，冥冥中点化出一种超然物外的灵性，勃发出一种强烈的自我塑造欲望。染上这种神奇灵气的孤石在打造自己的过程中体现与众不同的追求，安身立命的基点使是这立意独特的风格。

太湖石可以不气馁，不媚俗；却可以矫情，可以美感，可以灵慧，可以锲而不舍，历经亿万斯年的风餐露宿，炎凉昏晓，给人类一个惊叹。

弁山因产太湖石而得名，然长兴西部一带的山体，嵌空玲珑、峰峦洞穴皆具之奇石遍布。静入山体拨开泥土露奇石之大境界，顿感灵性大地宛若天上宫阙。

大自然的
　　　创意

七碗受至味，一壶得真趣。
空持百千偈，不如吃茶去。

——赵朴初

顾渚山的风很轻，只撩人表面，只让人感到它掠过而已；顾渚山的雨通透晶莹，仿佛不想从寂寞和沉睡中醒来。顾渚的山是灵性的，虽无质感、缺霸气，但能聚人气，育一方深沉，造一方人文精神。

明人笔记里有关于从水路乘竹筏到贡茶院的记载："平畴竹径，逶迤相错。苍翠奇诡，尤应接不暇。金沙以泉名，其窦大如盘，喷涌飞泻，载茶香竹韵而去。忘归亭尤为胜，徒倚其上，太湖白烟苍苍茫茫，颜面皆飞寒色"。

唐大历九年，长兴县丞潘述与皎然、颜真卿都因好茶而走到一起。潘述策划了一次历史上非常有名的聚会，潘述邀请了刺史颜真卿在内的十九位名士，在长兴竹山堂举办茶宴，其形式仿效晋代会稽山王羲之组织的那次诗会，学了南齐时竟陵王萧子良召集学士刻烛为诗的典故，如曲水流觞般考验大家的诗才。

顾渚山20余平方公里的集雨面积，将1600多毫米的年降水量留给了竹林和茶树，留给了大山，经砂石过滤，潜入地下，成为伏流，冒出地面时，又成"碧泉涌沙，灿如金星"的景观，故名金沙泉。杜牧忍不住要说："山秀白云腻，溪光红粉鲜"，皮日休"好是夏初时，白花满烟雨"之中。张旭则带浪漫色彩"纵使晴明无雨色，入云深处亦沾衣"。

茶文化的最大优势是中国有数千年的饮茶历史。神农尝百草、以茶解毒以后，到秦汉时期的阳羡买茶、课童艺茶，晋朝把敬茶作为待客礼仪，这些典古都发生在顾渚山边，直到唐朝把茶叶作为贡品，顾渚山才修成正果。

唐代宗李豫对紫笋茶情有独钟，命长兴贡，开创了以官焙造贡茶之先河。初贡五百斤，十年后增至三千六百斤，七十年后增加到一万八千斤。三万茶农上山采茶，千余工匠制茶于贡茶院，修贡官员填写表章、龙袱包裹后，派快骑飞送长安。一路高歌，"传奏吴兴紫笋来"，这又是盛唐一景。

江南这块灵地，是上苍精雕细琢而成，因而太过精美，太过雅致，太优越，便少了残缺美，少了沧桑感。这样的文化感召下，使得江南人保持了无忧无虑的快乐，倒是合了江南文化情调的。

顾渚山天生一种诱惑，塞外的剽悍与狂放终融入纤弱里。江风水气扑面生愁，秋风拂面落叶生悲这样的伤感在顾渚山一定无从寻找。自然苍茫浑成，文气奔放，大气盘旋，沉郁顿挫的氛围下铸就的英雄豪杰之气也与之无缘。

顾渚山的景观因漫山修竹而精彩，竹是一种用根系起来繁衍种群的植物，竹给我们一种启示，生命是藏在地下的秘密，只要根不死，春天的奇迹会给你一个惊喜：满山遍野的笋。苏东坡以竹自诩：宁可食无肉，不可居无竹。话倒是说得很绝。人们爱竹，是因为它的本民身份、民间主场及朴素形象，顾渚山的想法是将自己运作到精美无比为止。春雨过后，山光泉声间，烟雨朦胧中，四处皆为婆娑起舞的竹影，竹成为顾渚山衬茶的神来之笔。

郑板桥画竹不很高明，但很简洁："一节复一节，千枝攒万叶。我自不开花，免撩蜂与蝶。"

顾渚山以它的固态表达生命图景，金沙泉水以它的动感弹奏生命乐曲，山水组合滚动着绰约，向人类表达亲昵，听久了水石相悦之声，这大自然的安详与清澄，洗去的何止是旅途风尘。

第二章

性情一叶

透过仙雾
见茶圣

> 陆羽的后半生与顾渚山生死相依，但出生时，却被人发现是在湖北天门的一侧湖畔。
>
> ——作者手记

陆羽在自传中说自己，不知何许人。《新唐书》说他不知所生。湖北竟陵天门龙盖寺的智积禅师，清晨到湖边散步，见有数只大雁用翅膀护围一个婴儿，于是把他抱回寺中收养。

禅师用《易经》为其占卦，卜得"渐"卦。卦辞这样说：鸿渐于陆，其羽可用为仪。其意思说：鸿雁徐徐地降落在临水的岸畔旁，美丽的羽毛显示了它高贵的气质。一个好卦。

这里有个插曲，说是龙盖寺智积禅师收养不久，将幼小的陆羽寄养于弃官坐馆的诗礼名士湖州人李儒公家。李公无子，甚怜爱陆羽，让他与女儿李冶共读，两人相依相学至八九岁。后来李儒公举家迁返原籍湖州时，陆羽又被智积禅师重新领回。

陆羽在寺院到了剃度年龄，却不愿出家为僧。禅师让他去放牛，扫地，清厕，修墙，终究不能驯服陆羽，对这样一个没有慧根的孩子，禅师也只有放弃了。陆羽的起点不低，他牧牛期间向别人借到张衡的《南都赋》，虽有许多字不识，居然放胆着读下去。

陆羽12岁那年，离开了龙盖寺跑到戏班子里学戏。陆羽相貌长得丑，且口吃，但他不甘落寞，动手学写戏。他聪明，还有点幽默，在戏班子里演丑角，很成功。他还编写了三卷《谑谈》，演过主角，耍过木偶戏。

陆羽在《自传》中说自己的相貌长得如三国、西晋时的两位文学家王粲和孟阳一样丑陋，和西汉时文学家司马相如和杨雄一样有口吃的毛病。综合一些史料看，童年陆羽生性执拗，不讨人欢喜，还有急躁、固执的缺点。

这期间，有两位高官来到这里，鬼使神差地结识了这位戏班子里的丑角。一位是河南尹李齐物被贬到竟陵当太守，他十分赏识陆羽的才华和抱负，给了陆羽很多书，又介绍陆羽到火门山邹夫子学馆里去读书。另一位是礼部郎中崔国辅，贬为竟陵司马。崔比陆羽长46岁，但他们一老一少常在一起品茶、鉴水，谈诗论文，笑谑永日，交谊至深。崔国辅与陆羽神交三年，使陆羽在茶叶、水方面增加了很多知识，二人还一起外出考察茶叶和水。

唐天宝十三年，21岁的陆羽开始了他的远行，到巴山、川陕去考察茶事。崔公赠以白驴、乌犎牛及文槐书函等。陆、崔之间的高情厚谊，因而被载入《唐才子传》。

安禄山叛唐，陆羽随着逃难人群沿长江对我国山川江河、风物、特产，尤其是茶园、名泉，作了实地考察。公元757年春，24岁的陆羽到了太湖之滨的无锡，在无锡，陆羽结识了一位多才多艺、不以衣冠取人的地方官、避居宜兴的无锡尉皇甫冉，两人一见如故，结为挚友。陆羽冥冥中感到自己离访茶的圣地很近了。

唐时的湖州，山川映发，势雄楚越，"卞峰照城郭，震泽浮云天"，它西倚势若奔马的天目山，北临烟波浩渺的万顷太湖。皇甫冉建议陆羽去绍兴投靠鲍防，鲍防当时是浙东观察使薛兼训的从事，皇甫冉为陆羽在鲍防那里设计了这样一种人生：进可自荐求试，退可闲居保和，也可以讲德游艺。但他与陆羽交谈后，觉得"陆羽所行，意不在此"，他热衷茶事，不会闲居，更绝仕途，他进退皆业茶。

接着，陆羽就开始了环太湖游，穿行在顾渚之间，那里，一位生死之交在虚席以待，他就是唐代名诗僧、谢灵运的第十世孙释皎然。皎然比陆羽大13岁，与陆羽相遇时也尚未到40。

陆羽在顾渚山的访茶应该是在他的《茶经》已成思路之际，有一件重要的茶事让他遇到了。一天，陆羽在顾渚山在与宜兴交界的啄木岭下考察茶叶。这期间，常州太守李栖筠也在一山之隔的阳羡督造贡茶，正为完不成贡额而犯愁。一位僧人送来顾渚山的茶叶，李栖筠闻茶叶专家陆羽正在顾渚山，于是请他品尝。陆羽品尝后惊异地说，这茶芳香甘辣，比其他任何地方都好，可推荐给皇上喝。有茶叶专家这话，李太守有了底气，于是将顾渚茶与阳羡茶一起作贡。紫笋茶一到宫中，果然赢得一片赞赏。

陆羽决定在顾渚山麓种一片茶园，亲自品第。其实皎然凭他是当地人的优势，早已在此置了茶园，两人更有机会泡茶了。陆羽跑遍了顾渚山的每一个山谷，对野生茶区的斫射岕、悬臼岕、葛岭坞岕做了调查，对这里的气候、生态、环境、土壤及茶树的特性都作了细究。他发现凡是品质优异的野生茶，都生长在坡陡山谷的烂石和砾壤中，生长在阳崖阴林，这些野生茶，呈紫色，形如笋者上；叶卷裹，并与顾渚山下的金沙泉一起推荐给李豫皇帝，同列为贡品。《茶经》中提到的方坞岕和四坞岕，仍是今天顾渚山野生茶的集中产区。

陆羽走遍全国著名茶区，顾渚茶令他振奋，故与皎然、朱放论全国诸茶时，断定"顾渚第一"。紫笋茶名是陆羽取的，所以长兴要感谢陆羽这个人，陆羽要感谢另一个人，叫杨绾，唐代宗时的宰相，他给杨绾写信，就是那篇很有味道的《与杨祭酒书》，信中说：顾渚山中紫笋茶两片，此物但恨帝未得尝，实所叹息！一片上太夫人，一片充昆弟同啜。

话说得很绝，当今皇上喝不得这等好茶，实不应该。杨绾手上的紫笋是怎样品第呢？且听陆羽说来：叶芽显紫，新稍如笋，嫩叶背卷，青翠芳馨，嗅之醉人，啜之赏心。见了信和紫笋茶，深受代宗信任的杨绾将紫笋香茗送到皇上的嘴边。后来的事，自不必说：命长兴均贡。陆羽为长兴代言，杨绾为紫笋茶押宝。

陆羽穿梭在顾渚山，尽见优质的茶，一脸的激动，一一将此记录下来：上者生烂石，野者上，园者次；阳崖阴林，紫者上，笋者上，叶卷上。陆羽马不停蹄，跑了长兴的啄木岭、青岘岭、乌瞻山、吴山、筱浦、白岘等茶区，以及凤亭山伏翼阁、飞云、曲水二寺等著名景区，这些地方都写进了他的《茶经》。抽空还写了两篇《顾渚山记》，记录这里的物产、风貌，其中也谈些顾渚山的茶事。陆羽的风光在于他的"荐于上"的建议，换得皇帝的圣旨。每年立春开始，湖、常两州的刺史亲自到顾渚山来督茶，雅称修贡，立春后十五日入山，要到谷雨后方能出山。

理论出自实践，在紫笋贡茶的诞生过程中催生了《茶经》，陆羽与顾渚山的关系，到达了最辉煌的顶峰。当年刚到顾渚山之时他有过的那种独行山间，以杖击树、浩哭山野的时代，不知道有没有过去。

陆羽在湖州生活了三十余年，交结了一批及有名望的朋友，如皎然、张志和、皇甫冉、皇甫曾、刘长卿、孟郊、李季兰、灵澈、颜真卿等。陆羽在湖州长兴生活了三十余年，交结了一批名人朋友，如皎然、张志和、皇甫冉、皇甫曾、刘长卿、孟郊、李季兰、灵澈、颜真卿等。唐穆宗时任复州刺史的周愿写过一篇《三感说》，称天下贤士大夫半与陆羽友往。

颜真卿出任湖州刺史时，陆羽年近40，已是朝野慕名，引得大批文人来游，经常出入于顾渚山间。陆羽与颜真卿等一批朋友游了顾渚山的明月峡，颜正卿兴致勃勃，还题字立碑，可见他对陆羽茶事的重视与倾心。

诞生《茶经》，颜真卿和皎然功不可没，颜真卿利用职务之便为陆羽在湖州青塘门外的桑地旁盖了别墅，给了他一个安静的创作环境。陆羽在苕溪之畔的青塘别墅开始了他"闭门著书，不杂非类，名僧高士，谈宴永日"的隐居生活。

皎然凭他的实力尽了长兴人的地主之谊，资助陆羽印付《茶经》。《茶经》的完成使当时才32岁的陆羽名声大噪，作为大茶人，陆羽得到了上上下下的一致认可，陆羽真正跻身于高士，他渊博的茶学知识和高超的烹茶技艺，在湖州上层官员和名士僧俗各界赢得了崇高的声望。由于名气太大，皇帝不可能不来过问了，于是给了他一个"太子文学"的头衔，让他当太子的老师。陆羽这时候已经有底气拒绝皇帝了，于是皇帝再给他加码，又改任为"太常寺太祝"，陆羽当然还是不去的，他已经深深地为顾渚山所吸引。

陆羽还是周游四方茶乡，但因为有湖州，有顾渚山，有长兴那位名声极大的诗僧皎然。皎然虽长于陆羽，但二人相交长达40余年，据说祖上陆、谢是世交，两人同住于与长兴接壤的杼山妙喜寺，友谊笃深，陆羽与皎然之间的佛俗情缘达到了生死超然的境界。他依然品泉问茶，先后到过绍兴、余杭、苏州、宜兴、丹阳、南京、上饶、抚州等地，最后又回到湖州。公元804年，他走完了皓首穷茶之路，悄然辞世于湖州青塘别业，终年72岁。他的生前好友把他葬在好友皎然墓侧。

陆羽虽然也有过悲哀、孤独、痛苦，但他的理智没有被情所左右，不沉沦，不颓废，在宣泄、反省一番后，仍奋发向上，自强不息，追求着他的人生理想，与书籍、山林、朋友为伴，借笔墨、诗文、著述抒怀，浪迹江湖，孑然一身。虽说他在苕溪在青塘，在上饶，在虎丘都有寓舍，他最终告别人间时，还只是个孤独凄凉的"广霄翁"。

陆羽颇能文章，除了他的茶学贡献外，他还是个方志学家，有《吴兴记》《顾渚山记》《南北人物志》多种，还有《君臣契》《占梦》三卷，《游慧山寺记》《僧怀素传》《四悲诗》《天之未明赋》等诗、散文。

贡茶院，
世上第一家工厂

古代文明与现代文明见面的初期是有新鲜感的，顾渚山是率先尝了鲜的。

——作者手记

粗略计算，紫笋茶自陆羽推荐作贡茶，唐政府于公元 770 年设贡茶院到清顺治三年止，前后共延续 876 年，兴盛期达 605 年。假如前推至文成公主带紫笋茶进藏之时算，还可前移 130 多年，这样，紫笋作贡的历史超过千年，构成中国茶史之最。

顾渚山的原初意义其实不过是自然生成的茶树为自己修建的心灵栖息地，随缘随愿之间登上大殿高堂也是后来的斯文雅事，不经意间定格了自己的神采。这背后，官宦也好，文士也罢，想是他们心迹的一个共同的注脚，岁月流逝，时光积累，却演绎为风雅之事。锦上添花，意趣盎然，相反又是那些王公贵族的无奈处，而顾渚山却成为生命与才智系于一途的珍贵遗产。

到底是唐代哪位皇帝喝到紫笋茶，没人能够说得清楚，从文成公主带了紫笋茶进藏这史实看，唐初那几位开国皇帝都应喝到过顾渚山茶，但真正下旨列为贡品的是唐代宗。

公元 763 年，常州太守李栖筠在宜兴造贡茶，从开始的两斤不断增多，于是采纳陆羽的建议，将顾渚山划入贡茶区，到公元 770 年，顾渚紫笋茶始与宜兴"分山析造，首有客额"单独向皇帝作贡，在顾渚山东南麓谷口平地上建贡茶院，首次贡紫笋饼茶就达五百斤。

中国古代的贡茶制度，至唐代更臻完善，而且沿袭一千多年之久。《统记》说：长兴建有贡茶院，在虎头岩后，山势独秀，建草舍三十余间，自大历五年于此造茶，急程递送，在清明到京。

贡茶院应该建成一个什么样的规模，谁也心中没底，但是第一批新茶要赶上皇宫的清明宴，其余限四月底全部送到京都长安，加上春茶采制季节，湖、常两州刺史，要亲临督选，严格的加工程序更不必说，这样的阵势足以需要像样的硬件做保证。公元770年，历史上第一座皇家茶厂——贡茶院诞生，不过，这三十几间草舍，无法适应三万采茶农夫，千余制茶工匠的运作，贡茶院一再扩建，贡额不断增加，紫笋茶初贡五百斤，到公元785年，增至万斤，足见茶园发展之快。

公元801年，湖州刺史李词，见贡茶院院宇如此隘陋，面积又小，无法适应规模化生产，于是拨款重建，将东廊三十间改建为贡茶院，作为紫笋茶的加工主场，院两行改造成茶碓和百余焙所，这样可容纳千余工匠。李词又请建筑专家重新规划设计，引金沙泉流注其间，烹蒸涤灌皆用此水，因为紫笋茶非金沙泉不能制。李词又请示上面将武康吉祥寺匾移此，由寺僧管理，实行寺院合一的管理模式。另有三进建筑，供寺僧居住，附近还建有清风楼、木瓜堂、忘归亭集亭台榭阁为一体的高档建筑，成为一个旅游景区，供各级官员和慕名而来的各地文士、茶人休闲之住处。

公元810年，湖州刺史范传正，在金沙泉眼侧建金沙亭，泉水流经贡茶院诸亭，汇入溪涧。

因长兴和宜兴两地合贡，两州刺史商定在交界的山顶建境会亭，协调修贡事宜和鉴评贡茶品质。每年春到顾渚山，州县的官员将修贡当作一年一度的茶文化节来办，游人纷至沓来，歌舞不分昼夜，诗人们纷纷吟诵着这里的春色与茶香，诗化了那些采茶的故事。顾渚山空前的盛况，在唐代一直延续了80多年，上贡茶的传统，一直保留到明代。

每平方公里不足百人的顾渚山，每到贡茶季节，集聚上万人到此忙碌，刺史们为永远记下这盛况，在山崖上刻记留名，这十多处石刻留今天看去依旧饱蘸功力。当然，假如制作不精，运送不及时，是要治罪的。唐文宗开成三年，湖州刺史裴充，便因贡茶制作不精而罢官。

唐代的贡茶制度，除了选择优质茶区每年定额上贡外，就是由官方设立专门的御用焙茶作坊，朝廷派京官管理，地方州官直接负监督之责，即顾渚贡茶院的模式。

代宗大历年间，朝廷择定水陆交通便捷，茶叶品质上乘且产量集中的与顾渚山接壤的宜兴阳羡茶列贡，但阳羡茶有限，陆羽推荐紫笋茶，质地更优列为贡品，建宫焙后两地的茶统称为紫笋茶。

贡茶院规模宏大，人员众多，管理严密，贡茶院的雇匠是政府控制的一批专业户，每年春到，州县官吏进山，便把他们集合起来，祭山群泉，在贡茶院前，作开贡动员，不过雇匠的工资水平不菲。

千年来，贡茶院位置一直未变。又东廊三十间为贡茶院，一条鹅卵石路通向吉祥寺大殿，路边是三十间的加工工场区，西过小山坡，是清风楼，两行置茶碓又焙百余所，遗址上发现有宋砖等遗物，证明贡茶院在宋代也进行过重修。元朝，贡茶院仍保留，但在水口另建涵晖阁，置磨茶所，在此加工末茶。

贡茶院周边环境很不错，史料说：院侧有清风楼，绝壁峭立，大涧中流，乱石飞走，曰明月峡，茶生其间，尤为绝品。张文规诗说：清风楼下草初苗，明月峡中茶始生。

会昌年间，因各地寺庙大兴，庙产占有大量田地，于是，一场灭佛运动扑来，朝廷规定州以下不准留有佛寺，贡茶院被焚毁。泉山刺史在一篇《叙石幢事记》中说："会昌中，有诏大除佛寺，风镕塑绘刻，糟阁殿宇，有关佛祠者，焚灭销破，一无所余。"吉祥寺也遭浩劫，殿宇建筑、佛像碑刻，被毁无遗。会昌后，朝廷弛禁，吉祥寺稍恢复，但仍一片废墟。杜牧来时，荒凉依然，但毕竟是皇家的工厂，毕竟它在公元 846 年仍完成了 18400 斤的高额贡茶。

公元 854 年，湖州刺史郑颙奉敕重修，这位刺史有个创造，在贡茶院壁上刻下了颜真卿等 28 位湖州刺史的题名。

宋时遇地球第二寒冷期，顾渚山不能在清明时交出新茶，贡茶中心移至武夷山，紫笋茶只有少量上贡，地方征茶仍然。顾渚山成为瞻仰茶事的旅游胜地，一些文化人或官员来此留下了摩崖石刻。

元代，贡茶院改为磨茶院，贡末茶两千斤，芽茶九十斤。

贡茶中心在明代又在顾渚山作短暂停留，南京工部主事、长兴知县萧洵到顾渚山，召集贡茶院僧人，恢复他们的身份，专门从事茶业。修复吉祥寺，修复了清风楼，为那些监督制茶的官员做宿舍用，金沙池用栏杆围绕，其余四亭也作了修缮，贡茶院复其原样。

萧洵让贡茶院召集十多名孩童，置采童子茶制茶十斤进贡。1391 年，朱元璋顾及民生，废了贡茶制度。同年二月二十五日萧洵在贡茶院的墙壁上书刻了自己所写的《顾渚采茶记》，对唐以来贡茶历史作了全面总结，评述历朝贡茶史及此次重修贡茶院的经过，并公布了历朝每年的贡额数量。顾渚茶每年只要了35斤，最多也只要50斤，地方征茶仍旧很多，故茶事依然频繁。

清初，紫笋茶被免除上贡，但吉祥寺仍保留。顺治年间，僧静又建院三进，后授僧德珫居此。康熙年间，长兴知县韩应恒上顾渚山采茶，进寺院察看后，大为叹赏，心潮澎湃之余，为之题了碑记。

20世纪40年代初，当地土豪不满寺僧早上做佛事，唆使人将其焚毁，留下断垣残壁，20世纪中叶，吉祥寺遗址上，屋基清晰可见，毛竹稀疏，在山间高处，可通视太湖。

顾渚山顶有仰高亭，对面官山上有披云亭，两亭相对均可望见太湖，悬脚岭、啄木岭上建有境会亭。距贡茶院不远的明月峡口两侧是《茶经》中提到的桑、狮二坞的野生茶产区，也是陆羽置茶园的地方，附近是颜真卿立碑之处。与贡茶院配套呼应的清风楼、木瓜堂、枕流、息躬、金沙、忘归诸亭，均顺山势而过，点缀在隐隐约约的竹林和茶园间，俨然一座颇具气势的大山庄。

将精神与物质融为一体，是顾渚山的神奇与独到，贡茶院作为中国茶文化源头的重要丰碑，作为中国历史上的第一家皇家茶厂，其孕育了一种别具心裁的文化创造，创造了由茶而成格局的清新无比的文化启蒙。

几十平方公里的茶文化景区，来看看的皮日休笔下茶农的生活境况："阳崖枕自屋，几口嬉嬉活。棚上汲红泉，焙前蒸紫蕨。乃翁研茗后，中妇柏茶歇。相向掩柴扉，清香满山月。"作坊靠着山崖，一家老少欢乐地劳动，年轻人蒸茶，老翁捣茶，妇女拍茶，月亮出来了，他们还在制作饼茶。描述了晚唐封建社会小农经济家庭制茶手工作坊的特征，制茶作坊的产品普遍商品化。

远嫁的女儿啊！
茶为伴

　　紫笋茶莲步轻移、身姿绰约而仪态万方地飘向那片神圣的高原，汉藏人民由此情意绵长。

——作者手记

　　第一位喝到顾渚茶的，应该是李世民的父亲李渊。公元 622 年，也就是唐高祖武德三年，浙江长兴，湖北蕲春，河南信阳，江南鄱阳茶叶进贡，民间称之为土贡。130 多年后，即公元 770 年，才有陆羽，才有顾渚茶的正式列贡。

　　顾渚茶一直为首贡作铺垫。唐初，藏王三杰之首的松赞干布统一了西藏，他仰慕中原的制度与文化，派使者向唐王朝求婚，唐太宗觉得这是个机会，和亲可以保边疆和平。于是，李世民于公元 641 年，将宗室养女文成公主远嫁给了松赞干布。

　　文成公主博学多才，笃信佛教，进藏时以大队骡马送去儒家经典、佛经、医学等各种书籍，还有各地进贡的饼茶，文成公主进藏，带了各地土贡之茶，开了藏人饮茶之风，据称顾渚紫笋亦在其中。

　　文成公主的到来开了西藏之茶风，下茶礼也成婚姻佳话。文成公主在佛事之余，教藏族妇女碾茶、煮茶和品茶，传播中原的茶文化。因吐蕃地处高寒，以畜牧为业，乳酪为生。饮茶有生津止渴，解油腻、助消化功能，故极受上层贵族的欢迎。

　　文成公主带紫笋茶进藏，给我们传达了一个信息，这就是在陆羽之前，长兴的紫笋茶早已"冠于他境"，早已作为上品的茶而进宫去了，也许只是各地土贡之茶中的一种。唐代官贡紫笋茶最多为一万四千八百斤，其中有一部分运往边陲，交换突厥、回纥、吐蕃的马匹，叫做茶马互市。《封氏闻见记》说：茶叶流于塞外，每年换得回纥名马入朝。

唐政府有个叫常鲁的官员，他是奉使入吐蕃议盟的监交御史，在唐德宗年间，跟随唐使崔汉衡访问西藏。第二次出访，是为陇右节度使张镒与吐蕃尚结赞会盟于清水而参加隆重的仪式，常鲁与崔汉衡等七人为会盟官。在这样重大的外交场合，吐蕃国王以烹顾渚等贡茶待客，足见茶在少数民族的尊贵程度。

《唐国史补·虏帐中烹茶》叙述了这个过程：

常鲁公使西蕃，烹茶，赞普问：这是什么？常鲁答：它能涤烦疗渴，叫做茶。赞普在一个当地首领的帐中说：这我也有。于是让手下取来一批茶叶，一一指点给客人说：这是寿州茶，这是舒州茶，这是顾渚茶，这是蕲门、昌明茶。常鲁惊诧之余，为汉地物产令吐蕃人接受而高兴，更为汉人先进的物质文明带到了那片苍古的高原而兴奋。

藏族人饮茶之风因文成公主的到来逐渐兴盛起来，成为日常必需，当时，人均每年饮砖茶高达二十斤以上，超过汉地七倍之多。

文成公主嫁的是吐蕃王国的第一位国王，出嫁时规格很高，由礼部尚书江夏郡王李道宗主婚，持节送公主至吐蕃。松赞干布率其部兵次柏海，亲迎于河源。《西藏政教鉴附录》称：茶叶亦自文成公主入藏也。

至今藏南地区还流传一首民歌：

> 龙纹茶杯啊，是公主带来西藏，
> 看见杯子啊，就想起公主的慈祥模样。

紫笋茶，
引得天子低头来

> 茶有真香，虽龙脑、麝香亦不能比。

——宋徽宗

唐人好酒，然安史之乱后，粮食紧缺，与大批量酿酒构成矛盾，唐肃宗决定在长安禁酒，规定除朝廷祭祀外，任何人不得饮酒，顿时，长安酒价飙升。杜甫说：速宜相就饮一斗，恰有三白青铜钱。有人计算，这一斗酒钱，可买茶六斤。文人无提神之物，便更以茶代酒。

有资料显示：唐高祖武德三年，合肥、六安向朝廷进贡茶叶，这在唐代尚属首次；第二年，也就是公元621年，长兴、湖北蕲春、河南信阳、江西鄱阳向唐皇贡茶。那么，第一位在享用紫笋茶的皇帝应是唐高祖李渊。

遇上一个嗜茶如命的天子，该是顾渚山的造化。唐大历五年，两斤紫笋茶进宫，皇帝享用后香气沁人心脾，一身舒展，有一种无法言传的香，如后来的明人张源所说，茶有真香、清香、兰香、纯香。天子大喜，当即下诏：命长兴均贡。新茶一出，龙袱裹茶，银瓶盛水，由驿役飞马递送四千里外的京都长安，以赶上宫廷清明宴，其情其景实在壮观。

皇上极看重顾渚山的神圣，用紫笋茶祭祖宗恐怕是绝唱，为紫笋茶建个贡茶院也是首创，"民可以一日无君，君不可一日无茶"，这样的调侃也就顺理成章了。

唐武宗会昌年间，茶季时制茶工匠千余人，采茶工三万人。山头旌旗林立，水口草市画舫遍布，茶季盛况打破了顾渚山的宁静。紫笋茶名声远扬，自唐至明作贡八百多年，顾渚山也因茶变得斯文起来，茶区始建有清风楼、木瓜堂、息躬亭、忘归亭，更增加了茶人的雅趣。"穷春秋，演河图，不如载茗一车"有了贡茶一车，便可依势做官。

　　唐皇在清明祭天祀祖、大摆茶宴招待群臣，皆用紫笋贡茶。公元789年，朝廷规定紫笋贡茶分五等：第一等贡茶必须在清明节前运抵长安，名曰急程茶。其余的可适当延缓数日，但这五批须在四月底全部到京，宫廷用此茶办的事多着呢？

　　李繁在《邺侯家传》中记载：唐德宗李适自幼爱茶、嗜茶、煎茶。他做郡王时，常在东亭亲自动手煎茶办茶宴，李适煎茶水平好生了得，来看宰相李泌的现场评述：旋沫翻面碧玉池，添酥散作琉璃眼。后来李适继承皇位，宫内东亭茶宴越办越好。

　　茶是高贵饮料，这在唐代皇帝中形成了共识，他们以茶示恩宠便成为惯例。李适规定：晦日、上已、重阳等节日，每节皆赐翰林学士酒脯、茶果。白居易不止一次获此殊荣，白居易为此专门写过一首《三月三日谢恩赐曲江宴乐状》视赐茶为"荣峰天上，宠惊人间"。杜牧在《奉昌节谢茶酒状》中深感皇恩：杀身粉骨，难酬圣主之恩。《文苑英华》这样记载：汴州刺史田神玉，曾获一千五百串紫笋茶赐。看来这位刺史任上屡建功勋。

　　刘禹锡在采茶时节进顾渚山，为这"何处人间似仙境"所陶醉，见到那些官员"青山携妓采茶时"，忍不住感叹了一番，假如他目睹紫笋茶进宫时得到的厚遇，则会更有好诗以待。

　　来看湖州刺史张文观完成贡额后所写的描写紫笋茶进宫时的情景：

　　凤辇寻春半醉回，仙娥进水御帘开。牡丹花笑金钿动，传奏吴兴紫笋来。

　　看来谁都知道当今皇上青睐顾渚山茶，宫廷上下视紫笋茶到如春风吹奏，紫笋茶一旦进宫，也顾不上还在寻春半醉的皇帝是否会动怒，也要即刻禀报：紫笋茶到。

　　宫廷倡导，王公朝士无不以饮为时尚。宫廷常设茶宴："又赐饮于曲水，蹈午蹈地，欢呼动天。况妓乐选于内坊，茶果出于中库，荣降天上，宠惊人间。"并以茶赐近臣，中央机关饮茶已很盛行。诗人王建将茶于官员的日常工作说得如此之妙："天子下廉亲考试，官人手里过茶汤"。

　　天子喜好名茶，王公大臣、名人雅士纷纷效法，全国的茶人品必名茶，饮必名泉，紫笋茶、金沙泉身价百倍，能享用此名茶名泉者，必达官贵人。不过，修贡的官吏不必劳心劳神，他们只需先祭拜金沙泉的茶神，完事后就进山逍遥去了。

顾况的《茶赋》说:"罗玳宴,展瑶席,凝思藻,间灵液。赐名臣留上客,谷莺转,宫女濒,泛浓华,漱芳津,出恒品,先众珍,君门九重,圣先万春。"这里讲朝廷茶宴,虽有皇室的奢华浓艳,却无酒海肉林的昏沉。

唐人赏识茶性高洁清雅,赞茶为瑞草魁、琼蕊浆,认为品茗有助于修身养性,陶冶情操,甚至羽化成仙。唐代大兴宗教,广建寺院,僧侣深居山林,自然环境优越,广种茶树,名山出名茶。除满足自身供佛、坐禅、赠施主、待香客外,安史之乱后,政府对酒课以重税,一斗酒价约三百文,可买六斤茶,杜甫常苦叹街头酒贵,于是嗜酒者转向饮茶,文人墨客大兴以茶代酒之风,把初唐盛行的酒宴,革新为俭朴典雅的茶宴、茶会。

唐太宗的驸马薛万彻因不善煎茶,被同僚笑为乡下人。唐太宗曾对身边人说:薛驸马有村气。公主为之羞愧,不与同席数月。唐太宗闻而大笑,摆了一小招式,让驸马学习烹茶。

唐代宗李豫是个嗜茶皇帝,曾召陆羽点紫笋茶。唐代有一幅以茶为内容的图,叫做《陆羽点茶图》,后面的"跋"里有一大段文字,讲述一个故事,湖北竟陵和尚积公很早就深得茶味,非陆羽的煎茶不喝。陆羽离开寺院,出游江湖,积公便绝于茶味。唐代宗召大师入宫做佛事,让宫人喜茶者烹大师喝,师一啜便放下盘。帝疑其诈,令人私访,召陆羽入宫,次日,代宗赐斋,密令陆羽煎茶让宫女递上,大师扶瓯喜动颜色,且尝且啜,一举而尽。代宗便问他,积公说,这茶好像是徒儿陆羽所煎。代宗叹师知茶,乃让陆羽出来见师傅。

《唐国史补》说李白醉酒后"以水沃之"一般解释是以冷水洗面,郭沫若却解释为将点好茶汤强灌入肚,以解醉意。张萱的名画《唐后从行图》中:雍容华贵的武则天身后,就有一侍女捧茶托盛贡茶以待。其表现的是武则天称帝不久,见宫女进茶汤,便以茶喻祸福。屠隆对此有一说法:"(茶)释滞水消壅,一日之利暂佳;瘠气侵精,终身之害斯大。获益则归功茶力,岂非福近易知,祸远难见。"

唐玄宗身边有两个妃子非常有名。一个是杨贵妃,好荔枝。一是梅妃,好茶。梅妃的失宠是太过聪明,她曾不惜高价买诗取悦圣上,她更是借与玄宗斗茶,批评玄宗。来看那次斗茶时的对白:玄宗戏曰:"此梅精也,吹白玉笛,作《惊鸿舞》,一座光辉,斗茶今又胜我矣。妃应声曰:草木之戏,误胜陛下,设使调和四海,烹饪国鼎,万乘自有宪法,贱妾何能较胜负也?"称喝茶乃草木之戏，不足为训，并由茶事联系到国家大事，规劝唐玄宗不可玩物丧志，梅妃从此失宠。

紫笋贡茶，开创了唐代宫廷茶道之先河，于茶具崇金尚银。唐僖宗对此有更深的理解，他深研茶礼，在茶具的形式美上有所创新，他发明了一套茶具。以僖宗的乳名五哥称之。崔致远《谢新茶表》云：方为精华之时，所宜烹绿乳于金鼎，泛香膏于玉瓯。

唐僖宗于咸通十五年下诏送还佛骨，归藏法门寺地宫，并将这套精美绝伦的金银茶具送入地宫，按密宗曼陀罗场陈列以供佛祖。1987 年，法门寺考古发掘地宫，出土了佛骨及这套金制五哥茶具。在此略作分析：

烘焙器：金银丝结条笼子、鎏金飞鸿球路纹笼子；

碾罗器：鎏金鸿雁流云纹银茶碾子，鎏金仙人驾鹤纹壶门座茶罗子；

贮茶器：鎏金银龟盒，贮盐和贮椒的银画坛两只。

碾罗器底外錾铭文曰：咸通十年文思院造银金花茶碾子一枚，共重二十九两，匠臣邵元审，审作官臣李师存，判官高品吴弘愨，使臣能顺。

一山一道
一风流

神通八极的是酒，
思连四方的是茶。

——俗语

古人云：好酒者可作侠客，爱茶者方为隐士。

古人为士，或相忘于江湖，或济世于庙堂，总要靠茶调节出一点情趣来。茶，也就成了品茗交心，洗神护念的人群艺术。

中国的茶文化是一个艺术宝库，喝者在消食解渴的物质保健功能，品者，在精细的操作技艺和品评鉴赏的美好艺境，品茶中与环境、人品的和谐之外，加之清风、明月、松吟、竹韵、梅开、雪霁等妙趣种种。茶生于明山秀水之间，汇天地之灵气，与青山为伍，造福人类。

道作为中国哲学的最高范畴，涉及宇宙间终极真理与万物的本源。茶，一入了道，便让人进了"探虚玄而参造化，清心神而出尘表"的境界。古人将饮茶升华为清心、陶情、去杂、生精，佛教坐禅不可少，世间俗事亦不可少。

中国茶艺，未施术而先有美韵，是从顾渚山开始，饮茶于顾渚山竹下、松间，泉侧、岩后，此非古老文明国家不可理解。

墨客、隐逸、仙道、僧释都可顾渚山找到释怀的空间，更有官宦和民众参与的充满自然和谐的茶艺芳踪，此乃顾渚山之妙。日本茶道源于中国，中国茶道的源头又在哪里？唐代以长兴顾渚山为代表的饮茶之道，为中国茶道先树一帜。

顾渚山虽无超尘拔俗的风姿，但所有的峰峦仿佛都识得人情，这里见不着青筋裸露的血性气，遍山的修竹、灌木与蓬草，将成片的茶园调节出爽肌涤骨的清新和似曾照面的熟络。

顾渚山知茶的纹理，从汉代隐士课童艺茶，唐代名僧广植茶树，到明代茶人精筑茗园，一直未曾中断，顾渚山给茶人以践行的空间。

陆羽选择顾渚山炼茶，朝攀层峦，暮宿野寺、荒村，看中了这个地区的茶文化底蕴。《吴志》里说到孙权的孙子孙皓在湖州做乌程候时，每次宴会让大家喝酒以七升为限，喝不进不必强求，韦曜的酒量不过二升，孙皓以礼相待，暗中让人送给他茶来代酒。《晋书》说东晋时谢安和陆纳先后在湖州做过吴兴太守，两人是老朋友，谢安拜访陆纳只备了茶和水果，陆纳的侄子私自准备了丰盛的酒菜以款待谢安。谢安走后，陆纳打了侄子四十大板，训斥他玷污了自己一向清淡朴素的操守。《茶经》问世，开始改变饮茶习俗，变药用的浑饮为保健的清饮，这就需要一套饮茶之道与之适应。于是，茶道在不知不觉中应运而生。

皎然是土生土长的长兴人，凭他的悟性与才气和对顾渚茶的独到理解，率先走了茶艺之路。茶道一词，是皎然的发明，他在一首著名的茶诗《饮茶歌诮崔石使君》里，首创了"茶道"这个专用词，并记录了茶道雏形的过程。皎然的三碗茶道，是中国修行类成仙茶道的始祖。一饮涤昏寐，情思爽朗满天地。再饮清我神，忽如飞雨尘。三饮便得道，何须苦心破烦恼。后来卢仝受了皎然的启迪，又加了四碗，于是，七碗茶歌响天下。

首先受到皎然茶道启悟的，是另一位长兴名人，这个人叫钱起，唐代大历年间十才子之首，他受到启蒙，再作创新，他在《与赵莒茶宴》中写道："竹下忘言对紫笋，全胜羽客醉流霞。尘心洗尽兴难尽，一树蝉声片影斜。"到底是才子，与赵莒等人的下午茶宴，蝉声、斜影里的一杯茶，道出了不尽的文化寓意。《茶事拾遗》说：钱起参加两次茶的聚会，写了两首茶诗，先是与赵莒作茶宴，再是过长孙宅与朗上人作茶会。"茶会""茶宴"这两个新词一出现，便被推而广之，广而告之。于是有了长兴顾渚山境会亭湖、常两州刺史约定成俗的境会茶宴，有了宫廷的东亭茶宴，有了白居易的九老茶会等等，茶道与茶会相得益彰。

在顾渚山说茶道，陆羽只是后来者，皎然、钱起年龄都比陆羽年长20岁左右，顾渚茶道使陆羽茅塞顿开，陆羽《茶经》细述了饮茶之道。《封氏闻见记》所说：茶道大行，王公朝士，无不饮者。

顾渚茶道，作为一种茶技在唐时已趋成熟，陆羽创造二十四件茶器，从制茶器具的茶磨、茶碾、茶臼等到煮茶的茶炉、茶炊、汤瓶、铫子，直至茶坞、茶人、茶舍和煮茶，有人称之为顾渚山时代。《旧唐书·韦坚传》说，豫章郡的船上贡品有茶釜、茶铛、茶碗，据说是新一代茶具产品。

顾渚山时代，湖州一带品饮官吏用瓯百姓用碗，是陆羽推崇的越州青瓷，青则益茶，清则明目。皮日休在顾渚山有诗专写《茶瓯》："邢客与越人，皆能造兹器。园如月魂堕，轻如云魄起"。顾渚山是天目山支脉，日本人在今天仍把唐代传去的天目茶碗视作茶器之首，有唐物天目之尊。

有日本茶人批评中国人饮茶于旷野、松风、清泉、江流间，体现不出苦寂的茶道精神。品中有赏，赏中有闻，闻中沁脾，让茶汤所呈现的形、色、味、香，进入人的官能，观赏结果使人情趣盎然，品尝后更获得茶味的隽永。精神愉悦不是由苦寂得来。

顾渚煮茶，皆用金沙贡泉，其火用炭，煮茶有三沸的讲究：沸如鱼目，微有声，为一沸。缘边如涌泉连珠，为二沸。腾波鼓浪，为三沸。唐人煮茶一沸调以盐味，二沸置茶末，三沸置少许姜末。

顾渚茶道的弘扬，得益于一大批名人、官员的倡导，湖州刺史颜真卿、裴汶、张文规、杜牧大都与亲朋好友在顾渚举行过茶会。他们或陪远方来客，或约几位知己，在顾渚山竹林松间，寺院民居，品茗谈心，论诗、论禅、论时政，论风物。著名的是颜真卿、陆羽等十九人茶会，以《竹山堂连句帖》传世。

顾渚山由茶而引出的风雅之举，表现在它的超然，它默默承载了中国茶文化史上所有的负载。近千年的纳贡，献出了它所有的精华，来此访茶之人都肃然起敬。陆羽走出顾渚山，便赐官不就，高唱他的不羡歌：不羡黄金罍，不羡慕白玉杯。不羡朝入省，不羡暮登台。千羡万羡西江水，曾向竟陵城下来。皎然在这里更做这样的实践：乞我百万金，封我异姓王，不如独悟时，大笑放清狂。李冶得了顾渚山的灵气，即便为唐玄宗所诏，还是要归故，这种拒仕、归隐的思想，不能不说是源于顾渚山的诱惑。

顾渚茶宴，有歌舞、斗茶等娱乐项目助兴，音乐多用古琴奏古曲，在白居易《琴茶》"琴里知音唯渌水"的境界中，益茶德、发茶性。著名唐乐专家何东昌教授考证，顾渚茶宴多演奏《平沙落雁》《猗兰操》《广陵散》《阳关三叠》《龙朔操》《长门怨》等古曲。

陆羽在顾渚山得道，在饮茶过程中贯穿一种美学意境，创造了从烤茶、选水、煮茗、列具、品饮一套茶艺，把品德和情操贯穿于茶事之中，用精行俭德四字修养自我，把儒、道、佛思想与饮茶文化融为一体，首创中国茶道精神。

晚唐卢仝在长兴洞山艺茶，这里清静、雅致的环境给了他启发，他觉得品茗的环境应该是这样的，凉台静室，明窗曲几，僧寮道院，松风竹月，晏坐行吟，清谭把卷。卢仝悟道，在顾渚山得到物质与精神的巧妙结合。

陆羽将"精行俭德"写进《茶经》，著名茶人庄晚芳、张天成教授等，倡导俭、清、和、静为中国茶礼，尚俭，节约朴素；贵清，清正廉洁；导和，和睦处世；致静，恬淡安宁。

人们习惯将顾渚茶称之陆氏茶，这里有茶道十规：

规一：蓬莱拜圣——礼神。规二：嘉宾点茗——点茶。

规三：温泉涤器——涤器。规四：纤手播芳——投茶。

规五：奔涛溅珠——冲泡。规六：琼浆回潭——斟杯。

规七：玉女献珍——奉客。规八：幽香拂面——闻香。

规九：甘露三品——品茗。规十：余韵悠远——谢圣。

一鸟报春
山泉醒

> 读山之法，懂得关照即为要领，人须求可入诗，物须求可入画。
>
> ——作者手记

读山之要领，在于懂得观照，精神空间还得靠自己腾出。顾渚山人做得很妙，艺花以邀蝶，累石以邀云，栽松以邀风，贮水以邀萍，筑台以邀月，种蕉以邀雨，植柳以邀蝉，护竹以养节气，育茶以养人气，将古今加以和谐，将陈封赋予清新，将人世间的美丽安排得如此妥帖，实属少见。

顾渚山开春，一年一度的修贡开始了，为让茶山早早苏醒，人们便以鸣金噪鼓的习俗以充达阳气，俗称喊山。按古语所云：地有主宰，祭祀得所，所以安灵也。

这个时期，顾渚山出现一种独特的报春鸟，陆羽在他的散文《顾渚山记》中写到顾渚山有一种苍黄色的鸟，每年的正月二月间，发出一种叫声"春起也"，到了三四月，便变了声调，叫"春去也"！采茶人称之为报春鸟。这种鸟类的啼鸣里体现了人神共力的自然现象。陆龟蒙在顾渚置茶园，常见到这种鸟飞过他的茶园。于是入了他诗：唯应报春鸟，得与斯人知。

顾渚喊山，是茶农祭神求护佑的一种旧俗，袁高给了它一个定义，叫做"心争造化力"。因为紫笋茶要在清明前进宫，路上还须扣除十天快马加鞭的时间。州县官员不得已，只好"阴岭芽未吐，使者牒已频"。茶芽未吐，催贡的告示已频频上门，饱受贡茶劳役煎熬的茶农，只有寄希望于神灵，纠集役工之众，鸣金噪鼓，齐声高喊：春来了！茶发芽。报春鸟之说，是一种鼓士气的说法。

顾渚喊山，后来被湖常两州太守用来作为督造贡茶大造声势的动员活动。《巩志·喊山祭》这样叙述：喊山，始于唐而盛于宋，唐代顾渚山贡焙，每年惊蛰，湖常两州太守入顾渚山，随从官吏、役夫及茶工扬声高喊"茶发芽"，此为喊山之俗。用现在的说法，喊山是贡茶的开幕式，官民一起动员起来，为的是保质按时让五批贡茶进京。

顾渚山的喊山茶俗很管用，它一直沿用至宋代贡焙中心建州的凤凰山、元贡中心武夷山和明代的武夷御茶园。凡是历代官办贡茶院的地方都有此俗。

《宋史》记载，宋代建州北苑凤凰山还设有打鼓亭。每年先社日，调民数千，鼓噪山旁以达阳气。欧阳修诗云：年穷腊尽春欲动，蛰雷未起驱龙蛇，夜闻击鼓撼山谷，千人助叫声哈芽。

公元 1331 年，元建宁总管在通仙井之畔筑高五尺的喊山台，山上建喊山寺，供奉茶神。每年惊蛰之日，县令带领县丞、御茶园官吏等先一日住喊山寺，次日亲自登台祭神。祭毕，隶卒鸣金击鼓，红烛高烧，鞭炮声响，采茶农工集于台下同声高喊：茶发芽！声传山谷，回音不绝。

御茶总管萨都敕修贡时，礼拜通仙井，祭文曰：惟神，默运化机，地钟和气，物产灵芽，先春特异，石乳流香，龙团佳味，贡于天子，万年无替，资尔神功，用申当祭。

对于一座山的敬畏，其实是对大自然的尊重。毛文锡的《茶谱》说了顾渚山金泉水的神奇：金沙泉处沙之中，居常无水，将造茶，太守具仪注，拜敕祭泉，顷之发源，其夕清溢，造供御者毕，水即浅微，供堂者毕，水已半之。太守造毕，即涸矣。后有史评：山泽之精，神抵自灵，感于有德者。

唐元和五年，湖州刺史范传正在金沙泉眼侧首建金沙亭，刺史们每年修贡时先要举行拜泉的习俗，祈求泉水滚滚。这个习俗在顾渚山沿袭至宋、元。《元史》里说到金沙泉不常出，每年造茶时，祭之，得水，事毕又干涸。宋末多次疏浚仍无泉涌。元至元十五年中书省遣官致祭，一夕水溢，可溉田千亩。尽见神奇。

山道弯弯
　　两豪杰

　　一塌糊涂的泥塘里的光彩和锋芒。

——鲁迅

　　顾渚山诡谲莫测，忽隐忽现地逶迤跳跃着另一种风景，历代文人对旧朝斥以"残山剩水"，惟顾渚山不是。唐代是我国历史上文化景象云蒸霞蔚的年代，文化的灿烂与文化人的失落同时弥漫于盛唐天下，一批批文人一路浩荡直奔长安而去，大都是英雄末路，空洒一腔热血，回头只能遁山林而去。他们上顾渚山只是冲着茶而来，冲着偶尔的精神抚慰而来，尚无隐逸的思想准备，进山后又受归隐与出世的困扰，终究茫然。

　　陆龟蒙一直唠叨着顾渚山的诱人之处，也常有终焉之志，于是下了决心，在顾渚山麓买了八百亩茶山，像模像样地学起陶渊明来，一山的空寂又闲得无聊、发慌，匆匆赶回苏州逍遥。但顾渚山还是放不下的，于是两头跑，倒也自在。

　　陆龟蒙属于那种大隐隐于市的有闲人，游荡在苏州街巷，潇洒得很，他有个自号叫江湖散人，看多了官场腐败，创作大量小品文，借物寄讽泄愤，语言冷峻，笔锋犀利，用词险怪。陆龟蒙怀儒家之志，却终身以农为业，如鲁迅所说，他和皮日休一样"并没有忘记天下，正是一塌糊涂的泥塘里的光彩和锋芒"。

　　苏州刺史从事皮日休，偶尔读到了陆羽的两篇《顾渚山记》，一记茶，一写景，不俗，便找到了江湖散人陆龟蒙，两人一交谈，相见恨晚，放下手中的活与陆龟蒙笃悠悠去了以茶扬名的顾渚山。皮日休一派的北人姿态，所见所闻之山惟不缺伟岸，相比之下顾渚山少了大气，原本是待不下去的，不过无法不流连。在这里，他认真地领取了一份足以维持一生的自信。

陆龟蒙在顾渚山比较投入，盖了几十间屋，但他只想留一份心迹，他不愿像陆羽那样走火入魔，彻底归隐他做不到，本不是职业隐士，且不能自食其力，更无大悲大喜的经历，富家子弟能做到淡隐淡出已是不错，归隐只为不隐，淡泊只为不淡泊，隐迹隐不了心，就不要去赶那时髦，如此宁静之山只适合那些更为宁静之人。

陆龟蒙将茶园租给山民，倒也省事，到了茶季，他来住上一阵子，租金不必细算，白吃白住加点薄利便可，古之文人的欲望高不到哪里，清风朗月之下，找几个书呆子吟诗作画，品茗对句算是天上人间的感受了，加上顾渚山冽冽清泉，凡尘琐事倒是进不来的。

陆龟蒙是个农学家，他对农具研究得很透，在顾渚山置茶园是为写一本茶书，这个目的他达到了，日积月累，编成《品第书》，可惜今已不存。

皮日休与陆龟蒙在顾渚山得了真谛，两人与顾渚茶农生活在一起，常驻足于林间竹下，诗歌唱和，评茶鉴水，一对少见的诗友和茶友，世以皮陆相称。两人在顾渚山留下了许多观察入微的作品。皮日休的《茶中杂咏》和陆龟蒙的《奉和袭美茶具十咏》，至今让人眼馋。

两人闲来无事，跑去看茶农制茶，写诗记下，皮日休将《茶中杂咏》送呈陆龟蒙后，便得到了陆龟蒙的唱和，诗的内容包括茶坞、茶人、茶笋、茶籝、茶舍、茶灶、茶焙、茶鼎、茶瓯、煮茶十题。几乎涵盖了茶叶制造和品饮的全部，他们以诗人的灵感、丰富的辞藻、艺术、系统、形象地描绘了唐代茶事，让茶文化和茶历史在另一层面展开。不妨看看皮日休《茶舍》诗：

棚上吸红泉，焙前蒸紫蕨。乃翁研茗后，中妇拍茶歇。相向掩柴扉，清香满山间。

一幅农家加工紫笋茶的图画。焙前，先蒸茶芽，男人将其研制成膏茗，女人拍打成型，烘焙时关上柴扉，但散发出来的清香还是溢满了整个山沟。

再看陆龟蒙和皮日休的《茶灶》《茶焙》诗：

"盈锅玉泉沸，满甑云芽熟，奇香袭春桂，嫩色凌秋菊。"

"左右捣凝膏，朝昏布烟缕。方圆随样拍，次第依层取。山谣纵高下，火候还文武。"煮沸一锅金沙泉，蒸熟紫笋茶芽，茶香四溢，色泽嫩黄似秋天的菊花。茶农将其捣成凝膏，无论早晨或夜间，室内布满了缕缕茶香。茶饼方圆，随模子形状拍打厚度。依次模子而定，烘焙则有山间民谣掌握火候。皮日休诗"薪然松脂香",是指烧的柴火须是松树,这关系到茶的香味。

关于湖州、关于茶,皮日休留下不少故事。湖州有位叫严晖的青年诗人,他作过一首《落花》诗赠予杜牧:春光冉冉归何处?更向花前把一杯。尽日问花花不语,为谁零落为谁开。

杜牧极欣赏这首诗,依韵和了一首:共荐流年留不得,且环流水醉流杯。无情红艳年年盛,不恨凋零却恨开。

皮日休童年在乡校时,读过杜牧的诗集,也读到和严晖的诗,心中久记其名。严晖一直没考中进士,皮日休在苏州与严晖有过一次交往,他读过严晖的诗作后,说他"清便柔媚",尤赏他的《落花》诗,为他屡考进士不第之事抱屈。严晖见到皮日休后回湖州两个月,就病死了,皮日休很惋惜,作诗悼之。

还有一个故事,唐末,各路藩王割据,唐皇为平定叛乱急需马匹,朝廷以茶与回纥国换马,在边界相会时,回纥国使者提出以千匹良马换一本好书,即陆羽的《茶经》,那时陆羽已逝,《茶经》又未普遍流传,唐皇命使者四处寻查,到浙江湖州又到湖北天门,最后还是大诗人皮日休捧出一个抄本,才换来马匹。

关于茶事,就是这样的说不完。

袁高茶诗，
艺术化了的谏书

> 一方青山，悄然走入人类的精神空间，弹一片叶，跃出一个不凋的音符；借一丝茎，叙述一段不凡的生命际遇。

——作者手记

顾渚山依据自己的处事方式，顺着大自然脉络缓缓行走，却又时不时赶在时代前面，做些看似出格，看似不可思议，却在情理之事。

浩荡而优雅的唐风里，袁高不在诗人之列，但他有一诗收入《全唐诗》。众多的关于茶的诗篇中，袁高的《茶山诗》名列篇首。

袁高是位正直的地方官员，他关心民瘼，疾恶如仇，压抑豪强，受老百姓爱戴。他直言敢谏，故因得罪权贵被遭贬。公元772年，颜真卿刺湖州时，袁高任浙西观察判官，他也借来湖州检查工作之余，与颜真卿、皎然、张志和、陆羽等人时有唱和、聚会。但那一年在顾渚山发生了一件事给袁高震惊。

顾渚山有个叫郎景的茶民聚众造反，原因是贡茶如大山一样压得喘不过气，政府派钱景秀平定。这给袁高深深的刺痛，不久他离浙外任，但贡茶给皇宫达官带来福音，给人民带来的却是劳役灾难，这个定论在袁高心中不可逆转。

晚唐时，唐朝走向衰落，腐败蔓延，朝廷让宰相卢杞弄得乱糟糟，陷害杨炎、颜真卿，排斥宰相张镒，以种种借口搜刮民财，百姓怨声载道，长安城著名的罢市是因卢杞乱政而起。也激起各地的不满，藩将朱泚、李希烈、李怀光等相继叛唐。

十年后，袁高从韶州长史任上调湖州任刺史，这会儿轮到他每年立春后到顾渚山奉旨修贡，他在顾渚山住了一个多月，目睹了茶区人民为贡茶不分昼夜辍农桑、服劳役、日使万姓贫的景况。他任职的三年，每年都有三千多斤的贡额。他离任那年，作了一首进谏德宗皇帝的五言长律《茶山诗》，随同三千六百斤紫笋茶一并随快马飞送长安，到了皇帝手中。这是袁高唯一入了《全唐诗》的大作，在此不妨选几句一赏：

> 动生千金费，日使万姓贫。我来顾渚源，得与茶事亲。
> 黎甿辍农桑，采摘实苦辛。一夫旦当役，尽室皆同臻。
> 终朝不盈掬，手足皆鳞皴。悲嗟遍空山，草木不为春。
> 阴岭芽未吐，使者牒已频。选纳无昼夜，捣声昏继晨。
> 未知供御余，谁合分此珍？茫茫沧海间，丹愤何由伸！

动生千金费，日使百姓贫。焙贡紫笋茶的情境极为可怕，王上贵族只求自己享乐，不顾百姓生死，这不能责怪陆羽的推荐，是封建制度造成的。袁高触到了封建王朝的痛处。

袁高的身份是唐政府的官员，但本质里属于一介文士，骨子里透露的文人气强于那些口是心非的文人，他用一种艺术化的手法，让一个沾满火药味的尖刻的批评充满美感，这是袁高的高明。袁高没有其他诗作，只这首批评诗，成为传世佳作。袁高表达这样的内心思想：

我来顾渚亲办贡茶事，农民停下农、桑之活，上山去采茶。一个人承担劳役，全家都得摊上。采一天，还不满一捧，手脚尽是鳞状的皴皮。茶山发出一片悲叹之声，春天的景象黯然失色。长在阴山的茶树，芽还没吐，催促贡茶的文书，一次又一次地下来。于是违背规律，与大自然去争功，使采茶者像鹿一样奔忙。所采芽茶，昼夜选纳和蒸捣，制茶工人累得疲惫不堪。古代皇帝尚且五年一巡视，郊路因此堵塞；而今路途远遥遥的各地，都要艰难地进贡，况且战事不断，更加重了百姓的负担。不知剩余的贡品，被谁分享了？反省我一个太守，年复一地修贡，积郁心中的悲愤，何处诉说！

袁高《茶山诗》送达宫中时，才坐了五年皇位的德宗收到这枚重磅炸弹，并没有贬斥袁高，反而用了他，这是唐代政治的开明。诗中所叙，是作者耳闻目睹，真实地反映了茶农因贡茶而带来沉重苦难。担心因贡扰民而造成社会不安定，无疑给皇帝是一个善意的建言。

《茶山诗》以民为本，站在政治的高度，反映基层的问题，皇帝自然地抓住了这典型，不失时机地为自己脸上贴金，唐代宽松的政治环境成全了袁高，也让老百姓从中减负。《茶山诗》是中国政治史上进谏艺术的一个特例，其艺术也颇为讲究，全诗是由五首五言律诗组成，用韵十分严格，从诗的内容、结构、用韵都属上乘之作。

《茶山诗》触及生态环境、自然规律、茶的工艺流程等实际，这也是此诗打动人的重要原因。为了赶上清明宴官员们驱使农民放弃春耕、养蚕的农活，去采、制贡茶，结果是"草木不为春"，山区的春天，本来是万物苏醒，百草吐绿，欣欣向荣。三万茶农被驱赶上山采茶，可怜"阴岭芽未吐"、"心争造化功"，而违反了季节和自然规律，不但使茶农吃了不少苦头，还把生态环境也破坏了。诗中反映的采、选、蒸、捣加工流程非常到位，连制茶工人的神态都绘声绘色地表达出来，说明作者身临其境，为茶农不舍昼夜的精神所感染。

这是顾渚茶在唐代续贡八十多年的历史总结。因此，《茶山诗》列为中国茶诗之冠，是当之无愧的！

一个朝廷重臣冒着生命和被贬斥危险，敢于立足社会底层向万乘之主讲真话，揭露官场的弊病，在湖州卸任后，提拔为门下省给事中的要职，门下省是皇帝的侍从机构，是皇帝身边的要员。"自袁高以诗进规，遂为贡茶省轻之始"。后来做了宰相的李吉甫，非常敬佩袁高的壮举，专门撰写了《袁高茶山诗碑阴记》，这块石碑立于湖州墨妙亭。袁高以直谏皇帝而传世，但他对朝廷的忠诚，矢志不渝，他在顾渚山的石壁上刻了他的题名："大唐州刺史臣袁高奉诏修茶贡讫至□山最高堂赋茶山诗。"

大唐十六州产贡茶，三十余个品种，顾渚山官贡为顶级品牌，每年花千金之费，生产万斤之茶。《新唐书》载：唐宪宗元和十二年，一次出内库茶三十万斤，令户部变卖以支度用，由此可知唐代贡茶数量之大。地方官吏多为邀功请赏之辈，致使贡茶愈演愈烈，祸害茶民，损害国力。袁高、杨汉公等文臣，刚直不阿，为民请命，为国剪弊，谏茶减贡，不失为正人君子，一代俊杰，他们的名字永久留在顾渚山的岩石上，昭示着英灵的不朽。

顾渚山的霸气过后，又回到平和，像顺从的平民，温良、平易、节俭，这里适合生活，而不仅仅是生存。闲适最能代表这座古老的青山的气质和现状，昔日顾渚山的生动有趣以及对文化的信仰，依然触手可摸。

茶神刺史，
仙家云鹤远

> 茶树的长久存在，不是偶然的。由于对山的时时刻刻的依赖，它永远保持着一种庇佑者的神信。
>
> ——作者手记

江南民间一些上了品的茶坊里，常常会供奉三尊神像，茶圣陆羽、茶仙卢仝、茶神裴汶，陆羽在顾渚置茶园著茶书，卢仝在顾渚洞山课童艺茶作茶诗，裴汶在顾渚修贡刻石写《茶述》。裴汶在唐时的名气仅次于陆羽，与卢仝齐名。

湖州的刺史里，裴汶是个里程碑式的人物。古之为官，到了刺史这个份上，通常是心无旁骛，专心官场之事，而裴汶的兴趣在茶。唐元和六年（公元811年）二月自澧州调任湖州，卢仝好友孟简由谏议大夫出任常州刺史。唐元和八年，裴汶接任常州刺史，那一年卢仝去世。

当时，湖、常两州是全国贡茶中心，卢仝生活在这一带，得了玄机，在《走笔谢孟谏议寄新茶》中端出了七碗茶，把饮茶的神韵表现得淋漓尽致。这一来，裴汶的茶路还得往深处走。虽然陆羽早就提出清饮，但对饮茶是否日饮还有不同看法，而常州刺史孟简又极力推崇阳羡茶，激励了裴汶对茶学的研究。

裴汶在顾渚山修贡，有时间细读《茶经》，从中发现了饮茶的精彩，但也看出了陆羽的不足。他以饮茶"得之则安，不得则病"为切入点，总结了以湖常两州为代表的长江中下游地区饮茶保健的经验，写了著名的《茶述》：

> 茶，起于东晋，盛于今朝。其性精清，其味浩洁，其用涤烦，其功致和。参百品而不混，越众饮而独高。烹之鼎水，和以虎形，人人服之，永永不厌。得之则安，不得则病，彼芝术黄精，徒云上药，致效在数十

年后。且多禁忌，非此偷也。或曰：饮令人体虚病风。余曰：不然。夫物能祛邪必能辅正，安有逐聚病？而靡神太和哉。

今宇内为土贡实众。而顾渚、蕲阳、蒙山为上，其次则寿阳、义兴、碧涧、邕湖、衡山，最下有鄱阳、浮梁。今者其精无以尚焉，得其粗者。则下里兆庶，瓯碗粉糅，顷刻未得，则胃腑病生矣。

人嗜之若此者，西晋以前无闻焉。至精之味或遗也，因人荼述。

裴汶指出，茶"其功致和，参百品而不混，越众饮而独高"，这是唐代首次把茶作第一饮品的人。他又指出，"人人服之，永永不厌，得之则安，不得则病"。这是对陆羽"夏兴冬非饮也"的日饮理论的深化，强调茶每日饮的保健防病功能。

裴汶捍卫了陆羽倡导的清饮、日饮的理论，在晚唐与卢仝一起，把饮茶提升到新层面。陆羽的清饮理论，在数十年后，被一种多饮令人体虚病风的论调冲击，不少人又回到把茶当药有病才饮的老路上去。

裴汶以长兴顾渚、湖北蕲阳、四川蒙山茶为上，安徽寿阳、江苏宜兴、碧涧、湖南岳州、湖南衡山为中，江西鄱阳、浮梁为下。说明顾渚紫笋茶，当时是"天下第一茶"。

裴汶把顾渚紫笋茶作为宇内最好的土贡茶来肯定的，《茶述》说：今宇内为土贡实众。而顾渚、蕲阳、蒙山为上。裴汶的考证给了我们一个新的视角，史书里所说的"蒙顶第一、顾渚第二"的评茶记载，这是一个时间概念，在《唐国史补》中查到蒙顶"号为第一"，蒙顶茶作贡近二千年，是最早的贡茶，这里的第一为时间意义。陆羽与朱放论茶，说顾渚紫笋茶为天下第一，指的是质量意义，陆羽非常自信地将两斤上等顾渚茶寄给京师国子祭酒杨绾，让他请皇帝品一品，做出这样的壮举是要底气的。

裴汶将茶的功能概括为：其性精清，其味浩洁，其用涤烦，其功致和。裴汶触及了茶道的基本精神，裴汶跨出的这一步，给了宋徽宗赵佶以启迪。他的《大观茶论》中谈到了茶的精神："祛襟涤滞，致清导和，则非庸人孺子可得而知矣。中淡闲洁，韵高致静，则非遑遽之时可得而好尚矣。"可以说，"致清导和、韵高致静"是对中国茶道精神的高度概括。显然，赵佶在裴汶的路上又走远了。

顾渚山因裴汶和卢仝的到来，使这个茶文化圣地高潮迭起。有史料显示，晚唐时，宫中每年贮存的贡茶达三十多万斤。

裴汶的历史意识是在无意识间实现的，裴汶约了五位老乡和官场朋友游顾渚山，兴致极高，在同一天题了两处石刻。石刻题处，旁有一潭，人尊为五公潭。

另一处石刻极为珍贵，只是山水冲刷经年，字迹模糊，是一首很棒的诗，但已残缺，只能让好诗者予以弥补：题五公泉。□州刺史张文规。一雉叫烟草，千岩皆茗聚。仙家云鹤远，余至岩石□。空疆近水声，裸寄长□□，□山□紫迫，□浩难今□。□□溪□□，去□□彩□，□□□三春十一日。

六朝时江南人"吃苦粥"或"瀹蔬而啜"，到裴汶的"越众饮而独高，"不能不说是我国茶文化的一大飞跃。裴汶于茶学的历史贡献，古人因此塑裴汶陶像作茶神仙拜祭。

陆羽将饮茶人分为三种："救渴饮之以浆；蠲忧念饮之酒，荡昏寐饮之以茶。"也就是说，饮茶可让人清醒头脑，这种功能被一些嗜茶者，尤其是佛徒发展成茶之三德：即坐禅时通夜不眠，满腹时助消化，可为不发之落，即抑制性欲。

陆羽把饮茶作为一种审美体验：苦、热、渴、凝、闷、脑疼目涩，四支烦、百节不舒，聊四五啜，与醍醐甘露抗衡也。身心不舒，只要喝几口茶水，便可舒坦，如甘露灌顶，美妙得很。

白居易在他后半生仕途不畅，整天在煮茶品茶中求得人生的快乐："山茗煮时秋雾碧，玉杯斟处彩霞鲜。临阶花笑如歌妓，傍竹松声当管弦。虽未学穷生死诀，人间岂不是神仙。"山林、彩霞、鲜花、竹林，伴之于朦胧的雾霭和松涛，煮茗享受，而进入神仙境界。这实际就是禅茶一味。

颜真卿邀集僧俗之客在他香花芳草的刺史府里，月下饮茶吟诗，吐出了最为美妙的两句：流华净肌骨，疏渝涤心原。

宋士大夫山写了大量仕途不畅或壮志难酬，而在茶与山水中寻得心灵慰藉的茶诗，如苏轼、梅尧臣、陆游、辛弃疾等大文豪，因为在充满诗情画意的山水中煮茶品茶，能与宇宙、自然融为一体，世间的烦恼可抛置脑后，这是文人的一种生存智慧。

卢仝说"四碗发清汗，平生不平事，尽向毛孔散"。人有内心不平，卢仝的办法是饮茶浇心中块垒。皎然则更潇涵三饮过后，可情思爽朗，可清神，何须苦心破烦恼。这与韦应物的为饮涤尘烦、钱起的尘心洗尽一样，因此裴汶的《茶述》中也："人人服之，永永不厌。得之则安，不得则病。"给了后来的大文人们以启迪，朱熹也说"瀹茗浇穷愁"。

林语堂说：清茶一壶便可随遇而安。这是典型的在茶中审美而获得生活乐趣的现代文人。

绿茶里的
人性

　　幽绿一壶寒，添入诗人料。

　　　　　　　　　　——杭州女诗人吴萍香（清）

　　如果不能从茶禅的角度，领悟绿茶的意旨是困难的。饮茶及与茶有关的一切，是一种文化现象。

　　科学家分解了茶的各种元素与含量，发现茶中含有多种有机酸和杀菌物质，脂肪酸类，如丙酸、年酸等均为有效抗毒剂，茶中的醇类、醛类和脂类等化合物以及无机物如硫、碘、氯以及叶录素也有杀菌作用。

　　唐以前，茶是加上调料炒后饮用的，陆羽创造了清饮，起居清爽简约的饮茶之风绵延至今。陆羽以后，茶走向固定程式，从选料制作、饮用器具及环境都由精细繁琐程序串连起来，升华出形而上的茶道，饮茶活动披上了浓厚的儒道色彩的文化外衣，沉淀到人们的日常生活之中，成为不可或缺的生活细节。有好茶者，宁可一日无食，不可一日无茶，与茶无好者，一生中也会无数次端起茶杯，消解生活中的各种滋味。

　　关于绿茶，陆羽的理解，茶性至寒，用作饮料是为适宜，重品行和俭德之人，如感到体热、口渴、气闷、四肢疲劳、关节不舒时，喝之，就与饮用醍醐、甘露不相上下。

　　裴汶则更进一步，他在《茶述》说，茶叶的功能远在参术之上，得之则安，不得则病，说茶还有"还童振枯"之效，说茶在延缓衰老的功效更为神奇。

　　陆羽认为茶不仅可以健身体还可健心灵，将心物交融引申为现代文明的饮料。茶叶中某些维生素含量超过蔬菜十余倍，令营养学家惊讶。茶叶中的咖啡碱能刺激神经，增强肌肉收缩力和心脏活力，增强血液循环，激励肾脏，多饮多排，可降低体内余热，医学上把茶作为利尿强心之剂。茶叶还有增加人的思维、记忆能力，使人精力充沛，才思敏捷。白居易的"破睡见茶功"，刘禹锡的"饮以涤烦"，所溢美茶之强兴奋、助写作之效，都是他们的切身体会。

如同咖啡滋养了西方文化精神一样，茶在很大程度上扮演了同样的角色，茶与咖啡，同样的热气氤氲，同样的苦中含香，不同的是，一清冷一浑厚，一淡而胜一浓而醇。茶，咖啡，都是精神上所渴求之物，在同样的令人沉醉于其所营造的意境之后，饮茶令人浮想的是清深幽远的太虚之境，咖啡泛起的是澎湃汹涌的激情生活。饮茶则思退隐，喝咖啡则激发前行之意。所谓饮之在心，心不同而味迥异。在文化的视野里，茶与咖啡象征着形式功用相同而内核各异的文化特质。

中国的绿茶有茶的最高境界之说，由看、闻、饮感官效果进入茶之真理。看，茶叶与水的交融与分离，优美的形态变换；闻，其香淡远，袅袅绕室；饮，从舌尖的味蕾，到身体的每一个骨节、毛孔，都感受到它沁人的禅意。

绿茶属于不发酵茶，以清汤绿叶为特征，加工工艺只限于杀青、揉捻、干燥三个步骤，杀青则分蒸青和炒青两种。绿茶艺苑，花色形形色色的品种尽显珍奇，令人爱慕。

茶站出来以独特的方式参悟着当代中国人的心灵世界，营造了一个清香神秘的茶境界。在如同流水一样的平淡叙述中，人类的无意识潜藏在人的内心深处，存在的自我就不时要跳出来对峙一番，意图颠覆和修正自我。人不时地为内心的苦闷与行为的踯躅所累，以求精神康复。

穷达神话，你可在一饮一食中达到人生极致，自养浩然之气，对人又博施众济，追求快乐，所以孔子赞扬颜回说：贤哉，回也！一箪食，一瓢饮，在陋巷，人不堪其忧，回也不改其乐，贤哉，回也！

史书里的陆羽谝噪、乖僻、任性、孤傲、颇不讨人喜爱，因为茶的调理，一种顽强的自主、不肯因循守旧，不屈从权威的身份展示于世，不时表现出一种不与世俯仰，不随波逐流的狂态，这是一种造就超众之才的个性。

张岱的茶情，可从他为绍兴一家茶馆取名并作《斗茶檄》中见深：七家常事，不管柴米油盐酱醋，一日何可少此。开门七件事的前六件可以不管，唯独最后一件不可少。张岱知茶识茶，连南京城头号茶人闵老夫子也服他，茶让张岱活到八十三岁。

王安石两次做宰相，两次被罢，推行新法失败后，隐居南京，闲来无事，饮茶赋诗。但仍旧不忘研究他的新法，他的民本思想令他手捧茶杯，写出了著名的《议茶法》，说：茶之为民用，等于米盐，不可一日无。

在纷杂世事中奔波的芸芸众生，时时面临着内心与世界的冲突，不得不随着世俗生活辗转沉浮。倾向于精神内敛的中国人常常依赖于茶所营造的宁静几乎是天然的选择，而世界则不时要以喧嚣的姿态明示人在社会中的卑微。在这个节点上，茶运作为一种气韵，让人性获取亢奋，让世界在茶雾中与人类和谐，不必超越实际时空去追求灵魂的不朽。

一个人的生平可能遭逢很多事变，可能改变一个人的气质面貌、应世方式，但是内心深处的东西却不会改变。就像茶，在热水的浇注之下，舒展、沉浮、交缠，乃至散发出生命的清香，但叶是叶，水是水，谁也不溶于谁。

陆羽草堂，
遗世的小屋

茶爽添诗句，天清莹道心。
只留鹤一枝，此处是空林。

——司空图

每个朝代都有袭一身仙气之士走在时代前面，早早地换上布衫，换一颗平静之心处之、待之、为之。干戈自成玉帛，浮华于事无补，荣辱原本虚幻，名利实为枷锁。这倒不是四大皆空的偈语，也不是不辨是非的混语，更不是遁世山林隐士的无谓说教，只不过为实践某一信仰而已。

陆羽在顾渚山的草堂与茶地为邻，不远处静卧古刹，虽在俗境，如得了仙气，极合超然之人心意。陆羽住下了，抽空到附近的寿圣寺去坐坐，与禅师聊天，喝茶。

带着精神的畅游，带着探索的渴求，进顾渚山修炼。陆羽发现扑面而来的是一种平和，一种静气，陆羽的人生里第一次感受到了这方静如处子的近山，于是细细品味起这种静气来。"门无车马终年静，座对琴书百虑清"是静；日出而作，日落而息，丰衣足食，终其天年也是静。苍松翠柏，灌木掩映，云蒸霞蔚，倚山而居，流水潺潺是静。泉水清碧，鸟飞鱼翔，深潭月影，蓑笠独钓是静。这静谧舒缓、清新恬淡的环境给人们走向安静创造了无限的可能，倘不身临其境，体味品尝，断难有此感受。因为感受的驱使，要立志做一个"深深长夜守更人"。

筑巢群山之中，却无闷郁之感，地势旷远、空寂，漫漫炊烟人家，四周遍植修竹，不远闻及磬音，晴日登山眺远，可见太湖之渺茫，群山之苍翠。顾渚山四处清静，每寸土地都溢发着灵气，想来得了风水要领，想是归隐的好去处，难怪要引得各路名家踏访。

皇甫曾用心体察陆羽采茶时的境界，后来给他刻画了一幅超然脱俗的图景：千峰待逋客，香茗复丛生。采摘知深处，烟霞羡独行。幽期山寺远，野饭石泉清。寂寂燃灯夜，相思一磬声。陆羽就是在与大自然融为一体的境界中，寻得茶的快乐。皎然描写陆羽品茗时的悠然自乐，则更体现了陆羽的与众不同：何山赏春茗？何处寻春泉？莫是沧浪子，悠悠一钓船。又是超然脱俗、遗世独立的美妙境界。

颜真卿到任，在湖州看到满目精华，顿起一种打湖州牌的冲动，将域内精英集于麾下，陆羽这位有文才、善思考、勤实践的人物被颜真卿请到，为他在湖州的迎禧门外的青塘村盖了别墅，这里离城不远，顺了陆羽野居的心愿，比起顾渚山的草席，却是天壤之别，它并行苕溪文华绿竹，山川秀美。

前辟四窗，垣墙周庭，以当南日，日影反照，室始洞然。杂植兰桂竹木于庭，旧式雕栏，亦遂增胜，冥然兀坐，万籁有声。庭阶寂寂，小鸟时来啄食，人至不去，十五之夜，明月半墙，桂影斑驳。风移影动，珊珊可爱。

秋风飒然，黄叶满庭，户外无履迹。闲来无事，独自倚门凭栏，不知是视力有增还是乡间的能见度高，只知可以放眼竹林之外，极目荒墟树杪之间，虽寒气顿生，肃杀之气飘然于荆棘之中，木叶枯黄，却无失落之感。守深山长谷而不出，大概是不难的。

春临寒室，生辉于蓬荜之外，但见重崖别坞，幽谷曲隈，朦胧里感觉此地适合仙灵之所栖息。残霞落照之间，令人神思爽然。

唐末有位叫齐已的诗僧，他在游湖州时专门写过《尝茶》一诗，赞赏顾渚茶"味击诗魔乱，香搜睡思轻"；他更关注陆羽的旧屋，优美的环境：溪边、绿竹、野花、青塘村美景令他往返。

喧嚣熙攘浮躁的人生，愈发显出安静心态的弥足珍贵。人生于热烈，归于平静。居家过日子谁又不想平静？

过往的历史里有过太多的刀光剑影，或仍将无休止地延续着，人类竟适应了这种延续，要静如处子地面对这种延续，非常人所能为。回归了自然方可解脱，大自然的异样给了人类多样的思考。

陆羽对顾渚山的许多小地名都作详尽的记述，如白苎山、悬脚岭、山桑坞、飞云寺、曲水寺、凤亭山、伏翼涧、明月峡谷、青岘岭、啄木岭、园岭、善权寺、石亭山等。陆羽的文章里对顾渚山的地理形势、气候、山水、物产都作过细述。

人生把平静定为追求之目的，大抵就会看天天蓝，视地地宽，雅量肝胆，坦荡自然，安于贫寒，颐养天年。有些一开始就该明白的事，一定要到事后才明白，人生本无奈。陆羽的风范在于他早早地明白，屡屡拒绝朝廷的征召。

人很难远离尘嚣，很难脱俗，此乃古传仙理。好高骛远，或萎靡颓废，或悲悲切切，愤世嫉俗。或自视清高，目空一切。寻一个清静的人生，难真有些难度。

追求平静只是一个过程，是一个痛苦的自我砥砺的长期的不平静的选择过程，中途而废的人绝体味不到其中难与人言的真善美的风光。

人文化了
山水

人文美与自然主义的迷人结合，给所有光临顾渚山的人以刻骨的感受。

——题记

顾渚山云雾瑞草的迤逦气韵，松风幽径，修竹清池，构成江南青山的倾情之美，构成这温柔富贵之乡、大雅与大俗共融之地。

贡茶初始，是各地方官府征集各种名茶以土贡名义进献朝廷，这应该是武德四年，即公元 621 年的事，也可以说是紫笋进宫廷的最早记录。后来，土贡不能满足需要，便由官府设置茶场，直接管理，督造御茶，精制名茶贡朝廷，成为一种制度。

开州刺史韦处厚邀请一批诗人在四川开州的盛山茶岭办了个诗会，感叹顾渚茶既出，今蒙山茶音信稀少："顾渚吴商绝，蒙山蜀信稀。"张籍赞同他的观点，以"紫笋连日蕊"附和。

顾渚山在行政区域上，属于古诗所云"行遍江南清丽地，人生只合住湖州"的湖州所辖，是最适合人类居住的地方。这里的气候、雨量和土质都是最适合茶叶生长的。天目山的余脉从西南延伸过来，缓缓地入太湖之中，顾渚山就是这天目山余脉的最尾端。西北方向，一道由啄木岭、黄龙头、悬脚岭、茗岭构成的天然屏障，海拔虽只五百多米，这一组山峰在滨湖平原上起了汇聚气流的作用。

顾渚山精美的小气候，是一组群山的组合，有葛岭坞、明月峡、斫射岕三条向东南方向的平行山谷，岕这个古字，就是狭小的山谷的意思，几乎在别处见不到，是顾渚山的专利。这些岕都依山谷夹出一条溪涧，溪出岕之后汇成一条溪，溪旁两侧石壁峭立，湖州刺史张文规说：大涧中流，乱石飞滚，茶生其间，尤为绝品。这茶与水，就构成了顾渚山的双绝。

顾渚山常有这样的气候，清晨，山岱蒸腾出迷蒙的薄雾，涧水淙淙，涧边的野生茶芽上，留着雾气水滴。是大自然赋予的生态环境。且看张旭的诗：山光物态弄春晖，莫为轻阴便拟归。纵使晴明无雨色，入云深处亦沾衣。

陆羽在顾渚山细察，为何紫笋茶比其他地方好，他发现野生紫笋茶就生长在烂石山坡上，它的根部扎在有机质非常丰富的腐殖土中，从中吸取养分而不必施肥，故茶芽特别粗壮，顾渚山的各条山岕长满毛竹和阔叶林，能接受到太阳的漫射光。在这种环境中生长的野山茶，具有独特的内质，是名副其实的有机茶。紫笋茶三次被评为全国名茶是有它的内在依据的。

这样的山中怎能不留客，时间改变历史，一切存亡都是自然存亡，寂寞身后事，这古茶山教人领略人生的短暂和历史的悠长，教人阻纷扰于红尘之外，而不阻浩气于千秋之外。

月光铺在金沙溪上，闪烁着莹光的波纹是在夜间发现的，静卧的山的倒影在水下打盹，闪烁的波光骤然惊醒了清夜，开始倦怠的雀跃之心，这山夜的色彩，顾渚山嵌入，这个世界的许多痕迹之中。

古幽山泉水默不作答，妇人打开水龙头，开启了大山的思绪，泉水不善将历史珍藏，使紫笋名茶与沁人心脾的金沙泉水交相辉映，吸引着中外游客。它只用幽深目光，注视山的今昔，别来无恙，放心了闭上眼。

古泉孕育了世代的顾渚山人，山里人把古泉视为自己的图腾，常有老人焚香燃烛以祭，对古泉顶礼膜拜的情状是山里人的独有。

自从有了贡茶院，有了清风楼、木瓜堂，有了枕流亭、息躬亭、金沙亭、忘归亭，风光乍起。是时，颜真卿、张文规、杨汉公、袁高、杜牧、白居易、皮日休、陆龟蒙、皎然、陆羽等及宋代的苏轼、王十朋诸贤都曾至此品茶赏景，赋诗题咏。其带来了无穷的文化力量，顾渚山茶登上大雅之堂，茶文化的高峰经久不衰。

如果时间有分量，这泉水与亿万斯年的山石一样来得沉重，流水淌得如静止一般，像一匹长长的翠绸铺向远方，流水联系着又隔膜着外面的世界，这大概是顾渚山对茶和泉的不敢怠慢之处。

第三章

顾渚问茶

刺史隐山，
找一处心灵的静观

　　山间每一条小路都是不能小看的，或许那一粒不起眼的鹅卵石曾经记录过颜真卿、杜牧、苏东坡的脚印。

——作者手记

　　进顾渚山，好像是与生俱来的一个梦，直到生命里阅尽山川草木的风华，直到奔波的日子里有了一个万物初醒的春天，那些极具脸面的士人们虔诚地进山履行他们的使命来了。

　　在顾渚山闲逛，如同走过漫漫的时间，穿过层层风雨。你会发现，岁月的长卷，顺着这古风古韵慢慢卷起，渐渐褪色，然历史的记忆却永远鲜活，亮丽如初。那些曾经鲜明的旧事在山风吹拂下开始泛黄，繁华远去的顾渚山到了现在才显得淡泊而安定，顾渚山融入这个静谧舒适的空间，所有的渴望或隐逸在这里开始。

　　史载，有40位唐刺史在顾渚山修贡，贡茶院的厅堂上留着他们的题名。

　　将众多的湖州刺史赶进深山的过程很简单，陆羽推荐紫笋茶，于大历初与阳羡茶列为同贡，始进万两。五年后，与邻县的宜兴分山造茶，每年由朝廷下达贡额，并颁发一系列禁令，周边各乡的茶芽不得外卖，都要集中到顾渚焙贡。由湖、常两州刺史主持，浙江观察使抓总。

　　第一位接受修贡任务的刺史叫裴清，公元767年自宿州迁授湖州刺史，他与常州刺史分头领导长兴和宜兴的造茶。那一年的顾渚山是一个极遂人愿的早春，芽茶随暖春早早地吐露，裴清进山一尝金沙泉，妙不可言，待贡茶按时优质完成，放胆向代宗皇帝写了《进金沙泉表》：吴兴古郡，顾渚名山，当贡焙之所居，有灵泉而特异，用之蒸捣，别著芳馨，信至德之感，通合太湖而献纳。裴清将金沙泉与紫笋茶一并进贡。紫笋茶的香气，缭绕于宫中，朝中皆大欢喜。裴清修贡有功，不久便被提拔为兵部郎中。

裴清开了个好头，以后每任刺史都按皇帝的旨意，乖巧地在顾渚山待上一个多月，这个规矩直到公元853年湖州刺史郑颛重修贡茶院止，紫笋茶连续作贡80多年。到过顾渚山修贡的刺史们的名字被刻在贡茶院壁上，贡茶院经过几次毁坏，壁上刻石也已无从查找。

第二位奉旨修贡的湖州刺史，是大名鼎鼎的当朝功臣颜真卿，公元772年由抚州刺史调任湖州，接了裴清的班。他在湖州工作了五年，后得到重用，担任刑部尚书，唐史对颜真卿在湖州的工作有很高的评价：大历中为刺史，招集名儒高客七十余人，编成《韵海镜源》五百卷。又书写了他的伯祖元孙所著的《干禄字书》，撰写生池碑《石柱记》及其他石刻。颜真卿在湖州，累年有德政，治郡千里，当地人民敬仰他的忠烈，建祠纪念。

颜真卿到顾渚山修贡极洒脱，他是带着一批文化界的朋友来的。颜真卿在顾渚山的日子心情颇轻松，他与友人们在明月峡月下吟诗，题书勒碑。这块碑曾闻名一时，是颜真卿著名的蚕头鼠尾体，在明月峡众多的名人石刻中，此碑尤大，常有人来此摹拓，后来被人击碎。

袁高于公元781年授湖州刺史。他在十年前任浙西团练判官时，来湖州与颜真卿、皎然、张志和、陆羽他们常有交往。故对顾渚山，对贡茶不陌生，他执行了两年的修贡任务后，看出了问题，发现了贡茶制度的弊端。在他修贡结束的那一年作了一首《茶山诗》，连同三千六百斤紫笋茶一并呈谏德宗皇帝。这首有名的长诗成为千古名诗载于史册。袁高在诗中大胆提出贡茶是扰民之苛政，主张延缓急程茶的时间，他的题名石刻至今仍留在顾渚山，见证着那段辉煌的历史。他调离湖州后担任门下省给事中要职，北宋文学家石介有《袁高给事》诗："掷毫不肯草丝纶，宰相难巡命别人。明日执迴卢杞制，始知唐室有忠臣"，称他晚年在任上不受卢杞之制的节气。宪宗时追赠他为礼部尚书。

于頔这个人物颇有争议，有横征暴敛的恶名，但他于公元792年由吏部郎中外放任湖州刺史，却在湖州留下美誉。于頔作风深入，在任上办了许多实事。长兴环桥以北至白埠有一片低洼区终年水浸，人称西湖，于頔到此巡访，商讨治理方案，决定修复堤岸，改造成三千顷良田，每年收获鱼米无数。他在顾渚石刻袁高的题名下，刻石留下了他的大名。于頔在顾渚山修贡，深感紫笋茶要赶上清明宴的时间太紧，写信给常州太守，两人商量共同上书要求暂缓十天进宫。于顿后来官至宰相。

公元 800 年，李词做了湖州刺史。他于这个新世纪的起始年代为顾渚山做了一件影响深远的大事。顾渚山因贡额逐年增加，而院宇日渐破败，李词决定重建，将东廊三十间改为贡茶院，院两行建造茶碓和贡焙百余所，这样可容纳千余工匠，又引金沙泉流经其间，解决了烹蒸涤濯茶时用水之便，又请示皇帝同意将武康吉祥寺匾额移于此，由寺僧管理，寺、院合一由此开始。李词重修贡茶院有功，于第三年迁光禄少卿。

长兴地方志书上范传正记录了颇丰的政绩。他任湖州刺史不到两年，便迁苏州刺史。

接替范传正的是裴汶，两年后迁常州刺史。裴汶是唐时著名茶叶专家，与卢仝齐名，著《茶述》，内容主要是有关顾渚紫笋茶，裴汶认为，紫笋茶优于蒙顶茶。唐元和八年二月廿三，到顾渚山修贡时，带了前来探望他老乡薛迅、裴宝方同游斫射岕，并留下题名石刻。

修贡刺史的队伍里，有两个人与大诗人白居易扯上关系，一个是诗人崔元亮，公元 823 年自刑部郎中外放任湖州刺史。白居易的另一好友元稹任职浙东，三人是同年进士，过往甚密。境会亭办茶宴，崔元亮诚邀苏州刺史白居易来捧场，白居易因坠马伤腰来不了，只能诗贺贾常州崔湖州在境会亭欢宴。

另一个是白居易的妻舅杨汉公，公元 838 年自苏州移刺湖州。修贡被视为雅人深至，杨汉公到顾渚山有不少人跟着：崔待章、马祝州、唐从礼，还有乡贡进士、子侄，他们在顾渚山悬臼岕的石壁上刻石题名。不过杨汉公着实感到清明不可能到京，上书奏请皇帝，要求将限清明前到京的急程茶，延缓三五日，得到恩准。

庚威也是爱茶之人，他到顾渚修贡突发奇想，将斫射山的茶叶加工成团茶上贡，这一创新朝廷未以置否。当然也有因未能赶上清明宴而"贡不得法"被罢官的，裴充就是一个，后来他死于湖州刺史任上。

公元 841 年，安州刺史张文规移刺湖州。张文规的传世是因为他的一首名诗《湖州贡焙新茶》：凤辇寻春半醉回，仙娥进水御帘开。牡丹花笑金钿动，传奏吴兴紫笋来。

明月峡有《斫射神庙记》，明月峡因之改名斫射岕，至今斫射神庙屋基尚在。离任时，专程跑到在顾渚山斫射岕底刻石题名留下河东张文规大名。

公元 843 年六月，前名相姚崇曾孙姚勖，由谏议大夫任湖州刺史。据传他修贡时看到顾渚山如诗如画般精彩，于是将姚崇墓迁至长兴顾渚山，据说今天姚崇在陕西的墓葬是为空穴。

唐代名相令狐楚的儿子令狐绹于公元 847 年，自右司郎中授湖州刺史，次年进顾渚山修贡，他专心读书，为人低调，未留下笔墨。据《拜相史传》：唐宣宗问身边人，令狐楚有子吗？白敏中答：他的儿子令狐绹现任湖州刺史，这可是块宰相的材料啊！不久便召为考功郎中知制诰，入翰林为学士，后来做了宰相。

杜牧授湖州刺史已到晚年，他在刺史任上不到一年，但登临赋咏，留下了一笔丰富的文化遗产，顾渚山、弁山留有石刻，又为顾渚山留下四首茶诗，其中《茶山诗》记述了他走水路到顾渚山修贡的一路见闻和感受。

武宗时，大规模的灭佛运动掀起，吉祥寺被毁。郑颙自舒州刺史授刺湖州，他在任上奉敕重修贡茶院，说明紫笋茶尚在作贡。

40 位奉旨修贡的刺史顺着山道，悠悠地漫步，那种空旷与寂寞，正是现代人要刻意寻找的。

颜真卿，
英雄拜茶

会异永和年，才能简安作。

——陆 羽

安史之乱后，唐王朝这一病不轻，宫廷一团糟，做了尚书的抗击安禄山的功臣颜真卿被贬谪，理由是你颜真卿居功自傲，于是皇上准奏，外放湖州刺史。

公元 772 年，风云人物颜真卿刺史湖州，上了顾渚山，他是紫笋茶首贡后的第二任刺史，也就是裴清完成贡额的第三年。裴清的功业是为金沙泉进表，他向代宗皇上写信说："顾渚山有灵泉而特异，用之蒸捣，别著芳馨。"完成贡额后，提拔为兵部郎中。

今人大都知道颜真卿所创颜体字：端庄雄伟，遒劲郁勃，细筋入骨如秋鹰。然颜真卿不是专业书法家，中国古代士人，以立德立功为不朽事业，颜真卿任侍御史时，遭到杨国忠的排斥，被贬为平原太守。安史之乱，颜真卿决计作一世忠臣，联合河北十七郡，高擎反叛大旗，起兵二十万抗击安禄山，颜真卿被推为盟主，使安禄山不敢急攻潼关。颜真卿以其壮举事后在朝中得以闪亮登场：授工部尚书兼御史大夫，后任刑部尚书、吏部尚书、太子太师，封鲁郡公。不过，封建朝政中，忠良必是春风短暂，他也逃不过遭小人谗言而被贬放的厄运，贬至湖州。

日后，有名家点评颜真卿人生低谷时的作为：人生来去处，长兴三两起。

他在长兴留下三处足迹两件雅事。第一处是顾渚山，他没有考虑爱上田园生活，带着修贡的相约，带着一身阳光和青草的气味，颜真卿是将陆羽和顾渚山推向辉煌的关键性人物。顾渚山风光成为这位朝廷功臣的心灵栖息地，他在金沙泉源祭拜后进山访茶去了，颜真卿没有考虑爱上田园生活，他带着修贡的相约，带着一身阳光和青草的气味，在顾渚山转悠，他拜访了陆羽的竹林茅舍，这里鸡犬相闻，空气洁净，古风盎然，老朋友陆羽在门口恭候多时了，引领着去看他的茶园，听他关于茶的娓娓叙述。早春的茶香从空气里泼洒出来，浸染了衣裳和鞋子，让颜刺史流连忘返，督贡的官员们住了下来，春雨更让顾渚山到了妙处，白云朵朵挂在山头，被山间茶枝撑着。

《旧志》说，颜真卿与一批文友在明月峡月下散步赋诗，又将所赋之诗题于石碑，到了宋代，县令许遵在此建了一座桥，取名颜板桥，以此纪念这位颜鲁公。

第二处是画溪的竹山潭，也就是今天小浦郎山脚下。这一年，颜真卿的几个儿子来看他，去哪儿好，于是，长兴县丞潘述、县尉裴循策划了一次极具品位的文化交流活动，盛邀了颜真卿、陆羽、皎然以及推官康造、前御史李萼、前县尉裴修、司直房夔、洛阳丞李观、京兆韦介及颜真卿的四个儿子粲、頵、须、岘等十九名士，聚会于长兴画溪的竹山寺招隐处潘子读书堂。这里是著名风景区，潘述精心安排在这清幽之地，激发诗人的灵感，让这批高人为长兴留下精品，大家在品茶饮酒中吟出不少好诗，白天品尝顾渚山僧送来的上好紫笋茶，黄昏时饮民间自酿的箬下春酒，潘述说聚会在这幽雅环境，连民歌、民乐也不想听了。

颜真卿开场先定下规矩，要求大家自始至终参加，留下诗作。游戏规则是，做诗连句时在蜡烛上刻好印记，限时吟出诗句，美酒数量则不受限制。

颜真卿作句首：竹山招隐处，潘子读书堂。这里是长兴县丞潘述读书的地方，藏书万卷，陆羽跟佳句：会异永和年，才能简安作。意为集会与东晋永和九年王羲之的兰亭修禊事没有什么两样，而显示出来的才华，可与三国建安时的"竹林七贤"媲美。在此不妨节选几句欣赏：

> 竹山招隐处，潘子读书堂。——颜真卿
> 万卷皆成帙，千竿不作行。——陆羽
> 水田聊学稼，野圃试条桑。——皎然
> 昼饮山僧茗，宵传野客觞。——柳淡

诗人们在山寺、竹林、田野、河流一派恬静优雅的环境里，作诗连句一天一夜，殚精极虑，每遇到奇特的典故，大家互相揶揄、欢谑，追求高雅韵词。原准备一部分人住到下若寺去的，结果都撑了个通宵，这名流的优雅的聚会，给了长兴如四百年前兰亭聚会那样的文化奇观。颜真卿将每人的诗作书写成《竹山堂连句帖》，其真迹流传至今，这幅帖子现收藏在台北"故宫博物院"。

可惜画溪之夜如东晋永和年间王羲之九曲流觞式的聚会，连同颜真卿的书帖，在伟大唐风里未被引为经典。

画溪之夜以品茗作诗为主题的高层次的文化聚会，在中国的茶文化史上留下了精彩的一笔。只可惜这次如东晋永和年间王羲之九曲流觞式的聚会，连同颜真卿的书帖，在伟大唐风里未被引为经典。

到了明代，有人将这次类似东晋永和九年王羲之等名士在兰亭进行作诗联句诗刻，收集在颜真卿的《水堂集》中，统领明代文坛20年的大文豪王世贞为之写了一篇评价极高的《跋》，王世贞说颜真卿书法：遒劲雄逸，而时时吐姿媚，真蚕头鼠尾得意笔，大较与家庙颉颃。而此乃手迹，又当远胜。

第三处在今天的和平长城，颜真卿上杼山看望陆羽和皎然，三人提议建一个纪念亭。后来这个亭于癸丑岁、十月癸卯、朔二十一日癸亥建成，陆羽给亭取了一个意味深长的名字：三癸亭，颜真卿为它题写亭名，从此，茶人们都把那里当作茶文化的祖庭。

颜真卿为长兴又做了两件事，书刻了两块碑石。一块立在贡茶院、清风楼、忘归亭的三角地带，就是史书中经常提到的蚕头鼠尾颜鲁公书碑。另一块碑是为曾任吴兴太守的长兴谢安墓所立。颜真卿重书晋谢太傅碑文，重刻碑阴，而且将碑文立在谢安墓区，碑文：大保谢公东晋咸和中以湖州山水清远，求典此郡。郡西至长城（长兴）县通水陆，今尚称谢公塘。及迁去，郡人怀思，刻石记功焉。唐天宝末（公元756年），群盗起，公之碑志失所在，积求芜没，深为怆然！借旧史遗文，敬刊息石。公之雅量宏度，盖嗟叹之不足。到了宋代才将此碑移入湖州墨妙亭。

没有人愿意在一片空白中结束生命的旅程，许多人往往因不知为何而生而迷茫。颜真卿这辈子什么都有了，该品尝的都尝过了，单凭这一手好字，如有一剑封喉的绝技，加之笑傲江湖气概，万里平沙，愁云惨淡，军帐遍布，刀光摇曳，他都踏血行过。故执行修贡任务，就不是问题，修贡毕，这位书法大家在一个僻静的崖岩上刻下了自己的大名。顾渚山给了颜真卿一个清醒，要留青史的不在官而在文。回到湖州，他又组织文人去践行另一项文化工程去了。

受古之"三不朽"思想的驱使，颜真卿一直有个志向，编纂一部典籍巨著，书名叫做《韵海镜源》，来到湖州这文风畅然之地，他决计了此夙愿。他到任一年就开始继续编修这部宏著，邀湖州名士组建了写作班子，陆羽、皎然当在邀集之列，陆羽的位置被排到第三。规模大到足有三百六十卷，编者多达江东名士五十余人，他们笔削润色，开笔会，办茶宴，登山泛舟，异常活跃。这部巨著完成后献给了朝廷。陆羽在参与编书过程中结识了一批高僧名士，阅读了大批典籍，充实了他的《茶经》。颜真卿竭力关照陆羽，帮助陆羽在迎禧门外找地建青塘别业，后来又推荐陆羽为太常寺太祝，陆羽不就。

明末清初著名诗人吴伟业写过《湖州岘山九贤祠碑记》，记中赞扬王羲之、谢安、柳晖、杜牧、孙莘老、苏轼、王十朋等九位太守在湖的德政。其中赞扬颜真卿说：

> 鲁公正直，书法坚凝；忠孝收京，弟兄死国，家庙丹青；射堂有碣，杼山有亭；志和钓罢，鸿渐成书；清风百世，缅怀典型，白首抗节，握爪如生；神仙仿佛，重过山城。这是来自民间的评价。

城南旧事，
白鹭簇拥张志和

鲈鱼脍，莼菜羹，餐罢酣歌带月行。

————嵯峨天皇（日本）

长兴城南，秀丽的西苕溪南岸，有着在唐代极具人文气息的妙地。有皎然终其一生的苍郁繁茂耸峙的妙峰山，山的北麓与西塞山、桃花坞相连续，张志和《渔父词》中的西塞山的白鹭到处的意境仍依稀可见，东南山岗上至今留有皎然塔，陆羽墓和颜真卿策划而建的三癸亭遗址，皎然诗中"俯砌披水容，逼天扫峰翠"的峥嵘气派依然如故。

到了明代，西塞渔晚作为吴兴八景之一依旧是文人的梦寐之处。

读一读唐朝远逝的背景，依旧是那么鲜活亮丽：仙乐缥缈的云中骊宫，月落乌啼的城外枫桥，金龟换酒的长安酒肆，箫声呜咽的大漠军营，桃花流水的西塞山下，枫叶荻花的浔阳江畔，尽见性情中的唐人。

张志和这人很有意境，仕官家境，从小接受过系统的素质教育，有一手相当不错的诗和画，十六岁就及第明经科，是唐人登科的最小年龄。与唐玄宗对话，一显风华与才干，留在翰林养着。后外擢杭州，候补杭州刺史，第一招拿下地头蛇、恶霸李保。安禄山叛唐，张志和显露出从政辅明才干，随太子李亨转战灵武一带，擢除朔方招讨使。他与舅李泌时常献计于肃宗，征调回纥兵，谋"三地禁四将计"，败安禄山于河上，得到肃宗朝的看重，入翰林，封金紫光禄大夫，享正三品待遇。肃宗为了急于收复京师，答应了回纥苛刻的条件，张志和力谏肃宗收回成命，惹怒皇上，贬至南浦县尉。

这一年，张志和的父亲张游朝卒，他回老家"亲丧"。肃宗赠奴、婢各一个，赐表白四段、白银二千四百两，以荣葬之资，意欲让张志和守孝三年期满后再回朝廷效力。

遇赦后张志和醒悟了，不指望在宦途能有什么作为，因袭父亲道学渊源，于是醉心于道家，做了隐士。为逃避唐肃宗的寻访，他带了渔童、樵青漂流水上。来到湖州城西西塞山与长兴交界处渔隐，自称烟波钓徒。他这一出走成就了一个伟大的隐逸诗人。

史书说张志和先祖在长兴，于是偕婢隐居于太湖流域的东西苕溪与霅溪一带，扁舟垂纶，浮三江，泛五湖，渔樵为乐。

隐林泉、隐朝市都不是张志和所要追寻的，他曾做过尝试，哥哥在会稽山为他构筑茅斋居住，门前以流水隔阻，十年无桥，他闭竹门十年不出。直到英雄颜真卿做湖州刺史，他受邀来到湖州，颜真卿还专门为他打造了一条精致的小船。

张志和受了这条小船，顿然而悟，觉得是隐逸的好去处，于是答谢颜真卿：接受了您的渔船，愿以此为家，泛舟江湖之上，往来于湖州的山水之间，乃我这等小民人生之本也。

在湖州的一次聚会上，陆羽问张志和，近日与谁人往来，张志和的回答令在座人惊骇："太虚为室，明月为炫，同四海诸公共处，未尝少别。"颜真卿对这位江南高隐这样评价：立性孤峻，豪诚淡然，视轩裳如草芥，屏嗜饮如泥沙。

张志和不想采药草于云雾之中，也不愿提乐琴棋于案几之前，更不好寻朋友于村落之间，如遇上某个面如桃花的女孩，斜倚一道柴门留一个笑靥，无所谓让桃花来讥笑多情的春风了。他选一个灵巧的书童，每天驾着他的新舟徜徉于景色清幽的苕霅两溪、西塞山一带。不上岸，怕俗尘脏了他干净的鞋，即便在湖州上岸与颜真卿、陆羽、皎然等名流一聚，吟诗作画，亦让人抬着，小乐过后，登船在太湖一带的水域转悠，久久不见行踪。

张志和的哥哥浦江县尉张松龄担心弟弟放浪江湖不归，给了他一信：

乐在风波钓是闲，草堂松径已胜攀。太湖水、洞庭山，狂风浪起且须还。

张志和回信：

西塞山前白鹭飞，桃花流水鳜鱼肥。青箬笠，绿蓑衣，斜风细雨不须归。

一次太平常不过的往返通信，诞生了一篇传世佳作。

以真情实感写出的《渔父》词，成为千古绝唱，和者如林。这首诗后来被日本的遣唐使节带回，呈给嵯峨天皇，天皇爱极，附了一首：

寒江春晓片云晴，两岸花飞月更明。鲈鱼脍，莼菜羹，餐罢酣歌带月行。

张志和把苕溪发桃花水时，渔翁雨中捕鱼的情景写得淋漓尽致。嵯峨把寒江春晓的意境描绘得生动逼真，湖州名肴，脍鲈鱼、莼菜汤，令这位日本天皇心馋。

有意思的是，后来的日本平安朝峻峨天皇也写了五首奉和词，皇女内亲智子更作词奉和。日本政府干脆把张继的《枫桥夜泊》、张志和的《渔父》列入教科书。新唐书说：颜真卿做湖州刺史时，在门客共赴茶宴时依《渔父》词韵，与陆羽、徐士衡、李成矩共唱和二十五首，争相夸口。山以诗传，西塞山也因而成为湖州胜景。

秀丽的西苕溪南岸，是皎然终其一生的苍郁繁茂耸峙的妙峰山，山的北麓与西塞山、桃花坞相连续，张志和《渔父词》的意境仍依稀可见，东南山岗上三癸亭遗址皎然诗中"俯砌披水容，逼天扫峰翠"的峥嵘气派依然如故。到了明代，西塞渔晚作为吴兴八景之一迎来八方游人。

公元 774 年腊月，张志和与颜真卿东游平望驿莺脰湖，酒醉溺水而逝，年四十二岁。《续仙转》的说法有点玄："真卿东游平望驿，志和酒酣，为水戏，铺席于水上独坐，饮酌笑咏。其席来去迟速，如刺舟声。复有云鹤随覆其上。真卿亲宾参佐观者，莫不惊异。寻于水上挥手，以谢真卿，上升而去。"

人在本质上都是世界的匆匆过客，性情的陶冶使张志和对人生领悟的透彻远远超过他同时代的许多名人，不为世俗所羁，带一种永恒的孤独感浪迹江湖。

一茶一水
一芙蓉

天之宝光地之灵气，顾渚山引发的反应绝无漠北雄风，塞外马鸣，却是长亭更短亭的婉约情怀。

——作者手记

漫山的茶树与修竹历经柔雨软风的浸润，唤出心中那根柔软的弦，搅动一肚子的九曲婉约。我们今天依然很难进入陆羽的情感世界，现有资料只让我们知道有一个叫李冶的女诗人走进了陆羽的内心，但这位"情志散荡"的才女注定不可能与陆羽携手走完人生。

面对桃红竹绿，耳听佳人艳语，飞动一缕绮思，这不是堕落，这是放松，是静气，这是偶像的陆羽，是一辈子难得一现的陆羽。真正的他却是一头披发，举真正之旗，擂堂堂之鼓，哭在高山顶，笑在高山顶，仰天长啸。这是茶引发的癫狂与痴傻。

李冶应是长江三峡附近的人，她有诗自道：妾家本住巫山云，巫山流泉常自闻。

一般认为陆羽童年与李冶家有一种收养关系，陆羽童年在这个书香之家待过五六年，学了文化，受其熏陶、浸染。李冶早慧，六岁那年与父亲在庭院作诗咏蔷，其父听到她那句"经时不架却，心绪乱纵横"后，为小女孩如此复杂的思想情感吃惊，他说：这孩子将来才学非凡，但日后可能遭受女人的不幸。后来李冶之父奉调赴江南任职，她与陆羽从此断了信息。

陆羽与李冶的再次相见是在湖州开元寺的一次聚会上，这是一个春愁淡淡的时节，开元寺举行着一场诗会，湖州的文人雅士欢聚一堂，饮茶作诗。此时的李冶已是一个遁入空门的方外之人，一个美貌风流的道姑。

原来，其父携家南迁后不久病故，母亲又积郁成疾，撒手而去。李冶在无助中堕入风尘，多方辗转入开元寺做了女道士，世事沧桑已让她在感情上玩世不恭。但她的诗名却大为入流，逐渐为当时的学士名人所知，并和她交往、唱和。诗人刘长卿、诗僧皎然等皆是她的诗友，彼此都留下了一些他们交往的诗篇。

李冶的性格里很有男性化的一面，喜欢结交狂狷之士，寄情于那些才华横溢之士，她有一批走得很近的诗友，有不少袒露心扉的作品。她的寄朱放"相思无晓夕，想望经年月""别后无限情，相逢一时悦"，送韩揆"相看折杨柳，别后转悠悠"，送阎百钧"离情遍芳草，无处不凄凄""归来重相访，莫学阮郎迷"，都坦率倾诉她深厚的恋情，李冶慕才，与志趣相投者频用真情。

经诗坛名家的辗转揄扬，这位被刘长卿称为女中诗豪的才女，终于被朝廷闻知。天宝年间，爱才好色的唐玄宗，听说江南有一位才貌俱佳的传奇女子，大感兴趣，想与她切磋切磋，下诏宣她进宫。半老徐娘的李冶进宫前写了《恩命追入留别广陵故人》一诗：

无才多病分龙钟，不料虚名达九重。
仲愧弹冠上华发，多惭拂镜理衰容。
驰心北阙随芳草，极目南山望旧峰。
桂树不能留野客，沙鸥出浦谩相逢。

可见她此时已体弱多病，早生华发，姿容已衰，与杨贵妃是天壤之别。事情的结果令后人所料，李冶的确扫了皇上的兴，唐玄宗只留了她个把月，便"优赐甚厚，遣归故山"。但李冶不甘心以残花败柳自居，却以野客自许，孤傲地认为对宫中生活没有兴趣。

李冶与陆羽的这次久别重逢，是在她自京城返回江南不久。他乡遇故知，这是陆羽的想法，不过获悉李冶坎坷的命运遭际后，顿生辛酸与悲伤，萌生同病相怜之感，心中平生几分亲切，彼此有了相邀为伴的愿望，交往自然地频繁起来。对于这位相貌一般又带口吃的陆羽，她是不怎么看重的，然陆羽暗恋这位女中豪杰，当李冶年老色衰之时，名士们纷纷离去，唯有陆羽对她一往情深。

湖州能产生这样的封建叛逆诗人，说明了这方山水的个性。李冶满脑子"心远浮云知不还，心云并在有无间"道家的虚无思想。她的另一面是《奉天录》所说的"情志散荡"，唐人高仲武评论的："士有百行，女有四德。季兰则不然，形气既雄，诗意亦荡。"连她父亲也在她童年时预料她：必为失行妇。

陆羽挚爱着李冶，而李冶则把他当作一个善良而淳朴的朋友，朝秦暮楚的李冶有很多诗友，其中写给阎伯均的诗最多，也颇缠绵，诗中李冶以妾自称，无论阎走到哪里她就梦到哪里。此外，她与其他诗友也有道不明的关系，对孤帆远影的情郎的寂寞旅行的无比眷恋。唐书里说李冶"形气即雄诗意亦荡，自鲍照以下，罕有其伦"，说她是个有才华但不遵三从四德的女子。皎然与李冶在聚会上相见，李冶也不忘拿皎然和尚开心一番，挑逗一番。皎然有一诗《答李季兰》："天女来相试，将花欲染衣。禅心竟不起，还捧旧花归。"皎然的妙答隐含禅机，但诗中李冶的风流可窥一斑，面对李冶，皎然确有"禅心禁不起"之感。

李冶令男人不敢抬举，这个角色非常可爱，与男子交往毫无禁忌，她应该属于最早用身体写作的女性作家，敢于笔触男女生殖器。

高仲武的《中兴间气集》里说了这样一趣事：李冶做东的一次文艺沙龙上，为活跃气氛，狡黠地援引陶渊明"山气日夕佳"之句，奚落有疝气病的刘长卿，性情中人刘长卿忘了官员身份，居然也顺手引陶渊明的诗"众鸟欣有托"之句反击，举座大笑。妇女在社交上一扫六朝的铅华脂粉，体现出富丽堂皇、多姿多彩的美。湖州开元寺因李冶的大名而门庭若市，有人为一睹这新女性的风采，不惜高价买诗赠之。

陆羽并未因李冶的玩世而鄙视她，相反眷恋依旧。《唐才子传》说，李冶与陆羽"意甚相得"。这四字道出了他们人生中的快乐时光。李冶那首著名的《湖上卧病喜陆鸿渐至》一诗就是说了季兰患病不起，陆羽闻之三天两日跑去嘘寒暖、照料一二，抒发了她心中那喜悦、关切、伤感、撒娇、无奈等缠绵、复杂的情意。诗云：

昔去繁霜月，今来苦雾时。
相逢仍卧病，欲语泪先垂。
强劝陶家酒，还吟谢客诗。
偶然成一醉，此外更何之？

上一次来看望、叙谈后，直到夜很深了才被披着月光赶回去，但这一次则是冒着清晨的浓浓大雾摸索而来。看出陆羽对李冶一往情深，自己才高心傲的性情更是起了诗中所表现的伤感、无奈情绪。陶潜的酒、谢灵运的诗是两人心灵共鸣琴弦，足见陆羽这个人物的清晰度，但李冶为自己曾身陷烟花而自愧、自责，目前又遁入空门作了道姑，不宜再作男女婚配之想。陆羽在李冶卧室与她一道饮酒、吟诗、畅谈，两人的恋情到了此时才显得成熟。

正当这种迟来的爱为他们的人生改道时，一个重大的变故袭来。大历末年，朝廷再次召李冶进宫为唐德宗吟诗奏曲，为诗会茶宴助乐。但不久发生了泾原兵变，德宗西逃，叛军拥朱泚占领长安，包括李冶在内的众多宫中人员，皆为朱泚所获。也许是出于对德宗强召自己入宫又不及时放归的怨恨，李冶写贺诗赠朱泚，内容有对朝廷及德宗表示不满，泄愤中"言多悖逆"，没想到朱泚兵败逃亡，唐德宗重返京城后，得到举报，十分恼火，召来李冶斥责：你为何不学一学严巨川，你看看他的诗：手持礼器空垂泪，心忆明君不敢言。一怒之下，杀了李冶。可怜一个弱女子就这样成了刀下之鬼。

李冶被杀的消息传来，陆羽悲痛欲绝，痛苦一直陪伴，每逢走过与李冶一道去过的山林、洞壑、亭台、溪涧时，陆羽总是精神恍惚，眼中不时浮现她的倩影。这种精神折磨对陆羽来说，实在是太痛苦了。为排遣因李冶之死引起的精神痛苦，在朋友的劝说下，年已53岁的陆羽，离开已生活30年使他成名的湖州，开始了晚年的漂泊生涯，踏上了去江西的旅途。

孟郊，
白蘋清风多高洁

在古驿道上阐释生命，并非为了让一个个失意的士人独自徘徊。

——作者手记

后人把唐朝的世界设想得很美，鲜花到处，奇葩到处，美到处。那种鲜活不时在唐诗的纸片凸显出来，春江花月，桃花流水，大漠孤烟，葡萄美酒，渔舟唱晚，煮茗插花，所有的灵感都生发在这个艺术的时代。

其实不然，公元 784 年，安史之乱已平息，湖州诗人孟郊进京赶考，途经河南，这里仍是战乱不止，是藩镇割据称雄、争斗厮杀最为酷烈的地区。有一件事震撼了这位年轻的江南才子，李希烈的叛军控制着两河地区，曾在自己的家乡做过父母官的年逾古稀的颜真卿代表朝廷去劝降，被害于蔡州。孟郊目睹了这个光辉时代的那一层阴暗、血腥的色调，心灵的震颤从此开始。

孟郊在长安屡试不第，他在精神的角斗中试图超越自我，然终不见所为，仿佛孤傲的天鹅，在茫茫的山野难以找到栖身之所，不断地开放自我，而实际还在笼子里，越来越自我封闭着，囚禁着，在更深的领域纠缠着。面对萧然黯然的秋色，孟郊展卷而吟，在生命的初霜中，他不可能做到的皈依正统，却又不甘寂寞做隐者。于是远远地走出长安，云游天下去了，他先后去了朔方、汨罗江，凭吊那共命运的屈子。

公元 790 年，孟郊来到江西上饶，在这里听说在自己家乡写出《茶经》的陆羽流寓于此，住在城北广教寺，后人因此为陆羽住所，遂改为茶山寺。孟郊赶紧造访，陆羽出门访茶去了，孟郊细察了这座新建的山舍：

> 惊彼武陵状，移归此岩边。
> 开亭拟贮云，凿石先得泉，

啸竹引清吹，吟花成新篇。

乃知高洁情，摆落里中缘。

　　陆羽的新居，环境尚好，依山傍水，引山泉为饮，顺着山建亭，种竹林成花圃。足见陆羽又深得古代造林之法。孟郊见后惊叹陶渊明笔下风景再现，说他造的亭可收云贮雾，凿石所引的山泉及所植迎风而啸的竹林，可谐管弦之声。不到40的孟郊非常羡慕这位年近60的大茶人陆羽。孟郊诗中借山舍景物来赞扬陆羽的为人，在孟郊眼中，陆羽的山舍如陶渊明的武陵源，凿石引泉，环井为亭的建舍和衔竹而啸即花吟诗的情趣，是隐者理想的生活环境，陆羽归隐茶山，实为一种反抗与对现实的拒绝。

　　后来，南宋诗人曾几也隐居在这里，陆游来看他，感觉与当年孟郊对陆羽的感觉一样，于是作诗送曾几：

公闲计有客，煎茶置风炉。

倘公无客时，濯缨亦足娱。

井名本季疵，思人理岂无。

　　孟郊在唐诗的地位不低，有孟诗韩笔的称誉，他的民本意识是第一流的，安史之乱，使国运衰落，民生的疾苦逼迫诗人改变传统手法，这一迹象首先在杜甫、孟郊身上反映出来。他们的清醒在于时时关注民生，贴近人生，放逐苦难，人家都在享受生活，孟郊却爱给自己找一些沉重的东西，整日背肩上，永不卸掉。我们在陆羽的《四悲诗》中也能看到这种背负。

　　在后人心目中，盛唐美景是被两位苦吟诗人打破的。一个是杜甫，一见到杜诗，仿佛见到盛唐荒芜的一角。一个是孟郊，一接触孟郊的诗，更见大唐的颓唐之容。

　　孟郊没有像陆羽那样一生与大自然为伍，拒绝唐政府官禄的诱惑。而是入仕后一直官运不济，到晚年家中仍空无一物，妻子念经，生活贫困，一场病疫，在短短数日内，接连夺去孟郊的三个儿子。悲惨的孟郊死时"家徒壁立，得亲友助，始得归葬洛阳"。

　　孟郊在离世前两年，好友陆畅归湖州故里。孟郊此时在洛阳已至病至苦，见好友回乡，便念及葬于故乡杼山、已去世六年的陆羽，于是写了一首吊念诗（节选）：

森森雪寺前，白蘋多清风。杼山砖塔禅，竟陵广宵翁。
江调难再得，京尘徒满躬。送君溪鸳鸯，彩色双飞东。
待我遂前心，收拾使有终。不然洛亭岸，归死为大同。

站在顾渚山，可以看到孕育了孟郊的莫干山。孟郊虽长其驻足北方，对陆羽在湖州的活动尤为关注，从白蘋清风中显现湖州诗会成员的高风亮节，以致塔设万里，仿佛听到清风吹拂杼山，草木也声在诉说着故人给他留下的话语。

耿沣，
明月清风本无价

一生为墨客，几世作茶仙。

——耿 沣

　　进入顾渚山的都不是真正的归隐者，这里无法隐逸，这山性太撩人，这里看得见娇艳欲滴，忘不了尘俗之思，这里无法清静，无法脱俗，无法设定一种人生范式，身心在这里无法溶化掉。顾渚山是宗教的、美景的、诗文的、灵秀的，中国历史的苍茫大地铺到这里便另作安排。顾渚山人乐天知命，与世无争，生活不富却能自足，所以活得长久。

　　耿沣冲着湖州山水清远，冲着官场有贤太守颜真卿，民间有茶博士陆羽，慕名来到湖州，来到顾渚山。

　　陆羽久闻耿沣大名，两人在竹林里摆开架势，备了茶具、风炉，品茶品山。顾渚山给所有初来乍到者的感觉极好，漫山修竹，云雾缭绕，鸟鸣山幽，清晨，晶莹闪亮的露珠落在竹叶上发出古筝净拨的清音。耿沣从陆羽的言行举止中看到了他对这座山的热爱，这位踏遍天下名山、访遍各地名茶的茶叶发言人，到了这里却从头开始，自辟茶园，陋居山腰，小屋简朴得像古典词，没有多余的枝枝蔓蔓，简单的门挡不住山风破门而入，关不住满山鸟语，推不去满屋山岚，踩着枯黄竹叶软软散步，欣赏竹影摇曳的山壁，点一盏微弱的油灯，品味人生，在这躁动的年龄，住进深山修心悟道难以用山的沉默磨平浮躁，用泉水、山色启迪智慧。

　　耿沣还看到了他行为怪异的另一面，他每天身披纱巾短褐，脚着藤鞋，独行野山，兴浓时击木诵诗、引吭高歌，败兴时恸哭而归、或披发疾走可为一介狂人。陆羽正是在这松深竹静、早听鸟鸣、暮闻磬音的幽静中安身立命。

　　耿沣与陆羽在竹林下品茶联句，一联二十四句不相上下。到底是才子，耿沣得知陆羽在撰写一部关于茶的著作，从对方的连句中慧眼识金，断定陆羽将以他出色的茶学流芳后世，预言陆羽"一生为墨客，几世作茶仙"。此言果然灵验，陆羽次年写出《茶经》初稿，"世人盖知茶"，陆羽之名亦因而传播，天下茶道大兴。如耿沣所说，陆羽没有走中国古代大多士人之路，功成名就思想只体现在他最终耐住寂寞，背着《茶经》手稿下山寻找风雅去了。

因为顾渚山，因为贡茶院，更因为《茶经》，中国茶文化史上的高峰来到了，全国贡茶有十四种，但顾渚山紫笋茶作为茶中之冠，香雾飘荡于大唐上下。

耿沣也是凭一首好诗中进士的"大历才子"。唐代以诗取士的标准诗体是五言六韵十二句，他的那篇颇具才气的《省试骊珠诗》，语言非常洒脱："是日重泉下，言探径寸珠。欲问投人否，先论按剑无。傥怜希代价，敢对此冰壶。"《全唐诗》收他173首诗，有十几首也是五言六韵十二句的体例，可见他是练习过这种应试诗体的。

陆羽没有进入真正的文化人之列，但他那儒文化的功底称得上深厚的，与耿沣这样的高手过招，可以证明陆羽的文化底子，其实他完全有实力去做一个附庸风雅的文化人，他的清醒在于看到自己真正的人生优势是对茶的理解与认知。这一点，耿沣给了他一个警醒。

耿沣到处跑，遍走西北边塞及北方的渤海一带，与他交往的名士很多，颜真卿、刘长卿、钱起、严维、戴叔伦、卢纶、李端、清江等人皆是他有过诗赠的好友。

耿沣诗，多为澹泊明志，即使为官期间，也多心不在焉。吃皇粮却不专心致志地投身于工作，心思整天都放在作诗上，这一点极似孟郊。他做的官是九品周至县尉，从戴叔伦"流年不尽人自老，外事无端心已空"诗句看，耿沣任县尉应已是50岁了。此后，他在长安做过一段八品的左拾遗，在江淮一带待了大约三年。之后，他所任之职为六品大理司法，估计已到晚年。

耿沣的诗很个性，他的五律写得很不错，喜欢运用对偶，对句往精彩里走，姚合编《极玄集》共选了二十一位诗人的作品，每人只选三、四首，最多的是八首。选耿沣的诗便是八首，同选八首的还有钱起、郎士元、皇甫冉、司空曙。姚合称所选诗人"皆诗家射雕手"。

来看看两人在顾渚山竹林里的连句：

一生为墨客，几世作茶仙。——耿沣

喜是攀阑者，惭非负鼎贤。——陆羽

禁门闻曙漏，顾渚入晨烟。——耿沣

拜井孤城里，携笼万壑前。——陆羽

诗书闻讲诵，文雅接兰荃。——耿沣

未敢重芳席，焉能弄彩笺。——陆羽

　　读顾渚山不像在赏画，是在解一个永恒的谜，寂寞孤远的山野，风催云起，山雾腾涌，顾渚山极具灵气，除了茶便是竹，竹是世界上最淡泊平和的物种，在静默中彼此凝望，相互明察各自的改变，静谧的空山留给人以充实。

白居易，
又到雨前问紫笋

三碗搜枯肠，唯有文字五千卷。

——卢　仝

公元 826 年四月的一天，52 岁的白居易躺在他的苏州刺史府的榻上，收到湖州刺史崔元亮的信，邀他到长兴顾渚山参加一个大型聚会，常州刺史贾𫗦也写信盛邀，说是今年修贡特别顺利，满额完成贡茶，是湖、常两州合力之作。拟在悬脚岭的境会亭庆贺。到有大型歌舞活动，你苏州刺史既是诗人又是茶人，应来捧场。

白居易在苏州府里远眺顾渚山犹豫着，他品过顾渚山紫笋新茶。他的妻舅杨汉公做湖州刺史，常将最好的紫笋茶送给白居易，即便他晚年退居洛阳，仍旧能喝到紫笋茶，那次九老茶会上，仍以紫笋茶主打。他说，茶喝多了"胸中消尽是非心""世间尽不关吾事"。

美女、好酒、奇石、名茶是白居易一生四大爱好。白居易手头有两件物品与长兴扯上关系，一是紫笋茶，二是太湖石。

他终生爱石，有赏石名家之誉，但从不藏石，这位苏州刺史命人取石，易如囊中取物，可他有极强的政治敏锐性，当时官场藏石成风，一些高官玩得入了迷，爱石成癖，误了朝政。时值牛李党争正酣，故白居易压抑玩之天性，终抱"久宦苏州，不置太湖石一片"的态度。

中国古代文化中，大多是爱酒的，人生不得意，借酒浇忧愁。白居易与许多唐代诗人一样，茶酒兼好，他有诗二千八百首，涉及酒的九百首，涉及茶的有六十多首。《唐才子传》说他"茶铛酒杓不相离"。他的诗中，茶酒并不争高下，常出现在同一首诗中："看风小酳三升酒，寒食深炉一碗茶"；"举头中酒后，引手索茶时"。白居易最终还是爱茶去了，据说是因朝廷曾下禁酒令，加之贡茶兴起，官场多以饮茶为时尚。白居易终生、终日与茶相伴，早饮茶、午饮茶、夜饮茶、酒后索茶，有时睡下还要索茶。从艺术角度，白居易发现了茶的诸多妙趣？

卢仝说的"三碗搜枯肠，唯有文字五千卷"，是浪漫主义的夸张。白居易是典型现实主义诗人，对茶与激发诗兴的作用他说的更实在：起尝一碗茗，行读一行书；夜茶一两杓，秋吟三数声；或饮茶一盏，或吟诗一章。白居易把自己的诗分为讽喻、闲适、伤感、杂律四类。他的茶诗与闲适相伴又与伤感为侣，常以茶宣泄沉郁。

白居易有中国文人自磨自励的毅力，茶令他清醒看世界，他时常"游罢睡一觉，觉来茶一瓯"；"从心到百骸，无一不自由"；"虽被世间笑，终无身外忧"。以茶于忧愤苦恼中寻求自拔之道，这是他爱茶的又一用意。所以，白居易不仅饮茶，而且亲自开辟茶园，亲自种茶，故有"飞泉植茗"。对此，他这样诠释："药圃茶园是产业，野鹿林鹤是交游"，将饮茶、植茶视为回归自然的一种情趣。

白居易的妻舅杨慕巢、杨虞卿、杨汉公兄弟均曾从不同地区给白居易寄好茶。白居易对自己的爱茶、烹茶技艺十分自信：汤添勺水煎鱼眼，末下刀圭搅曲尘。不寄他人先寄我，应缘我是别茶人。白居易与李绅交谊甚深，他在自己的家里建了茶灶，偶喝一杯还不过瘾，二人要对榻而居，长饮几日。

白居易善玩，他在苏州时，常赴文人茶宴，如太湖舟中茶宴。湖州刺史崔元亮与他是同年进士，崔元亮每年送他紫笋茶、箬下春酒，白居易对酒、茶赞不绝口："劳将箬下忘忧物，寄与江城爱酒翁"。修贡完毕，崔元亮请他来顾渚山境会亭参加贡焙完成的狂欢茶宴，此时的他骑马摔跌损了腰，正在用蒲黄酒调养治理，想到那些有过交往的老友新识，想到那些珠翠绕身的歌女舞娘，想到茶山夜欢后再到太湖画舫去欣赏湖光山色，白居易实在眼馋，当即写一首贺诗《夜闻贾常州、崔湖州茶山境会想羡欢宴因寄此诗》，赶在斗茶会前送到，礼到情也到了。

遥闻境会茶山夜，珠翠歌钟且绕身。盘下中分两州界，灯前合作一家春。

青娥递舞应争妙，紫笋齐尝各斗新。自叹花时北窗下，蒲黄酒对病眠人。

不久，白居易与朋友们夜泛太湖洞庭西山明月湾，坐在龙头画舫上赏月，又想及境会亭茶宴，想到平日里尽喝金沙泉水、紫笋茶，于红颜绿茶的氛围里又写一诗送湖州刺史崔元亮：为报茶山崔太守，与君各是一家脉。诗中有一自注，说时常念及每年顾渚茶山的游乐活动，又入太湖欢宴，羡慕不已。

白居易有一首叫做《琵琶行》的千古名诗，诗中告诉后人一条关于茶的史料："前月浮梁买茶去"。诗中提到的浮梁，就在今天江西景德镇市的北边，这里在唐代已是一个颇具规模的茶叶市场。

白居易晚年好与释道交往，自称香山居士。74岁那年突发奇想，在家做东，邀请了胡杲、刘真、卢真、张浑、吉皎、郑据、李元爽和僧人如满来品茗。九人中白居易最年轻，最老的李元爽，时年一百三十六岁，"九老会"是白居易人生中最棒的一次茶会。后人有说，白居易未能参加长兴境会亭斗茶盛会，一直抱憾，于是，别出心裁，运作了这次传世的茶会。

顾渚山的百姓对白居易的妻舅杨汉公更为亲切，在顾渚霸王潭有三处唐、宋名人石刻。其中最令百姓仰慕的是谏茶缓贡的杨汉公，杨汉公多年前在京读了袁高的《茶山诗》，借他前试太子御史的特殊地位，上书皇帝要求把"急程茶"的日期延缓三五日，终于得到皇帝恩准，使顾渚茶农松了一口气。后来杨汉公带了崔待章、马祝州、唐从礼到顾渚督造贡茶，刻石作纪念，在顾渚山茶农的眼里，杨汉公这个人物比白居易更可亲。

境会亭茶宴，
别出心裁的大赛

青娥递舞应争妙，紫笋齐尝各斗新。

——白居易

顾渚山的创意很有个性，它属于茶，属于茶这种天赋的灵草，属于由茶而生的精神与文化，它不仅仅是大自然的作品，也是中国大历史的杰作。

清明已到眼前，送往京城的紫笋茶整装待发，刺史向皇帝写好拜章，一匹匹骏马驮着蜡封的紫笋茶和银瓶中的金沙泉水，在贡茶院前的广场上举行简短的仪式后，飞送长安。一路上各个驿站的骏骑在等候，它们随时驮上贡品疾飞京城，这长途接力的场面，构成唐王朝精彩的一瞬。

远逝的马蹄声让刺史、县令们吐了一口舒心的气，他们如释重负，不少修贡得法的刺史，一般都会得到皇上的嘉奖提携，接下来的事便是静候佳音，故而要狂欢一番。不知是哪位高人的创意，境会亭茶宴成为不成文的规矩沿袭下来。

顾渚山境会亭，顾名思义，是两境交界之处所建的亭。每当清明前后，算来紫笋茶已经进宫，湖、常两州太守，便要在境会亭举办茶宴，邀约临近官绅及社会名流，互相品茗，以紫笋茶之美，显耀当今太平盛世。以顾渚山之秀，以衬大唐江山之灵。这是一种文明高雅场面恢宏的庆典活动，品茗赋诗、莺歌燕舞，十里八乡的茶农如节庆一般赶来看热闹，官员与茶农一起欢庆歌舞，应答之声在山谷里回荡。

又是一番漫山旌旗，又是一回踏歌而行，品茶的讲究不仅仅是茶、水、壶的问题，关键是心境，好水、好茶本来就在远离世嚣的深山野谷、荒村古刹，那么，在一个危崖峭壁、弯弯的盘山险道过后的岭上品茶，或许是另一种人生的韵致，很显然，参加境会亭茶宴的官员才有此番体悟。

　　顾渚山境会亭茶宴，是中国茶宴中的前卫，与其说是湖、常两州每年共同完成茶贡额后的总结大会，不如说是一次以茶会形式的狂欢，这是中国茶道史上的一个盛典。

　　假如往深处走，这是一种极富艺术色彩的斗茶。看来陆龟蒙参加过境会亭斗茶，有发言权，斗茶先要煮茶，他是煮茶行家："时于浪花里，并下蓝英末"，即烧沸水再下研细的茶末。斗茶所用茶盌、茶盏极为讲究，用的是按陆羽所说的清一色的越州货，越盌、越盏，用银瓶取鲜活的金沙泉。境会亭斗茶由品味逐步发展为斗色、斗汤花、斗盌里水痕出现的早晚，配以歌女起舞，珠翠乐钟，盛极一世。

　　山上斗茶以后，再下太湖继续享受好戏，继续普天同庆，众官员带着艺妓坐上十几艘豪华游轮于太湖中游赏，其乐融融，在酒宴茶宴中等候来自长安表彰。

　　茶的成长方式并不是一开始便呈现出智慧的思考，茶的精神内涵，是人类赋予的，茶对于人类的诱惑是始于植物，由文化结尾，于是有了茶文化之妙。

　　中国封建时代奇诡的官场，蒸腾的水雾里总是浮动着泾渭分明的嘴脸，有意思的是，到了这境会亭上，都会变得乐观旷达。来观摩这次盛会，并邀请专家共同评审，茶宴便隆重开始了。

　　茶宴走进宫廷后，渐成规矩，每年新茶进宫，皇帝就要召集群臣，举行盛大的茶宴。以示大唐封建王朝物产丰饶，更示皇恩浩荡，宫廷气派。朝廷官府之外，社会上一些文朋诗友，也不时地举办茶宴，这是魏晋余风，这种茶宴，后来又加入一种新的品茶内容：斗茶，参加者献出自己所藏精制茶叶，轮流冲泡品尝，以决胜负。

　　颜真卿则喜好茶宴上联句，他与陆士修、张荐，李萼、崔万，皎然六人月夜喝茶所作五言联句，看出颜真卿于茶的理解：流华净肌骨，疏瀹涤心原。

　　境会亭极富创意的茶宴，引出茶道大行，这是文化的使然。促使唐代茶道形式创新，朝野各种茶宴、茶会应运而生，给后世以深远影响。以后历朝都有大型茶宴，宋代茶宴上，宋徽宗亲自注汤、点菜，一展他的茶艺水平，以示对臣下的宠爱。宋时福建北苑的龙焙贡茶院是仿效唐时顾渚山境会亭所建的，它的斗茶活动也和唐代一样生动，范仲淹的诗"北苑将期献天子，林下群豪先斗美，"再现了唐代顾渚斗茶的那个场面。到了清代，茶宴兴盛依旧，乾隆承接前朝，再创茶宴，在重华宫举办的茶宴有 60 多次。

历史走到 21 世纪，长兴人又在这方飘着茶香的热土上，以茶为媒，以茶会友，举办茶文化节，以茶奉迎八仙十六方。在茶文化节上，长兴县政府推出茶宴，寓茶于佳肴的新颖，颇具创意。现把茶宴菜谱抄录如下：

茶香迎贵宾：一道色彩丰富的花篮式茶类冷盘菜。

紫笋银鱼羹：紫笋茶与太湖特产银鱼，调制而成的羹。

太子基围虾：张岭有汉王刘秀做太子时的饮茶故事，寓长兴种茶历史悠久。

茶经酥雪鱼：陆羽在顾渚置茶园，成《茶经》，"酥"通"书"，"雪"通"写"。

明月峡雉鸡：明月峡是顾渚一条大涧，多名胜古迹，所养的土鸡远近闻名。

金沙脆皮鸽：金沙泉是冲泡紫笋茶的专用水。

太湖茶香蟹：茶香蟹黄，淡雅如画。

画溪鳜鱼菘。颜真卿、陆羽、皎然等十九名士，在画溪竹山连句时吃过此鱼。

芥茶烩银杏。芥茶是明代贡茶。

芹栗汇百合：栗子、百合均为顾渚山特产。

顾渚山之春：山的时鲜野菜，如马来头、荠菜等。

紫砂护国茶：品茗三绝：茶、水、壶所烹的煲。

吉祥如意饺：以贡茶院、吉祥寺命名的水饺。

贡茶马蹄爽：蹄煲寓意快马飞驰急程茶。

贡泉映珍珠。龙袱裸茶，银瓶盛水，远贡长安。

四季长兴果。茶煮银杏、板栗、青梅。

杜牧，
让排场变得神圣

从前闻说真仙景，今日追游始有因。

满眼山川流水在，古来灵迹必通神。

——杜牧修贡逛明月峡，在一村舍门扉上题此诗

写顾渚山必写杜牧，写到杜牧，需多费些笔墨。

这是一个星光灿烂的时代，中国文化史上熠熠生辉的名字，在杜牧那个时空里洒下了悠远的浩叹。中唐重要的作家都还健在，李贺、柳宗元、韩愈、白居易、刘禹锡、贾岛、元稹、李商隐、温庭筠，一面面猎猎旌旗，构筑文学史上的辉煌景象。城市的墙垣间，连青苔亦饱含文脉，乡野的官道上，群马扬蹄疾驰，负载着流韵千古的文化景观，驿站破壁上偶尔读到的可能就是当今大家的绝代才华，这个时代过于宽容，宽容得连精美的文字读来朗朗爽口。千年后的今天看去，依然难有僻字险韵精警诡谲的文字陷阱。

杜牧是宰相杜佑之孙。杜牧25岁时凭一篇极具思想个性的政论文章《阿房宫赋》被保中进士，构成古之中国文人入仕最为潇洒的一幕。

杜牧个性豪放不羁，当年他在宣州任团练判官时，听说湖州风光秀丽，美女如云，去湖州玩吧。湖州刺史与杜牧宿交，陪他去看歌舞和竞渡。杜牧在围观人群里，见到一天姿国色的女孩，13岁，即向其母提嫁娶之意，杜牧说："十年内我必来此作郡守。如不来，你嫁人吧。"杜牧给了贵重的聘礼。

杜牧一直渴求湖州刺史，因为李党排挤，只去了黄州、池州、睦州等穷乡僻壤做官，一去经年，等到他的好朋友周墀出任宰相，才如愿任职湖州刺史。

杜牧在湖州找到了那女孩的母亲，得知人家等了他10年才出嫁，此时已过14年，那女孩已是三个孩子的母亲了，杜牧自恨寻芳已迟，给了一笔钱予以抚慰。杜牧是认定湖州这处佳丽之地了，他不想再回长安，太湖边是修身养

性的地方，李幼卿、刘长卿他们早已在与顾渚山一山之隔的宜兴盖了别墅，他也去买了田产，准备终老江南。

杜牧在湖州颇不寂寞，这里百姓富庶，风景清美，人物俊秀。这一年他的诗相当的好，他凭吊了著名文学家沈亚之。沈亚之的诗文都很棒，李贺赞他工为情语，有窈窕之思，李商隐也作诗颂之。沈亚之与韩愈有些交往，故他的诗颇具韩愈的风格，屡试不举，有些牢骚，韩愈诗说"吴兴人才怨春风"。他的传奇小说是开了风气，有《湘中怨》《异梦录》《秦梦记》，鲁迅说他"皆以华艳之笔，叙恍惚之情"。杜牧没见过沈亚之，但钦佩他的才情，特地去凭吊他的坟，并作了悼念诗。又约了当地新锐诗人严恽。他作过一首《落花》赠予杜牧：

> 春光冉冉归何处？更向花前把一杯。尽日问花花不语，为谁零落为谁开。

杜牧极欣赏，依韵和了一首：

> 共荐流年留不得，且环流水醉流杯。无情红艳年年盛，不恨凋零却恨开。

杜牧与湖州真正的缘分是顾渚山，他任职湖州的第一个春天，便携家眷，坐船轿，晃悠悠进入顾渚山，此时的紫笋茶已整整作贡了80多年。那时国势衰弱，唐贡紫笋茶已进入落幕阶段，杜牧带了全家和他的助手李郢到顾渚山修贡。

杜牧从湖州下船经城西官塘到小梅口入太湖，沿湖进直达水口镇，而后上陆路坐轿或骑马十八里到顾渚贡茶院入住清风楼。

杜牧和他的随从骑马进顾渚山的途中，春风扑面，州、县官吏携妓而行，丝竹歌舞，飘逸空谷，情绪极佳的杜牧心情颇佳，作《茶山下》五律诗：

> 春风最窈窕，日晓柳村西。娇云光占岫，健水鸣分溪。
> 燎岩野花远，戛瑟幽鸟啼。把酒坐芳草，亦有佳人携。

感觉真好，中途休息，草地上席地而坐，有歌女相陪，作一番小酌。

刚满50岁的杜牧未老先衰，耳也聋了，牙齿也落得差不多了，像六七十岁的老翁。他从朝廷到州郡，不停地上下，虽才高八斗，但心气一直不能顺畅，然一到顾渚山来了精神，上顾渚山前与同僚饮酒时，因身体不适，而以茶代酒。看诗：

> 笙歌登画船，十日清明前。山秀白云腻，溪光红粉鲜。
> 欲开未开花，半阴半晴天。谁知病太守，犹得作茶仙。

杜牧在顾渚山待了月余，这次修贡，离会昌中上贡紫笋茶一万八千四百斤最高贡额仅过了五年。但规模仍然宏大，场面壮观。所以杜牧在完成贡茶后，写了一首五言长律，题在水口银山袁高、于𫖯石刻的右侧，诗名《题茶山》，在此摘录几句：

> 山实东吴秀，茶称瑞草魁。剖符虽俗吏，修贡亦仙才。
> 泉嫩黄金涌，牙香紫璧裁。拜章期沃日，轻骑疾奔雷。
> 好是全家到，兼为奉诏来。树荫香作帐，花径落成堆。
> 景物残三月，登临怆一杯。重游难自克，俯首入尘埃。

这首诗是顾渚山修贡的一个全面总结。

诗称顾渚山是三国东吴地区山水最为秀丽的地方，茶更是仙草中的魁首。当行使长官不过是个俗史，但修贡茶却是仙才，"犹得作茶仙"，杜牧将顾渚山称作仙境。我一个俗吏，能承受这份高雅的差使而感幸运。

一日，杜牧在顾渚山闲来无事，去了绝壁峭崖、大涧中流的明月峡游玩，顺便进得一农户家小憩，农户见刺史光临寒舍，自然十分高兴，热情接待了杜牧，这位市长见这里民风如此之好，一时兴起，在村舍门扉上题了一首诗：

> 从前闻说真仙景，今日追游始有因。满眼山川流水在，古来灵迹必通神。

——暮春因游明月峡故留题。

到了宋朝，苏舜钦的祖父苏国老做乌程县令时，听说当年杜牧有此题字，便托人去顾渚山买下了那门扇，奉为传家之宝，一直到他的曾孙苏泌，仍然保存，曾拿出给王得臣看，字体遒媚，隐出木间，是稀世的墨宝，此事在王得臣眼里颇为雅致，于是写入了他的《麈史》。

完成贡额，写好拜章，派驿骑飞送长安，才如释重负，在山里与茶农一起欢庆歌舞，应答之声在山谷里回荡。春色将尽，何不到顾渚山腰上去饮几杯，不知何时能旧地重游？于是，杜牧在顾渚山银山石壁上刻下了他的绝笔之作。

杜牧是认定湖州这处佳丽之地了，李幼卿、刘长卿他们早已在与顾渚山一山之隔的宜兴盖了别墅，他也去买了田产，准备终老江南。

杜牧卸任后还在湖州待了一段时间，游了弁山的玲珑山，这里多奇石，就是后来在宋代称为天下第一石的太湖石。嵌空奇峻，杜牧游了归云洞，石梁等，并留下了题名石刻。

杜牧上任的调令也到了，新刺史也到任了，他还舍不得离开，索性进雪溪馆，再走一些地方，闲逸情致中，作了一首闲诗，道出好心情：

　　万家相庆喜秋成，处处楼台歌板声。千岁鹤归犹有恨，一年人往岂无情。

　　夜凉溪馆留僧话，风定苏潭看月生。景物登临闲始见，愿为闲客此闲行。

杜牧离湖去长安上任，途中还写了一首怀念湖州的诗：惆怅江湖钓竿手，却遮西日向长安。

李郢，
自水口入茶山

蔷蔷红裙好女儿，相偎相倚看人时。
使君马上应含笑，横把金鞭为咏诗。

——李郢《自水口入茶山》

又到修贡时节，河道尽头是水口镇，停满了船只，两岸挤满了欢迎的人群，仪仗旗帜迎风招展，绿荫盖着溪涧，山峰挂着白云，山间隐约传来人们的欢声笑语。阳光下的金沙泉金光闪闪，实在如人间仙境一般。

杜牧的几艘官船，由平原河港进入丘陵半山区时，郁郁葱葱的山岭，依山傍水，茂林修竹，到了水口小镇，小楼临河而立，飘荡着酒旗。溪水澄绿，一双双鸳鸯、水鸟，受惊而飞起，还不时回头来张望这陌生的官船。此情此景，太守诗兴大发，即兴作诗一首《入茶山下题水口草市》：

依溪侵岭多高树，夸酒书旗有小楼。惊起鸳鸯岂无恨，一双飞去却回头。

李郢随同杜牧进入如过节一般顾渚山，看到太守杜牧骑在马上，挥鞭策行，边吟诗边观赏四周春色，路边一群穿红着绿的姑娘们，羞涩地相偎依在一起，以好奇的目光望着这位新来的太守，吟成一首七绝《自水口茶山》：

蔷蔷红裙好女儿，相偎相依看人时。使君马上应含笑，横把金鞭为咏诗。

青年诗人李郢是长安人；在中举之前到处跑，杜牧刺湖州时，李郢在杭州，杜牧赏识他那善于写景抒怀的清丽诗风，于这年冬天作一诗寄给李郢，希望他来湖州工作：

> 行乐及时时已晚，对酒当歌歌不成。
> 千里暮山重叠翠，一溪寒水浅深情。
> 高人以饮为忙事，净世除诗尽强名。
> 看着白蘋芽欲吐，雪舟相访胜闲行。

李郢也依韵和了一首，末二句"多愧龙门重招引，即抛田舍棹舟行"道出了李郢感谢他的提携，处理了田产立即坐船来到湖州。

极具才气的李郢与杜牧在湖州只共事一年。五年后，李郢中了进士。

杜牧作了《题茶山》诗后，才思敏捷的李郢，也写了一首《茶山贡焙歌》与杜牧唱和。全诗流露的民本思想，为唐时的官员所罕见："……凌烟触露不停采，官家赤印连帖催，朝饥暮匍谁兴哀。……茶成拜表贡天子，万人争啖春山摧。驿骑鞭声砉流电，半夜驱夫谁复见？十日王程路四千，到时须及清明宴。吾君可谓纳谏君，谏官不谏何由闻！……使君是日忧思多，客亦无言征绮罗。殷勤绕焙复长叹，官府例成期如何？吴民吴民莫憔悴，使君作相欺苏尔。"诗中把"急程贡茶"带来的困苦表现得淋漓尽致。一个反映茶民困苦、进谏贡茶的官吏。

李郢的这首长律，由于他当时的政治地位较低，人轻言微，无所顾忌，杜牧是不便讲的。他敢于站在茶农的立场上，揭露了贡茶之灾，从修贡官员、茶农、驿使分担了不同的苦难和责任，可谓大胆。

诗中先说杜牧，一脸无奈，既要为皇帝完成大额的贡茶，又同情茶农的苦难。在寒冷春天的早晨，把男男女女都驱赶到山谷去采茶；连夜加工，一直到凌晨，红漆大门开启，筐箱里才见到新芽。为了清明那天皇帝用新茶祭祀和宴请大臣，成千上万的茶农在山上，几乎将山上的春色都踏平。驿骑为了将茶及时送到京都，鞭声啪啪，马跑得像流电，妻子半夜驱赶丈夫起床，有谁能看到？

诗中四次提到杜牧"使君忧民惨容色"。杜牧陪客人尝新茶，脸色忧郁，几次茶杯送到了口边又放下，感叹不已，况且山里有酒有歌，丝竹乐队有十多家，酒百斛，这奢侈的排场，使杜牧感到忧虑和内疚。

相陪的府、县官吏，也不敢多言，穿着勤快地到烘焙工处察看，表示关切：使君是日忧思多，客也无言微绮罗。

李郢在诗的结尾安慰顾渚山茶农们不要着急，等到杜太守做了宰相，会减轻你们的负担，会使你们富裕起来。

八序《茶经》，
历代风流尽无奈

　　一片茶叶所渗透的历史情绪，是任何植物难以赋予的，由茶而成的经书，有一种冲击心神的力量，蕴含着对人类的教化和规劝，大自然的偶尔为之，亦能诞生真理。

——作者手记

　　现代有些序，很多往往从废话开始，又以废话结束，这好像喝茶，第一泡倒掉，最后一泡也倒掉。古人大概敬畏于《茶经》的神圣，所作的序颇不凡。

　　皮日休并无给陆羽作序的意思，他有一篇《茶中杂咏并序》诗，后人把这个诗序，用作《茶经》序。该文不到四百字，充满了对陆羽的赞赏，他说陆羽以前的饮茶，要和其他东西混在一起煮了吃，好像与煮蔬菜吃一样，陆羽创了清饮。他的《茶经》阐明了茶树的起源、茶叶的采制、工具、加工、煎饮茶的器具和方法等。从周朝以后的茶事，《茶经》中都有详细论述，还提及了茶的去病之效。皮日休的序还特别提到了陆羽写的《顾渚山记》。

　　北宋诗人陈师道是个学者型人物，他收藏《茶经》的四个版本，整理校印时写下这篇序，篇幅与皮日休的序接近，内容则更宽泛些。

　　陈师道说：写茶书是从陆羽开始的，茶的正规化的饮用也是从陆羽开始的，因此陆羽对茶业是有功劳的。《茶经》影响深远，上至皇宫，下至百姓，以及少数民族，都饮茶成风，茶还用于祭祀和宴会。由于茶业的兴旺，使得一些荒野的地方形成市镇，一些茶商并因此发了财。所以，陆羽对人类也是有功劳的。

　　明代有四人为《茶经》作序。竟陵知县林明甫在隆庆年间得到了一本破旧不堪难以认读的《茶经》，于是校订重印，礼部尚书李维桢得知后为之写了千余字的序。

序文说：陆羽虽然一生穷愁困厄，但是他的遗书、遗迹，受到后人的珍爱和重视。陆羽的高风亮节，足以使贪婪者廉洁，懦弱者坚定。像陆羽的这种品德是不可缺少的。既然如酒、食、禽、鱼都可以出以经为名的专书，那么，茶之有经又如何要奇怪呢？

在湖北任职的柯乔到竟陵采风，访陆羽待过的龙盖寺，为之动容，即在陆羽井边建了一个茶亭，又刻印了《茶经》，这事感动了祖籍竟陵的广东乐会知县鲁彭，鲁彭为此作了序。序文说，陆羽的《茶经》脍炙人口，流传千古。陆羽的身世类似令尹子文，都是弃婴。两位都是贤人，但令尹子文做了大官，陆羽则布衣终身。《茶经》促成茗饮之风于中外，后来又发展到茶马互市，有利于边防的巩固，这样，陆羽便功盖万世，做官与否也就无所谓了。

明嘉靖年间的进士陈文烛是长兴县丞吴承恩的好友，吴承恩在长兴遍留足迹，顾渚山的风雅趣事是他日后与朋友们茶余饭后的谈资，陈文烛为顾渚山为陆羽倾倒，故与人合作刻印了陆羽《茶经》并作了序。序不长，但极具文采："稷树艺五谷而天下知食，羽辨水煮茶而天下知饮。羽之功不在稷下，虽与稷并祀可也。"说陆羽是一位伟大的人物，如果他和大禹、后稷更换所居的地位，那么他也能创造像禹稷一样的业绩来。他所新编的《茶经》，把陆羽的《自传》放在最前面，接着是他的《六羡歌》，然后才是《茶经》的正文，这样的排列法为了先让大家了解一下陆羽的人品。

明代竟陵人徐同气，官至光禄寺置丞。他独立完成《茶经》的刻印，他写了一篇独特的序，文字不长，问答式，生动风趣。

问：《茶经》取他的什么？答：取他的文，陆羽的文深奥朴实，奇特不同寻常，他写的《茶经》，类似于《货殖列传》《考功记》《周王传》《山海经》《方舆胜览》。从其言辞简明和意思完备看，又像《檀弓》。从其明辨和详细看，则像《尔雅》。这样的文，难道不可取吗？

问：陆羽的文可以作为经吗？答：所谓经就是常道、规范。水以水源的充足和干枯而变化，痊以土脉的干湿而变化，瓷以土壤的脆与坚以及烧制时火焰的强弱而变化，器具以不同时代的生产工具和技巧的熟练而变化。它们如能上升为经，亦是要用文来表达的。

问：陆羽的著作有《君臣契》《源解》《南北人物志》《四悲歌》《天之未明赋》等，都被一部《茶经》所淹没掉了，这是什么原因呢？答：这些书感愤比较多，如果把它列入经传，则还有点粗野气。《茶经》则属于方技书，讲的都是物理之事，直一点不会令人讨厌，傲岸一点也不触犯人，所以陆羽最终以《茶经》出名，他也够满足了。

问：以《茶经》来作为茶的采制煎饮等的准则可以吗？答：凡经可以作为百代的范例，而不能作一时的准则。如孔子作《春秋》这部书，他的七十个弟子只能口头上接受老师的旨意。《茶经》说："茶叶制造的好坏，存在于口诀之中。"所以书上所写的东西，还是粗线条的，只是取他的文而已。

问：陆羽的文是美的，但茶有什么可取呢？答：茶有什么不可取呢？神农氏取它悦志，周公取它解酒，华佗取它益意，壶居士取它羽化，巴东人取它不眠。但这些都不可以概括在经里，所以说陆羽的《茶经》就是陆羽的文。

清代竟陵人曾元迈，官至御史。他为王子闲刻印的《茶经》写的序，主要是作者用自己的文笔，综合了皮日休、陈师道、鲁彭等三人在《茶经》序中对陆羽的赞语加以润色和强调，但作者自己没有提出更新的见解。

由于到竟陵西塔寺来旅游者都问及《茶经》，以及其他原因，使主持常乐萌生刻印《茶经》的想法，并于民国八年付之实施，同时还写了序。

序的首段这样写道：邑之胜在西湖，西湖之胜在西塔寺。寺藏菰芦杨柳芙蓉中，境邃且深焉。寺东桑苎庐陆子旧宅，野竹萧森，莓苔蚀地，幽为尤最也。游者无不憩，憩者无不问《茶经》。可见旅游者对陆羽《茶经》的向往。

一座山的
哲学赏析

顾渚山本不想以文化传世，不经意流淌的茶韵与泉香，给了陆羽及后来的茶人一个措手不及，于是尝试着顺应这份自然，竟然飘来另一种精彩。

——作者手记

顾渚山不高，但秀；不奇，但雅；不险，但媚；不雄伟，但温顺；不峻拔，但坚韧。用自己的传说演绎着流金岁月，不经意间在平静的大地心灵抛入巨石，构筑了人类企慕的致境。

顾渚山一直警惕着，她那优雅的情调未被工业时代的嘈杂打破，保持着原始、质朴本真的气息。令人怦然心动的倒不是唐风宋雨的时时惠顾，而是现代风貌下的古典韵味浓烈依旧。

顾渚山的妙处，是让一种叫做茶的天然灵草，在烂石里健康地生长，自如地生活着。让植物自如，本不是个难题，难得是让它去进入人类的精神世界，去附庸风雅，去完成一种高贵的作派。

顾渚山去演绎骏马秋风般的莽原与阔大，用温顺与委婉，用纤弱与细腻声调。去顺应狂飙号角和旌旗猎猎，用沸沸扬扬的茶的卷帙去完善一种强悍的安邦之力。这是一座人性化的青山，她给人以亲近。顾渚山在大自然的旅程中走了亿万斯年，仍不倦容，表明时间对于自然的驯服和顺从。

顾渚山的苍茫大气，悠长悠长的弯弯山道上，能让一个个奉旨修贡的官员在这儿独自徘徊，让所有奔着俗世而来的脚步，变得超然。欢快有欢快的道理，沉重有沉重的原因，但实实在在的是一种人生，兼容并蓄的宽阔和纵深，积聚和引导着生活的水流，既肆意，又不泛滥，却能澄清人生健康明亮的活性。

摩崖石刻存在于过去的时空里，石壁上曾经残留的墨香，早已不知飘到了何处，石刻属于过去，它的存在，似乎是一种秩序，被凝固成一种永恒，它以曾经存在过的感情形态娓娓告诉游人。

了无牵挂的山民，瞑目那些步履软软的游人，屋檐下吟诵的是唐声宋韵，瓦屋上敲打的是明清苦雨，采茶人常常回到虚无缥缈中，温习着旧时的梦。

古茶山用时光编织了一道风景，通过回忆把逝去的生命重新组合起来，它给了怀旧的人们一串钥匙。它送来阵阵浓郁的夜来花香，沿着缥缈的虚幻的泉水声，把它送到睡梦的深处。凡尘似乎滤尽了烦恼、浮躁、甚至不幸，似乎也遁为虚无。心绪如风，轻轻地叩问每一株古茶，像叩问久远的历史。

闲情逸致间手捧茶壶，品茗谈艺。这里没有圣朝气象，连气息也属轻柔悠扬，江南的固执在放浪、在纤巧、在落拓、在孤傲中在散尽。

寿圣、吉祥二寺，给人以揣摩、以猜度，去猜想很早以前的主人和曾经的繁华，曾经的贵族冶游和聚会，为人们提供了一种历史和时代方位，残损的墙垣上点点苔色，染绿了灰暗的空间，无人叩门，无人拾级而入，空旷的四周，留下被残破包裹的沧桑。

通往悬脚岭、啄木岭的古驿道上石块排列的图案很美，有力度，生命的张力毫无保留地显露在铮亮的石面上。陈年的路，走过了太多的文人骚客，故不愿向今人诉说往昔，因为石板路一开始就没有荣耀，没有脂粉气，不知浓妆淡抹，习惯了沉静、从容、淡泊与世无争，习惯与自然相依，甘愿作一个虔诚的守山人。

顾渚山体的迤逦气韵，松风幽径，修竹清池，构成江南青山的倾情之美，构成这温柔富贵之乡、大雅与大俗共融之地。

如果时间有分量，这泉水与亿万斯年的山石一样来得沉重，流水淌得如静止一般，像一匹长长的翠绸铺向远方，流水连系着又隔膜着外面的世界，这大概是顾渚山对泉源的不敢怠慢之处。

尘俗世器一时不易入得，安定的日子连同安定的情绪，让生活的人们构建了一种和谐。山民们对城里人过度的好奇表现了不屑不顾，一段朽木，一块丑石，一方陋砖，残荷败柳、杂树荒草，都让城里人倾情地享受。

总是没有一种冲击心神的力量，因为它太不形于色，舒缓宽厚得让你无动于衷，井然安排的茶园，守卫着这心不在焉的山坡，茶园全无宽广的意象，却是认真履行着自己的责任，自然流露着处子风华，少年心性。

山的年龄已无从分辨，只能从阅尽沧桑又超然物外的石块上展开想象，在摩崖石刻上寻找一个大有深意，遐思不尽的场景。

古泉孕育了世代的顾渚山人，山里人把古泉视为自己的土腾，常有老人焚香燃烛以祭，对古泉顶礼膜拜的情状是山里人的独有。

泉水开启了大山的思绪，泉水不善将历史珍藏，它只用幽深目光，注视山的今昔，别来无恙，放心了闭上眼。

唐人走过的石路上遍布青苔，极滑，石缝间生一株株细草，青苔蔓延着，细细密密，把顾渚山所有的故事封存起来，天光云影，任它自由来去。站在山口，倾听汉唐的风声，时间的分量，让这旧色时光变得凝重、深长。

石板灵洁、透亮、玉质，不停地是延伸，伸进无尽的时间深处，古朴中透着曾相识的真切，让你浮躁的心态暂时平稳一下，每一快的石板所渗透的历史情绪，是任何能工巧匠所难以赋予的，当年铺石的偶尔为之，居然诞生了另一种真理，这残存的光洁，在夕阳的关照下，给了古驿道一个峥嵘和高古。

倾听茶枝上每一片叶子发出的簌簌语声，这棵树生长了经过了多少岁月，多少岁月中它的生长对于山是怎样的庇佑。它蕴含的内容和意义，实际上远远超出我们的肤浅之见。顾渚山茶的另类意义是它对历史负责，对山负责，是广义上的情与爱，茶和山共同走到今天，它给予人们以繁衍和绵绵生息。

人不能远离历史，不辨沧桑。光阴流逝，古典本真的东西给了我们亲近的困难，人们在追求簇新的过程中，容易将自我隐没在仓皇行进的尘烟里，在繁华之地寻找一角荒芜，与古老的遗迹对话，大概只有像这样的地方才具备可能。

顾渚山天生一种诱惑，塞外的剽悍与狂放终被顾渚山的灵秀所吸引，精工细作的山珍美肴的确比马血羊肠好吃，为官荡涤五脏六根浊气，为文洗却尘世肮脏，使书香千古，使皎洁永恒。茶文化在某种意识转换中完成一种人文关怀。

第四章

灵山深处

摩崖石刻，
闲笔中的永恒

　　一座茶山，悄然行走于江南大地的精神空间，不经意间在平静的中国心灵抛入巨石，令所有名山不敢企及。

——作者手记

　　摩崖石刻镌出很久以前曾经的繁盛，山风吹不出古时的寂寞与惶恐，顾渚山没有云翻峰拥，找不到一点火气，却是玲珑精致，有一种居家感。顾渚山可以遥望杭嘉湖苏锡常，这块富得冒油的清丽之地。山不高但灵秀独钟，无登高之苦，虽幽深但平静安详，无柴米之匮乏，生存不成问题，养性更生奇妙。但上有天堂，下有苏杭，这里不时飘来的胭脂气，令人无法宁静，连山里的松竹也在撩人调情，让隐士无法不还俗。

　　岩石作为替人留痕最世俗的材料，让人们享尽巨大的时光积淀，千年万年风雨霜雪，销蚀了当初凿刻的火气，锐笔磨损为钝笔，却依旧映照出过往的生活，成为久远的回应，它们承担了人们文明的部分史料，在漫漫行程里让大自然供奉着。

　　顾渚山保留着唐、宋时的摩崖石刻：羊山石壁上刻有唐湖州刺史袁高、于頔、杜牧的题字，内容涉及贡茶，虽经一千多年风雨侵蚀，字迹仍清晰可辨。一行隶书，镌刻在一块略带点赤褚颜色的石灰岩壁上，将三位历史名人留下了。先来看袁高的石刻："大唐州刺史臣袁高，奉诏修茶贡讫，至□山最高堂，赋茶山诗。"

　　《茶山诗》刻石于湖州墨妙亭。

　　每处石刻都有一段历史，于頔自苏州刺出为湖州刺史，他在长兴留下了功德，他领导治理长兴的长桥以北的大片洼地，使之可以灌溉良田三千亩，又疏浚吴兴的荻塘，深受百姓的爱戴。他的这一处楷书石刻字体略小，个别字体已模糊，意为："使持节湖州军事刺史臣于頔，遵奉诏命诣顾渚茶院，修贡毕登西顾山最高堂，汲岩泉□□茶□□观前刺史袁公留题，刻茶山诗于石。"这是唐贞元八年三月某一天的雅举。

袁高、于頔、杜牧的三处石刻，呈品字形排列。袁高题名的左下方，是于頔的石刻，公元851年，已处唐皇朝的衰落时期，杜牧来了，杜牧到顾渚山修贡后的第二年就去世了，因此这处字体俊秀流畅的石刻，是杜牧的绝笔之作，显得尤为珍贵。这三位前后相距77年的湖州刺史的摩崖石刻，可以说是紫笋茶和金沙泉续贡的最好明证。

明月峡和霸王潭的乱石丛中，夹着一条叫金沙涧蜿蜒的清澈小溪，那清澈透凉的涧水，潺潺穿行于错错落落的山石之中。这里有唐刺史杨汉公以及两处南宋汪藻、韩允寅等人的石刻和老鸦坞的唐刺史裴汶、张文规的两处石刻题记，历经1200多年的时光浸淫，依旧展示着它沧桑的面容。这悠长岁月的印记，构成了悠久的中国茶文化历史源头的一件件石上瑰宝。

杨汉公于公元839年，带了一批官场朋友前来修贡，这些官员沾了杨汉公的光，他们的名字也留在了顾渚山，霸王潭附近山坡的石壁上："前试太子通事舍人崔待章，军事衙推马祝州，衙推唐从礼，乡贡进士郑□，乡贡进士贾□。同游进士杨知本、杨知范、杨知俭从行。"

接替杨汉公任湖州刺史的是张文规，他在湖州任职不到三年。张文观的传世是他那首"传奏吴兴紫笋来"的著名茶诗。但所有修贡的官员都为急程茶于清明前送到京城而头痛，张文规也十分同情夜以继日在山野劳作的茶农，因此他也有一声长叹："十日王程路四千，到时须及清明宴。"离任前特地跑到顾渚山的老鸦坞刻石留名。

任何实物的硬度与韧度都抵挡不过时光的刀斧，唐人们选择岩石来共同承载人的行为痕迹的义务，那些风云人物如一抹寒云般消逝了，他们留下斑斓的石刻却让历史发出了敬畏，他们将灵魂浓缩在这深幽里。

到了宋代，顾渚山依旧人声鼎沸，石刻题留依旧风尚，在霸王潭巨人膝迹不足百米的地方，是南宋文学家汪藻等人的石刻。汪藻擅长四六文，所作制诰颇有名。公元1136年，汪藻以他前湖州知府的身份，带领他的朋友，由长兴知县陪同，春游顾渚山。汪藻不忘将这六位州、县官衔的朋友的名家留在岩石上："龙图阁直学士前知湖州□□汪藻，新知无为军括苍□□祖，知长兴县安肃、张琮，前歙县丞汝阴孟处义，前监南岳庙吴兴刘唐稽。绍兴戊午中春来游。右承任郎汪悟汪恪从行……"

霸王潭的另一则，是长兴县令方释之于公元 1162 年，陪同会稽韩允寅，武林钱孜，游顾渚山留下的石刻。

左侧石壁上，是裴汶和他的河东老乡薛迅、裴宝的石刻。裴汶是第二次来顾渚山了，早在 30 年前，就到此访茶，在附近题留《茶事诗》石刻，但字迹已模糊。这位刺史的功绩是著有《茶述》，将紫笋茶列为最好。他说：今宇内土贡实众，而顾渚、蕲阳、蒙山上品。

抚摸这些凹凸不平、饱经岁月沧桑的石刻题记，像是触摸到了难以寻觅的逝去的岁月，看到了茶文化发祥地的明证。只要你静下心来注视这些摩崖石刻，你能感觉到昔日白居易笔下"珠翠歌钟俱绕身"的境会茶山夜盛况，能感觉到袁高、杨汉公等朝廷命官，为民请命的那种凛然正气，能感觉到陆羽、颜真卿、杜牧、张文规、白居易、陆龟蒙、皮日休等名流雅士在顾渚山间赋诗吟咏时的倜傥风采。

世事万物何必称宏伟、高大，作为青苔斑驳、字迹日见模糊的石刻，任何一笔都显得那么有价值。大唐州刺史袁高，奉诏修贡；使持节湖州诸军事刺史臣于頔，尊奉诏命；刺史樊川杜牧奉贡。透过这无言的巨石，一位位高大的石刻人物栩栩如生地站立在中国茶文化的源头，担当着文化奠基人的角色。

顾渚山的机缘在这儿，我们随时可以走入那四十位博带峨冠的古代市长们的内心，所有的预兆事先都已明了，面对古人们的闲来之笔，总是让人出乎意料地心跳不已，物质材料与精神材料是如此的不同，时光走远了，石刻痕迹渐渐地淡去，精神的价值却在浓浓地腾升。这一方爬满了历史皱纹的这一大文化宝藏，其中蕴含了多少茶文化的历史渊源和深厚内涵。

茶叶源于中国，又融入了世界文明，这是中华民族的自豪，与这些记载茶文化历史的摩崖石刻，有血缘一样的依存关系，这些上千年的记载茶文化历史的石上文字，该是怎样的瑰宝了！

书法是人类创造的优雅，当它梦影般地在粗犷的岩石上留下痕迹，这些山便可通过某种残存来舒展自己的见证，人们可以视作大地的偶然泄密，因为细节的渐变修复不了石刻的浑然天赋。

人类万不可少了遗迹的教化力，残缺不全的面目和陋相才能加深它的凝重。是谁的笔迹、谁的作品已不重要了，自然物体从不固定一个主人，我们太习惯于高雅，也习惯了遗忘。

文字在山体上留下了过往行程的美感，我们可揣摩得到工匠凿石的漫不经心，那些藏卧于林草间，埋于瓦砾，任尘埃肆意涂抹下的不动声色，作为人类，最好远观静观，看低云飞舞，这一帘幽梦，连千年后的人在吟咏间，也禁不住被感染。

细心品来，微观诸家书风，会惊奇笔迹暗合，因着人的心性律动和悟性深浅之别，风采各异却令人肌骨清凉入冰壶水镜。

作为中国茶文化的圣地，顾渚山摩崖石刻引来日本、韩国、东南亚以及我国的台湾、香港、澳门等地茶人的朝拜，以追寻大唐茶文化发展的轨迹。

石刻的背后，我们可以读到那些纵笔无碍的大唐官员们道不尽的雅事，随着他们背景的渐行渐远，在历史远方化为一片苍茫，留下这高天长风一般不衰不朽的墨迹，在岁月的渐深中凝固成为永恒。

唐代的市长们在顾渚山找到了文化传承的载体，斧声烛影，官员披上审美的外衣，在岩石上留下自己闲置的能量，延续久远。大自然的某处胴体上，只需留一点的隐喻，足以让人长久思之。

石刻的留存也按自己的命运行走，亘古如斯是上苍对他们的厚爱，是造化所赐，痴迷方向如此稳定，使痕迹也能展示一种生命历程。

对一部
经典的解读

　　陆羽为顾渚山编织了一种近距离的魅力，入得其中的魅力，精神导师式的魅力，人间烟火与唯美主义的魅力。

——作者手记

　　1823 年，印度的阿萨姆山区发现了野生茶树，有人就据此认为印度是茶的原产地。其实早在公元 8 世纪，陆羽就在四川、湖北及长江三峡一带的山区发现了野生茶树，树身粗得须两人合抱，树龄达两千多年了。陆羽在他的《茶经》里首句便是："茶者，南方之嘉木也。"从神农氏以茶解毒，叙说了中国人利用茶已历史悠久。

　　陆羽一开始设想将自己放在一个很高的层面上，对茶作深沉思考，记述茶的历史源流、生产技术、饮茶技艺、茶道原理，结果是他的《茶经》一出来，即被认为自然科学的专著、社会科学的专论、人类文明遗产。

　　陆羽在川鄂山区触摸到了中国茶的源头，一项伟大的著述工程在心头酝酿，不过，真正令他大开眼界的是长江以南的惊人发现。陆羽到太湖之滨的长兴顾渚山考察茶叶，发现凡是品质优异的茶，都生长在山高坡陡的烂石和砾壤之中，处于阳崖阴林的野生茶，叶呈紫色的特好，呈绿色的次之，形如笋状的尤佳，呈牙状的次之，叶卷的上等，叶舒的次之。这是陆羽在顾渚山的收获，并将这种野生茶，与顾渚山下的金沙水，一起推荐给了唐代宗李豫，一代名茶从此扬名，更重要的是一部茶的名典也呼之欲出，今天我们可以从这部茶著中享受精神的愉悦。

　　陆羽大胆叙述了茶的起源，从文学角度叙述中国是茶的故乡，又从人学角度指出茶的功用。陆羽在谈到茶的使用价值时说茶为饮最宜，这一观点是划时代的。陆羽将茶叶的功效淋漓展现出来，他说饮茶有解热渴、驱凝闷、缓脑疼、舒关节、荡昏寐，以及醒酒，令人不眠，有力悦志，增益思考，轻身换骨等功效，医学上可治瘘疬、小儿惊厥等病症。《神农本草经》说，神农尝遍百草，一日遇七十二毒，因得了茶而解之。直到唐代，颜师古还认为茶的功效主要在于药用。

所有饮品中，茶叶的制作颇讲究，故需特殊的工具。《茶经》一入主题便详谈了制作加工茶叶的采、蒸、捣、拍、焙、穿、封等十九种工具。

接着再谈茶的制作过程，称作茶之造。讲述了茶叶采摘与气候的关系，下雨时不能采，晴天有云亦不宜采，最好是选择天气晴朗的清晨进行。明屠隆对此做了注脚：有云不采如福建、广东一带山区，"多瘴疬之气，必待日出山霁，雾障岚气收净，采之可也"。

唐时流行饼茶，芽茶采摘后，需赶紧蒸熟、捣碎，然后拍打成型、焙干、穿起，最后再封装保存，这样，整个制茶工序就告结束。

陆羽对煮茶及饮茶的器皿颇讲究，故专列一节，茶之器。评述了煮茶，藏茶、碾茶、量茶用具、盛水、滤水、取水用具综合盛器及摆设用具等二十四种煮饮茶具的制作。

煮茶更具诸多要领，即火候的掌握，水的选择，沸水面上茶的沫、饽、花的培育和酌茶分配、饮茶技艺的描述、探讨，是饮茶史上的一次飞跃，陆羽将茶的粗放煮饮变为慢煎细品，实在是一场行为革命，一举一动、一招一式间将一种人文精神展示了出来。

从欣赏角度，陆羽主张选用青色的瓷茶具，会使茶水呈现绿色，增添品饮的情趣，故唐以后青花瓷风靡一时。《封氏闻见记》记载，人们颇赞赏陆羽对于茶具的这一主张，远近倾慕，喜好喝茶的都家藏一副。

陆羽是煮茶高手，《茶经》中的煮写得十分生动细腻。田艺衡《煮泉小品》记载，陆羽曾说，什么地方产的茶，就用什么地方产的水来烹煮，这样就能兼得水土之宜，能出真正、地道的茶味。陆羽认为炉中之火应均匀燃烧，不宜受风吹影响，以免火焰飘忽不定，火力时高时低。燃料须挑选，最好用木炭，其次用硬柴，千万不能用污浊、腐朽及有异味的木柴，否则影响茶汤的品味。

假如将《茶经》当作一部散文来读，则另有一番滋味。来看他的煮茶时茶汤滚沸、物性变化的文字："如枣花漂漂然于环池之上，又如回潭曲渚青萍之始生，又如晴天爽朗，有浮云鳞然。其沫者，若绿钱浮于水湄，又如菊英堕于樽俎之中。……及沸，重华累沫，皤皤然若积雪耳。"在陆羽眼里茶汤中蕴含大自然最美好、最洁净的品行，用艺术的语言，将大自然微妙搬到茶釜之中。日本茶道在于领略静寂的禅机，中国茶道则在情景合一，把个人融于大自然之中。

陆羽说用山水为上，这里的山水是具体指从钟乳石上滴流下来的泉水，此类泉水含有碳酸盐类矿物质，不同于我们今天的矿泉水，煮茶用此水，有益于人体保健。

煮茶过程被陆羽生动艺术化，用古代自然科学的五行原理强调水质与火候。火用木炭，忌膏木，败株；水用山中乳泉或涓涓江流；煮讲三沸，煮之过程更要欣赏其被波涛浪涌的美好之景。保其华，观其色，品其味。陆羽说：天育万物皆有至妙。人间任何一物都要有追求美的情趣，陆羽将茶从艺术欣赏和精神享受的角度来论述饮茶的方法。他把饮茶过程视作精神愉悦过程。

茶不是寻常的解渴解愁的饮品，而是一种特殊的消除疲劳、使人精神振奋的饮料。这里提到了九难与三碗。

陆羽认为要达到饮茶的最高境界，需要克服制造、辨别、茶、火候、煮茶之水、焙烤、碾磨、煎煮、饮九大难题，以达到三碗之效，就是煮一次茶末，能饮用到真正鲜香、味浓的茶，一般只能烹煮三小碗。这合了皎然之说：一饮涤昏，情思爽；再饮清神，如飞雨；三饮得道，破烦恼。

《红楼梦》中，妙玉亲手泡茶招待宝玉、黛玉、宝钗几人，宝玉喝得急匆匆的，妙玉讥笑说："岂不闻一杯为品，二杯即是解渴，三杯便是驴饮了"。妙玉懂得艺术情调。

宋以后，陆羽的煎茶法因操作繁琐，在民间已少用。泡茶成为一种简便的饮茶方法，泡茶开始的滋味清淡，但再冲第二遍、第三遍时，茶的醇厚清香的滋味就会溢出。

陆羽还细述了自神农以来的饮茶传说中的茶事，周公始喝茶，春秋时晏婴、汉朝扬雄、晋代刘琨、谢安、左思等人也都有喝茶的记载。唐朝以后，饮茶在社会风行。给人一个不断升华、发展的过程，给后人提供了诸多史料。

陆羽时代茶叶已遍布长江以南各省，陆羽的可贵之处在于他在《茶经》中谈当时的茶叶产地时，对四十余个州产茶的情形，记得极为详细，甚至指明产于何山、何村、何寺，对各地茶的品质优劣作全面比较，这是中国茶史上的创举。尤对顾渚山地区的产茶状况更不惜笔墨，连一些很小的地名也被记入《茶经》。一千多年以前，中国茶区就如此辽阔，产茶的州县密布，优良品种繁多，是当今世界五十多个产茶国所罕见。

一个行走社会底层的士人，将茶这类植物说得如此透彻已属不易，更显眼的是，陆羽在谈他的品茶艺境时，触及了茶道，这是一种精神层面的思考。比如制茶，野外采茶煮茶，可一边采摘、一边就地蒸青、捣烂，再用火焙干，火炉、交床就不必讲究。又如煮茶，若直接在松间、泉边、岩上、洞中进行，那风炉、灰承、水方等器皿就可省略。松、泉、岩、洞中饮茶的高雅、潇洒，照样是一种别有风味的精神享受。临泉汲水可省去若干盛水之具，但在正式茶宴上，二十四器缺一不可。

陆羽希望更多的人知茶，故在他的书中专门叙述《茶经》的传播。他强调用白绢制作图幅，将《茶经》前几篇内容分别绘录出来，挂在室内墙壁上，以备随时观览、阅读，茶人们喝茶、看图，品茶之味，明茶之理，悟茶之道。

《茶经》问世，陆羽由人为神。自周朝以来茶事，陆羽在《茶经》中都"言之详矣"。陆羽以前，人们多不懂饮茶方法，只知道"浑浊烹之"，与煮蔬菜一样而食。陆羽首创煎茶法，提倡艺术性与实用性相结合，设计一整套煮茶、饮茶器具后，许多人都很倾慕，不少茶人家中都有珍藏。饮茶之风更盛，陆羽开辟了新的文化领域。

张又新《煎茶水记》中记载了这样一件事，李季卿赴任湖州刺史，他路过扬州，适逢陆羽在扬州大明寺逗留。李季卿听过陆羽之名，邀请一道去湖州。船过长江边扬子驿站时，靠岸休息。李季卿心血来潮，想见识一下陆羽的高超茶艺及辨水绝技，他说：你的茶艺之道天下闻名，扬子江的南零水又是天下水中绝品，今日千载一遇，难道让这好事白白过去吗？李派人去取江心水，一会儿，陆羽见水到，便用勺扬了几下，遗憾地说，虽是江水，却不是江心水。原来是取水之人偷懒取了岸边水，众人皆服。

唐政府与西北少数民族政权始有茶马互市，唐政府每年要以一千担茶叶与回纥交换一千匹良马。回纥的首领获知有个叫陆羽的写了部《茶经》，内容很精彩，非常想得到手，提出以千匹良马换之。唐皇帝觉得这要求不高，却不知到何处去找陆羽这部书，即下诏征集此书，后来皮日休将自己家藏的一部《茶经》献了出来。

道宣，
禅茶悟一杯

> 灵性生发无所不在，远行的人只要闻到顾渚的茶香，便踏上魂牵梦绕的故乡。
>
> ——作者手记

明代做过长兴县丞的著名古典小说家吴承恩的旷世名作《西游记》中，有一个叫唐僧的人物，这个人物便是受唐太宗李世民之派去印度取经玄奘大师。这个故事写到唐僧师徒顺利地从西天取回真经。

历史上，唐僧取经确有其事，玄奘取来佛经后，唐政府征召天下高僧前往长安参与翻译佛经工作，这里有一位大师特别显眼，他就是由长兴下箬寺走出的大师道宣。

道宣于公元596年，出生在长兴下箬里，此时，由他的下箬老乡陈霸先一手建立的陈王朝已于八年前告终，末代皇帝陈叔宝降隋后北去洛阳，生活得很好。下箬作为前朝皇帝的老家，老百姓的日子自然是不好过的。道宣的童年凄苦，父亲忍痛将他送进了下箬寺，这座寺院没有留住这位日后的高人，道宣一直想往当时的佛教圣地终南山修炼，便早早地云游天下去了。

相传夫概踏访此山时曾预言此处定出高人，夫概的话被应验已是千年以后。据传道宣北走前在顾渚山寿圣寺修了一段时间，此时的寿圣寺已有三百多年的香火，这座古刹给了道宣以静气，这座茶山赋予道宣以灵秀，他自知在此悟得山性，得了仙气，不过这山太小、太精、太玲珑剔透，不能平心静气，但这份气息伴他终生。

道宣极出息，驻脚终南山修研戒律，创立了南山律宗，真正风光的是参与玄奘译经道场，帮助他的师侄玄奘翻译从印度取来的佛经，负责译文，可见其在佛教圈的地位。

任何一种心学的成形，都启迪于对生命的理解。《中国佛教百科全书》记载：中唐以前，禅僧未单独设寺，或寄居道宣创立的律宗寺院，或挂名某寺而居他处。道宣是第一个把禅僧收在门下的宗师。庄子说了他的一弟子从师学道渐悟过程，第一年心如野马，第二年开始收心，第三年心无挂碍，第四年混同物我，第五年大众来归，第六年可通鬼神，第七年顺乎自然，第八年忘去生死，第九年大彻大悟。让我们再回到皎然的三碗和卢仝的七碗，仔细读去，都包含着庄子这种混同物我、顺乎自然、大彻大悟的精神。不过，道宣在这方面好像更得先机，他以茶悟道的玄机常人不易学得。

道宣在著作中记述了一个问禅的故事：长兴下箬寺的住持，千里迢迢到西安，向道宣问禅。道宣给他沏了一杯顾渚茶，并问茶之味道如何？问禅的下箬寺僧从道宣的一脸平静中突然悟到什么，端起茶杯呷了一口，安然不语放下，含笑凝视道宣。道宣抚掌而笑，拍着他的肩说：可返矣！

禅为何物？智者悟禅清茶一杯，迷者悟禅佛经万卷，欲问禅，想想茶。这是道宣的高明，"枯石凝万象"，小小一杯茶，从中寻求的却是空灵寂静、契合自然的大道。"一月普现一切水，一切水月一月摄"，水至柔，方能怀山襄堤；杯至容，才可含华纳水；茶至苦，以求解忧清节。

高僧常在茶中悟得禅机，参禅不离茶，苦茶只伴僧。杜牧到了晚年竟想往起这种境况来："今日鬓丝禅榻畔，茶烟轻飏落花风。"斜阳下，禅院静地，恬然自若，伴已仅有一杯清茶，其味香香甜甜、苦苦涩涩如人生。后来的苏东坡亦有这种情怀：鬓丝强理茶烟中。

据湖州茶人寇丹先生的考证：生活在 8 世纪，后来成为南宗禅支柱的马祖道一，对先辈道宣很敬仰，他顺着道宣禅茶的思路，进入陆羽的《六羡歌》，有位居士问马祖，唯一绝对的无的境界究竟是怎样的东西？禅师回答说：等你一口吸尽西江水的时候，我再告诉你。这位居士从回答中得到了顿悟，从此西江水就了当时禅意和茶水的代名词。

道宣为佛教史学家，有《广弘明集》《大唐内典录》《集古今佛道论衡》《道宣律师感通灵》《释迦氏谱》等诸多著述。他四处讲禅，是长安西明寺的上座，道宣来此讲禅，膝下虔诚的从者难以数计。

道宣一直修行于终南山，这里距长安不远，可以感觉得到城市的喧嚣与诱惑，仍如世外超人般伴着青灯黄卷晨钟暮鼓，品着家乡人送去的顾渚茶，做他的苦行僧。道宣门下弟子千人，布及全国，他的一位有名的弟子弘景带出了一位更为有名的弟子叫鉴真，历尽艰辛，东渡扶桑。

道宣圆寂 50 年后，一位大诗人循终南山而去，寻访道宣的心迹，得到感应，悟出一串空灵之作，这个人叫王维，在终南山狠狠地过了一阵子亦官亦隐的生活，佛性给了他一条成功的捷径。

皎然，
挣脱束缚的一片绿叶

为无为，事无事，味无味。

——老　子

古之寺院常建于名山名水之间，风水宜茶。唐时的许多寺院作为独立的经济单位，大都有种茶的习惯，僧人又专事精神修养，禅宗主张佛在内心，饮茶于坐禅之中解渴除睡。

道宣以后，又一位土生土长的高僧在长兴登场了，他就是驻吴兴妙西与长兴长城交界的妙喜寺的诗僧皎然，属于特别性情的和尚，佛门中的洒脱之辈。

禅宗苦修，从寂暗中求得精神解脱，诗词、弹唱、花鸟、琴韵自然不宜。皎然出家，实为逃避，他在与长兴县丞潘述等人的和诗中说看到他的醒悟，在"放世与存名"两难中，决定"共逃金闺籍"，出家为僧。皎然认为，品茶是雅人韵事，宜伴琴韵花香的诗草，他与长兴县丞潘述等的那次茶宴上，茗花琴诗一应俱全。传花饮茶这种饮法在禅宗僧人那里是不可以的，有人曾笑皎然非真和尚，其实他曾四处参得诸禅师，得"心地法门"，把禅学、诗学、儒学三位一体来理解，对茶的彻悟中发现了茶道。

皎然据说是大诗人谢灵运的后代，但为文豪世家子弟，到他这一代，也已经剩得"废田留故陂"了。皎然20岁走出长兴应举，干谒王侯，四处投诗，一路碰壁。25岁那年干脆在江宁长干寺剃度出家，他早早地醒悟，看穿了官场上那套不干不净的玩法。

皎然做了三件传之后世的大事：

一件是留住了陆羽。陆羽来浙江本是无锡尉皇甫冉介绍他去绍兴投靠尚书郎鲍防的，结果到了长兴遇到了皎然这位江南声望颇高的僧人，便不想再走。两人同宿报德寺时，皎然慨叹"世间多暗室，白日为谁悬"。陆羽叩问"上苍何故，如此混沌"，这叹息之问，两个灵魂走到了一起。皎然的寺院田产让陆羽的生计不成问题。刘梦得说皎然琴棋书画样样都会，是个全才。

结识皎然，是陆羽人生一大幸事，他的《顾渚行寄裴方舟》中说："我有云泉邻渚山，山中茶事颇相关。"诗中说他在顾渚山也有自己的茶园，而且不时去茶园巡视，时时关切，还要自己去采茶。经常以诗论茶，对茶的采摘、饮用、功效，茶与酒、与禅的关系，皆存有自己见解。

另一件是皎然最早提出了"茶道"一词。历史不能小看了这位和尚，皎然对于世界文明史有一大贡献，即最早提出了"茶道"一词，此乃今日长兴人的骄傲。

皎然不把茶当作有机的生理需要，而是一种精神需求、心灵彻悟。来看他的三碗茶诗："一饮涤昏寐，情来朗爽满天地"，去了睡意，得了天地空灵之清爽。"再饮清我神，忽如飞雨撒轻尘"，心神清静通佛心，饮茶清神好坐禅。"三饮便得道，何需苦心破烦恼"。静心、自悟，得道了便烦恼去除，皎然将禅宗主旨融入中国茶道中，这一贡献是划时代的。

皎然的独到在于自己虽隐于山林，常下山与陆羽共研中国茶道。禅宗主张静气养性，提倡坐禅，暮鼓晨钟里诵经念佛，不免人困力乏，而茶可以清心、提神、醒脑，茶便成为佛事的伴侣，由此与茶结下了宿命的缘分。

皎然大陆羽13岁，陆羽疏忽了皎然关于茶道的理念。尽管《茶经》涉及了一点茶道思想，但没有出现茶道一词，也没有正面叙述茶道精神，《茶经》中阐述的是煮茶技艺和对茶汤的观赏，重视茶具的实用性和艺术美，没有往"形而上"的道上奔，这是陆羽的局限。

皎然常与朋友们结伴游顾渚山，其旨意不在游，而是牵挂紫笋茶，皎然推崇饮茶，说茶那清郁隽永的香气，甘露琼浆般的滋味，可以除病祛痰，荡涤胸中忧患，会踏云而去，羽化升天。茶香乃百花之清魂，草木之精髓，郁香中的满腔清苦，令人精警，茶苦乃人间最美的苦，那苦味顿觉溢溢生津，回味悠长，紫笋虽长于低峰，但久日与顾渚山仙雾相伴，倒是茶之新概念。

皎然设茶宴与文士、官吏、隐士赏花、吟诗、听琴、品茗，他在对茶的理解中发现了茶道，于是，以茶待客，以茶生禅，他还与长兴主簿潘述、汤衡等人创造集体传花饮茶的娱乐方式，颇不寂寞，不过这种饮法在禅宗僧人那里是不可以的，禅家苦修，需要的是苦寂，和尚叛逆总要遭些非议的。

把饮茶上升为一种美，是皎然的发现，采茶很辛苦，但皎然给予采茶姑娘美感："吴婉携笼上翠微，蒙蒙香刺冒春衣。迷山乍被落花乱，度水时惊啼鸟飞。"一幅美丽的早春清晨采茶图。以"初看抽出欺玉英，更取煎来胜金液"喻茶叶的美，以玉铛、金鼎素瓷雪色喻茶具的美。煮茶过程，"文火香遍胜，寒泉味转嘉。投铛涌作沫，著碗聚生花"。更见美感。用文火细煮，从沫香生花中煮饮出兰浸湘花的茶液，正是陆羽所说的第二沸的最佳状态，其茶液之美"何似诸仙琼蕊浆"。

唐时的浙江，名茶名山名寺同处一地的还有不少。天台山国清寺僧人有一种说法，尝了"佛天雨露，帝苑仙浆"的名茶后，神气清白，念心明净，可栖心境，三味现前。故寺中僧人崇尚饮茶，在寺院周围植茶，国清寺内制订茶礼，并设茶堂，选派茶头，专承茶事活动，一时间种茶饮茶成为僧人必修课之一。唐代寺僧嗜茶如命，以茶敬佛也成为一种时尚。

寺庙与道观多藏于青山或密林中，为的是与大自然息息相通，溯源生命的本真。山高水好产新茶，便有所谓寺必有茶，僧必善茗的说法，也从一个侧面道出了僧人对茶的酷爱。天目山寺院中的僧人，凭借山中大树华盖，古生腐殖质肥厚，海拔适宜等得天独厚的自然条件，栽茶，采茶，制茶，品茶，论茶。皎然与友陆迅、元晟饮茶作诗于寺。茶文化因佛教的介入而成独特的饮茶文化。

第三件事是资助陆羽付印《茶经》。皎然眼力独到，朝廷的崇茶风气让他看到了茶以外的功效，他找人刻印了《茶经》。

皎然有过一首《寻陆鸿渐不遇》的诗，写了他去湖州陆羽迎禧门外、自绕篱笆的青塘别墅，柴门紧闭，问及邻居说陆羽每天去深山访茶，归来日落，皎然茫然。他翼期《茶经》早日问世，别到处跑了。

颜真卿上杼山妙喜寺，拜会皎然和陆羽，三人合计在此建了"三癸亭"。皎然即作五言绝句一首，这陆羽筑亭、颜真卿题名、皎然和诗，又为三绝。水光山色、清流古刹、沃土松林下的山亭聚会，开创了流芳千古的中国茶文化格局，人杰地灵，集好茶、好水、好景及伟大茶人于一地。

于頔刺湖州时，皎然已入垂暮之年，这位刺史赠诗皎然，给了很高的评价：高洁古人操，素怀凤所仰。皎然回赠时赞扬了于頔的治绩与风雅。

皎然死后有十多卷文集付印，当了宰相的于頔为之作序。唐德宗写诏命集贤院将其文集藏于秘阁。

卢仝，
腋下生风只因茶

千载经纶一秃翁，王公谁不仰高风。

——唐寅《题自画卢仝煎茶图》

在唐代诗人中，卢仝是排不上号的，充其量算个三流诗人，他的名气不在诗，而在茶。卢仝走了捷径，试图与陆羽一比高下，他的茶文章做得不错，有茶仙茶痴之誉，七碗茶诗做得非常到位。据明人周高起所说，陆羽在顾渚山成仙，作《茶经》后，卢仝遁入顾渚山西二三十里的罗岕山，但终不能超越陆羽，不过七碗茶诗至今仍极响亮。

唐朝人到底是怎样喝茶的？这是一个人们感兴趣的问题。后人把唐代的清平茶、贵妃茶、文士茶、禅茶、民俗茶等冠以"大唐茶韵"这么一个颇雅的艺名。

李隆基请大学士李白品尝全国各地进贡的新茶贡品，虽说只是品茶，但这个程序极为规范繁琐，分为备器、鉴赏茶饼、炙茶、碾茶、筛茶、候汤、投盐、舀汤、置茶、兑汤、分茶、敬茶、闻茶、观色、品茶、谢茶等十六个步骤。大臣们将如此的宫廷茶艺称之为大唐君臣清平茶，李白因君臣如此平等而诗兴大发，挥毫写下了千古名篇《清平调三首》。

长安荟萃了大唐的茶界名流文人雅士，他们办茶会、写茶诗、著茶文、品茶论道、以茶会友。受邀参加茶会的文士用弹琴、吹笛、舞剑烘托茶会气氛和答谢主人。

有这样一个故事：唐宣宗曾问一位130多岁老僧，吃了什么药能这么长寿？老僧说没吃什么药，唯一的嗜好是吃茶。这里的吃茶，将茶与葱、姜、枣、橘皮、茱萸、薄荷等熬成粥吃，在唐代已经非常流行，陆羽在《茶经》中记载了这种吃法。

卢仝一生，爱茶成癖，他的一曲《茶歌》，历经宋、元、明、清各代，传唱千年不衰，在中国茶文化史上，卢仝的七碗茶诗极其夸张而浪漫，卢仝在饮茶中进入了人生的高级审美境界，把孤闷、平生不平事通通抛弃了，而要羽化成仙，进入蓬莱山这样的人间仙境，茶竟是如此美妙！

至今茶家诗人咏到茶时，仍屡屡吟及。卢仝的诗中，他以神乎其神的笔墨，描写了饮茶的感受，茶对他来说，不只是一种口腹之饮，茶似乎给他创造了一片广阔的精神世界。唐朝在茶业上影响最深的三件事是：陆羽《茶经》、卢仝《茶歌》和赵赞的"茶禁"（即对茶征税）。

卢仝是河北涿县人，年轻时隐居少室山，刻苦读书，不愿仕途，自号玉川子。卢仝怎样来到长兴？明代长兴县主簿周起高的《洞山岕茶系》中所说："至岕茶之尚于高流，虽近数十年中事，而厥产伊始，则自卢仝隐居洞山，种于阴岭，遂有茗岭之目。相传古有汉王者，栖迟茗岭之阳，课童艺茶，踵卢仝幽致。阳山所产，香味倍胜茗岭，所以老庙后一带茶，犹唐宋根株也。"他是茶痴，根据一个优美传说，便飘然来到长兴洞山。

卢仝对长兴顾渚山、宜兴阳羡进贡的紫笋茶十分向往，他说："天子须尝阳羡茶，百草不敢先开花。"

长兴罗岕洞山是唐初阳羡茶产区，卢仝慕名来到这里，面对洞山优美风景，卢仝每日茶、歌度日，享受着无限的山明水秀。他对悠闲自得的山居写道：至尊之余合王公，何事便到山人家。柴门长关无俗客，纱帽笼头自煎茶。公元811年，即唐元和六年，卢仝好友孟简出任常州刺史，托人带来的阳羡新茶惊醒了卢仝的睡梦，令他激赏不已，当即煮茶畅饮，欣欣然中作诗致谢，那首著名的《笔谢孟谏议寄新茶》的诗，一亮相，便被广为传诵，全诗共同四十句。后来人们摘出其中饮茶的内容，成为传世的《七碗茶歌》：

　　一碗喉吻润，二碗破孤闷。三碗搜枯肠，惟文字五千卷。四碗发轻汗，平生不平事，尽向毛孔散。五碗肌骨清，六碗通仙灵，七碗吃不得也，唯觉两腋习习清风生。蓬莱山，在何处？玉川子乘此清风欲归去。

卢仝饮茶可以入仙、可以入禅，号称今古饮茶第一人，世人仰慕卢仝飘飘欲仙的饮茶意境，却不知怎样去达到这种意境，而禅、道又各有解释。卢仝凭自己对茶的新的体悟，写了专著《煎茶七类》，打破卢仝没有茶著的世说，更对达到《七碗歌》的意境指出了通道。

《煎茶七类》分人品，品泉，烹点，尝茶，茶宜，茶侣，茶勋七目。以人品破题，强调人与茶在精神上、物质上的和谐统一。鉴于煎茶在唐代已是"名倾朝野"，故卢仝独自提出了他的高端理论，他的饮茶思想非常纯粹，他将茶局限在雅人高致，认为不是人人煎茶都可以达到上佳境界的，饮茶对象应该是"高流大隐、云霞泉石之辈"。只有这种人才有时间、有水平、有造诣。

卢仝茶带有明显的贵族气，我们不妨看一下他的茶技巧：用水以山水为上，假如用井水，"井贵汲多，又贵旋汲，汲多水活，味倍清新"；待汤眼沫渤泛起投入茶。煎茶前用少许汤，"汤茗相浃"才将汤注满，待浮花浮面便成；尝茶先漱口，小口慢慢品，香味俱奇。

卢仝对认为饮茶入仙入禅关键是环境与对象："凉台静室，明窗曲几，僧寮道院，松风竹月，晏坐行吟，清谭把卷。"朋友呢？最好是"超然世味者"，如翰卿墨客，缁流羽士，逸老散人，官场中的文人雅士；饮茶的功用，卢仝的见地独到于常人："除烦雪滞，涤醒破睡"，于读书人"谭渴书倦"，于为官者做决策时"策勋不减凌烟"。

卢仝给了后来的文人以广阔的精神空间，只要你一进卢仝的意境，如入仙境。苏轼不轻易为某个庄主所俘获，走近卢仝的茶几，他不得不欠身坐下：

"惊破卢仝幽梦，北窗起看云龙。"

"明月来投玉川子，清风吹破武林春。"

"不用撑拄文字五千卷，但愿一瓯常及睡足日高时。"

"病腹难堪七碗茶，晓窗睡起日西斜。"

"吾生眠食耳，一饱万想灭。颇笑玉川子，饥弄三百月。"

"何须魏帝一丸药，且尽卢仝七碗茶。"

苏辙也有唱和"七碗煎尝病未能，两腋风生空自笑。定中直往蓬莱山，卢老未应知此妙。"

陆游自称是陆羽的后人，有三百多首茶诗，他十分推崇七碗茶风："小醉初消日未脯，幽窗催破紫云腴。玉川七碗何须尔，铜碾声中睡已无"。

到了明代，更是玉川七碗茶风的一统天下。李东阳、文徵明、祝枝山、唐伯虎、徐渭都诗承七碗。祝枝山诗赞"卢仝素识茶中趣",文徵明传承七碗诗意:"品尝只合王公贵,惭愧清风被玉川",徐渭"倾七碗,对三人,须臾梅影上冰轮"。

"扬州八怪"之首的金农,穷一生追求卢仝饮茶的意境,对《煎茶七类》很有心得,他有一幅中堂书法作品《玉川子嗜茶》在清代享有盛誉。这幅画有一大段文字,金农写道:"玉川子嗜茶,见其所赋茶歌,刘松年画此,所谓破屋数间,一婢赤脚举扇向火。竹炉之汤未熟,长须之奴复负大瓢出汲。玉川子方依案而坐,侧耳松风,以俟七碗之入口,可谓妙于画者矣。茶未易烹也,予尝见《茶经》、《水品》,又尝受其法于高人,始知人之烹茶率皆漫浪,而真知其味者不多见也。呜呼,安得如玉川子者与之谈斯事哉!"这幅曾经夏衍收藏,后捐赠浙江省博物馆。

徐渭在逝世前一年创作了行书《煎茶七类》,带有明显的米芾笔意,布局潇洒而不失严谨,笔画挺劲而瘦润,书于石帆山下朱氏三宜园,是徐渭最具代表性的作品。后人对行书《煎茶七类》的评价是"艺文合璧"的传世之作,是"八法之散圣,字林之侠客"。

《七碗歌》开创饮茶入仙入禅的先河,后代诗人文士广引,如苏东坡的《汲江煎茶》《试院煎茶》等篇,都化用了卢仝的诗句。钱选《卢仝煮茶图》,唐寅《事茗图画》、金农《玉川先生煎茶图》、吴昌硕《煮茗图》等国画珍品,皆因化《七碗歌》的意境而驰名。

乾隆不仅诗赞"浮瓜沉李浑无事,为咏卢仝七碗篇",还御笔为丁云鹏和钱选《卢仝烹茶图》题诗。清代著名文人阮元、陈登龙、朱彝尊、李渔、袁枚、厉鹗、曹雪芹、陈维崧等,都有诗对卢仝七碗顶礼膜拜。

赵朴初先生多次研读《七碗歌》,不但有"相酬七碗风生腋,共吸千江月照心",还有《读七碗歌》云:"七碗爱至味,一壶得真趣,空待百千偈,不如吃茶去。"

陆羽访茶入仙,卢仝饮茶入神,后人同以陶塑泥人供奉。

钱起，
曲终人不见

　　一个已经湮灭的生活片断，居然让今人亦感目眩神迷。

——作者手记

　　人们记得钱起，是因考试范本诗中那句："曲终人不见，江上数峰青。"历代高考诗眼，钱起应该排在首位，孟郊凭那句"少年三十士，嘉会良在兹"中举，但比之钱起，差远了。难怪黄巢屡试不中后，露了杀气"我花开后百花杀，满城尽带黄金甲"。俞樾的状元诗"花落春仍在，天时尚艳阳"，受主考官曾国藩的激赏。

　　钱起是唐代著名诗人中大历十才子的领军人物，目睹盛唐积疾太久，繁华凋敝，已感命运无常，带一种亢奋过后的衰惫，带一丝苍凉悲郁回老家长兴，第一件事便上顾渚山拜访陆羽，两人明月清风下面喝茶唱和起来。顾渚山让钱起看透了人世，"满朝辞赋客，尽是入林人"。对顾渚山起了归隐终老之意，但愿"桃花洞里举空去"。

　　钱起出生在长兴城西风景秀美的画溪，早年在家乡问学，学成后多次到长安赴试，顺便漫游各地。公元751年中进士，翰林学士等职，后迁蓝田尉，钱起诗歌艺术成就卓著，有大历诗坛魁首之誉。他的诗精工细密、娟秀迂回，又冲淡清丽、含蓄绵邈，开创了洗练清澹、讲究遣词、下句工细的中唐诗风，与郎士元齐名，当时有句话盛传："前有沈、宋，后有钱、郎。"如朝廷官员下来视察工作，接待者假如没有钱、郎二人赋诗酬赠，则被旁人鄙视与取笑，当时社会这种尊才之风可谓炽热。清翁方纲在《石州诗话》中说：盛唐之后，中唐之初，一时雄俊，没有超过钱起和刘长卿的。史评："诗格清奇，理致清淡，革齐宋之浮游，削梁陈之靡曼，迥然独立，莫之与京。"

　　钱起中进士后，任翰林学士等职。目睹盛唐积疾太久，繁华凋敝，带一丝苍凉悲郁回老家长兴，第一件事便上顾渚山拜访陆羽，两人明月清风下面喝茶唱和起来。顾渚山让钱起看透了人世，"满朝辞赋客，尽是入林人"。对顾渚山起了归隐终老之意，但愿"桃花洞里举空去"。

《四库全书》里这样评价钱起："大历以还，诗格初变，开、宝浑厚之气，渐远渐漓。风调相高，稍趋浮响，升降之关，十子实为之职志"，将他定格为大历十才子的领袖人物，开了诗风之先，评价不低。

钱起早年对家乡出的一位皇帝陈霸先引为自豪，对这位盖世名人，少年在长兴时留下的印记，如钓台遗迹，石壁屹然，弹射之坞，钱起一一踏访，还为此写了一首诗：行役不遑安，在幽机转发。山谷无明晦，溪霞自兴没，懿象青云士，雪缨朝风阙。《唐才子传》说他少年家贫不落志，惜怀陈武帝遗迹，盼望"垂缨朝风阙"。

钱起二十几岁中乡试，《行路难》是他在长兴苦读时的写照：君不见明星映空月，太阳朝升光尽歇。君不见凋零委路蓬，长风飘举入云中。由来人事何常定，且莫骄奢笑贱穷。

古有拼命读书吞书中佳句，夜梦可见书中的莺闺燕阁之说。人们评他千古名句得之虚幻的鬼谣。《旧唐书》里有一个故事，说钱起游走江湖，某夜寄宿于客栈，月下独吟，忽听到有人吟诗于庭院：曲终人不见，江上数峰青。钱起愕然，遂披衣出门寻找吟诗人，但见庭院空空，以为鬼怪，却记住了诗句。钱起就试之年，礼部侍郎李帏试《湘灵鼓瑟》，题中有"青"韵，钱起即以鬼谣十字为落句，深得嘉许，称为绝唱，当年登第。

钱起的高明在于将一种雅致清幽的饮茶环境下的聊天，称之为茶会，这是一种极有精神底蕴的概括。钱起常和一些好友吟诗品茗自寻乐趣，有时以茶宴招待亲朋文友，以茶会友成为文人墨客们的一种时尚。

中国茶叶博物馆于良子先生考证，钱起是茶宴的首创者，2002年马来西亚国际茶会再次肯定。茶宴的正式出现是在唐代，陆羽来长兴前二十多年，钱起写过不少有关茶宴和茶会的诗。《茶事拾遗》记载："钱起与赵莒为茶宴，又尝过长孙宅与郎上人作茶会。"这里很清楚记载了钱起是第一个使用茶宴和茶会的人。

钱起喜结僧道，爱好禅茶，他少年时在长兴丁甲桥的香山寺听宪上人讲禅，写诗作记："彼岸闻山钟，仙舟过苕水。松门入幽映，石径趋迤逦。初月开草堂，远公方靓止。忘言在闲夜，凝念得微理。泠泠功德池，相与涤心耳。"故后来与赵莒谈禅便轻松自如。那一次所谓的茶宴，其实是钱起与道士赵莒两人的谈禅活动，它之所以载入了中国茶史，是因为钱起冠以茶宴二字。

我们不妨一看钱起的茶宴诗："竹下忘言对紫笋，全胜羽客醉流霞。尘心洗尽兴难尽，一树蝉声片影斜。"幽篁丛中、绿荫之下，香茗洗净凡心，荡涤尘埃，与宴之人兴难尽，一直喝到夕阳晚照，蝉声起，这样的饮茶环境怎不令人神往，大自然的美景作为品饮的环境，这是唐人的潇洒。

再看钱起在长孙家与郎上人的茶会："偶与息心侣，忘归才子家。玄谈兼藻思，绿茗代榴花。岸帻看云卷，含毫任景斜。松乔若逢此，不复醉流霞。"

那次茶宴饮的是紫笋茶，茶味比流霞仙酒还好，喝过之后，俗念全消，兴致更浓，所以饮到夕阳西下才散去。诗中描绘友人相聚观景品茶，玄谈藻思的轻快情趣，连天晚归家也忘记了。这种茶宴、茶会，简朴自由，三五知己聚会，以茶代酒，无拘无束，溪边、竹下，随遇而安，看云卷云舒，听蝉声起落，品茗论文，含毫吟咏，可免除繁文礼节，可以无言对坐，忘言忘归，一种优哉游哉，超凡脱俗的境界，什么流霞仙酒，都是难以比拟的。

茶宴和茶会，已从一般的待客礼仪，演化为以茶会友、迎来送往、商讨议事等有主题的联谊活动。如李嘉祐在招隐寺设茶宴送内弟阎伯均归江州时说，其茶宴就是为欢送阎均而设的，会者"茗爱传茶饮""诗看卷素裁"，欣赏茶香，赋诗言志，作画抒情，这合了裴汶所说"越众饮而独高"，茶在这里又成为调节群体情怀的媒介，是一个颇为意外的收获。

五代时，有一个叫和凝的著名茶人，他推行茗饮极有一套，他发现这几个短命王朝多为武人得势，不讲文治，故朝中文官慵懒成风，和凝为官时，组织"汤社"，每日以茶相较量，味差者受罚，茶会一扫颓废仕风。和凝的汤社比陆羽时的饮茶集团更为专业，更为社会所瞩目。

大历十才子的版本很多，服众的却少。钱起与郎士元、李嘉祐、刘长卿并驱，刘长卿不以为然，只服钱起。清翁方纲在《石州诗话》中说：中唐之初，一时雄俊，没有超过钱起和刘长卿的。

长兴茶叶在明代掀起第二个高潮，这个高潮于两个人功不可没，一是卢仝，再者是钱起。钱起对家乡的贡献，是为白岘洞山写的一首诗《宿洞口馆》:"野竹通溪冷,秋泉入户鸣。乱来人不到,芳草上阶生。"他是最早将白岘洞山胜景推向外界的唐代大诗人。当然,罗岕茶又为此景锦上添花,为明代岕茶做了长长的铺垫。

陆龟蒙，
何必几世作茶仙

人生偶尔的慢行在顾渚山比较妥当。

——作者手记

唐代后期长兴的河面上，有两条精美又带诗意的船，漂流到了今天。一条是隐士张志和的，常飘浮在湖州去西塞山的苕溪河上，刺史颜真卿赠送。再一条是诗人陆龟蒙的，往复在苏州至顾渚山的水道，他的船设蓬席，备束书、茶、笔、勺具，一座清闲的移动小别墅。

鲁迅在《小品文的危机》说到的三位唐代文人皮日休和陆龟蒙、罗隐，都与长兴有关。皮日休和陆龟蒙是一对诗友和茶友，常住顾渚山，世上有皮陆雅称。小品文作家罗隐则在白岘的罗岕隐了一段时间。

唐时长兴县治所在地的南面，有一个河埠码头，可以远眺弁山，近看村舍。河流两岸葱郁，船家到此可上岸进城。当然，大多船家则顺道护城河进城。陆龟蒙的富家船太过扎眼，常泊于城外，城里的文人墨客闻讯陆船到，会三五成群汇集登船拜访，聊诗品茗。人们将此地叫作陆汇头。

陆龟蒙出身官僚世家，其父陆宾虞曾任御史之职，他从小精读儒家经典，对《春秋》尤有研究。早年热衷于科举考试，以落榜告终。此后，陆龟蒙成为湖州刺史张博的从事，这个管职其实是州长官自己选用的僚幕，也就是张博的助手。后来回到了故乡吴江甫里甪直过起了隐居生活，家有数百亩田，三十多楹屋，十几头牛，帮工二十多人。甫里地势低洼，常遭洪涝之害，无租可收，加上他不善经营，同情百姓，不忍横征地租，剥削田户，因此常有饥馑之苦。

陆龟蒙在长兴的开场是他的一首《白莲》诗，受清代神韵派诗人称道："素花多蒙别艳欺，此花端合在瑶池，无情有恨何人觉，月晓风清欲堕时。"其以莲的淡雅高洁言志，反映了对唐末政治混乱的不满，虽隐居江南，仍忧国忧民。《白莲》诗取材于长兴地区的特产，开着白色莲花的雪藕，今天长兴脊仓雪藕依旧闻名，此白莲朴素淡雅，韩愈赞为"冷比霜雪甘比蜜，一片入口沉疴痊"。但其花色却为别艳所欺，难怪诗人为其不平了。

陆龟蒙的偶像是先贤张志和。张志和初名龟龄，不与流俗交接，任游江湖间。他的船常泊在唐时的长兴县城南的作陆汇头，地势尽得风水。

陆龟蒙是属于那种大隐隐于市的闲人，自号叫江湖散人。他在顾渚山麓买了800亩茶山，种茶20年，学陶渊明，在顾渚山桑坞岕买了茶园，盖了几十间屋，将茶园租给山民，离贡茶院不远。陆龟蒙非常喜欢这幽静的山谷，到了茶季，来住上一阵子，租金不必细算，白吃白住加点薄利便可，清风朗月之下，找几个书呆子吟诗作画，品茗对句算是天上人间的感受了。

陆龟蒙常身扛畚箕，手执铁锸，抗洪救灾，他还赤脚下大田劳动，平日稍有闲暇，便带着书籍、茶壶、文具、钓具等往来于江湖之上，自诩为江湖散人，把自己比作古代隐士涪翁、渔父。躬耕、垂钓之余，他写下了许多诗、赋、杂著，有许多反映农事的田家诗，如放牛歌、刈麦歌、获稻歌、蚕赋、渔具、茶具等，而他在农学上的贡献，则主要体现在其小品、杂著之中。

陆龟蒙在顾渚山买了茶园，但每年收的租也是很少的，只以所获之茶独自品饮而已，顾渚山很多农民和僧人都是他的朋友。"草堂尽日留僧生，自向前溪摘茗芽。"

陆龟蒙租在顾渚山桑坞岕买了茶园，离贡茶院不远，陆龟蒙非常喜欢这幽静的山谷，与好友皮日休同来同往，屋前竹林又是两人对啜泣，小品唱和赏茶山的好地方，两人在这里留下了茶诗十多首。来欣赏一下其中反映茶事的一首。

皮日休说："箬篷晓携去，蓦个山桑坞。开时送紫茗，负处沾清露。""阳崖枕白屋，几口嬉嬉活。"早上带了茶篓到顾渚桑坞采紫笋茶，肩上还沾有露水。农家的茶舍是搭在山坡上，全家生活得很愉快。

陆龟蒙答："金刀劈翠筠"；"不惮采掇劳，只忧官未足"；"旋取山上材，架为山下屋"；"争歌调笑曲，日暮方还家"。自己上山采茶，山路难行，只好用柴刀开路。看来心情不错，茶舍就地取材，建在山下：不怕采掇茶的辛劳，就怕留恋官位。

陆龟蒙还有十咏茶具的诗入了《全唐诗》，每年都要收取租茶，并区分为各种等级。据《郡斋读书志·杂家类》载，陆氏与皎然、朱放等论茶，以顾渚为第一，陆龟蒙受前辈的影响，写过《茶书》一篇，是继《茶经》《茶诀》之后又一本茶叶专著但已失传，他的《和茶具十咏》保留下来，包括茶坞、茶人、茶笋、茶籯、茶舍、茶灶、茶焙、茶鼎、茶瓯、煮茶等 10 项，有的为《茶经》所不见，这十咏全被收入《全唐诗》。作为农学家，陆龟蒙在植物保护、动物饲养、柑橘害虫生物防治等方面多有建树。

陆龟蒙一手握笔，一手把犁，由于犁在农业中的地位，犁的进化史就是古代农业史，以至于研究中国犁的学者，言必称颂陆龟蒙的《耒耜经》。

耒耜本是两种原始的翻土农具，传说农业始祖神农氏"断木为耜，揉木为耒"，最初的耒只是一尖头木棒，后人又在尖头木棒的下端安装一个短棒，用于踏脚，便是耜。随着金属工具和兽力的使用，耒耜便进化为犁。唐时长辕犁改进为曲辕犁，通用于在江东一带。

《耒耜经》记载，江东曲辕犁为铁木结构，由犁铧、犁壁、犁底、压镵、策额、犁箭、犁辕、犁评、犁建、犁梢、犁槃等十一个零部件组成。犁具有结构合理、使用轻便、回转灵活等特点，陆龟蒙还对各种零部件的形状、大小、尺寸也有详细记述，十分便于仿制流传。

陆龟蒙有钓鱼的嗜好，对各种渔具都有了解，为之写诗歌咏。养鱼之法世传有《陶朱公养鱼经》，陆龟蒙据自己多年垂钓江湖的经验，做了《渔具十五首并序》，对捕鱼之具和捕鱼之术做了全面的叙述，说渔法有两种即"或以术招之，或药而尽之"。他自己也说："矢鱼之具，莫不穷极其趣。"在《和添渔具五篇》中，陆龟蒙还以渔庵、钓矶、蓑衣、箬笠、背篷等为题，歌咏了与渔人息息相关的五种事物。

陆龟蒙怀儒家之志，却终身以农为业，如鲁迅所说，他和皮日休一样"并没有忘记天下，正是一塌糊涂的泥塘里的光彩和锋芒"。饮誉文坛，却将不为文人士大夫所重视的农具作细致研究，他的自传《江湖散人传》中写道："散人者，散诞之人也；心散、意散、形散、神散。既无羁限，为时之怪，民束于礼乐者外之，曰此散人也。"正是摆脱了儒家传统束缚，才使他成为中国农业史上著名的农学家。

晚年陆龟蒙还是回到陆汇头村，在此建盖了房子安顿下来，晨雾夕阳、春香秋气伴弁山来去，城里老友来访，赠小诗共乐：

"五年重到旧山村，树有交柯犊有孙。
更感弁山颜色好，晚云才散已当门。"

今天的陆汇头人，仍然为有陆龟蒙自喜，文化传播的力道，后人领略了。

苏东坡，
此怀无处不超然

　　作为精神上的旗手，顾渚山不拘于一式，挣脱传统文化束缚后的毫无遮拦，令中国大地充满敬意。

　　　　　　　　　　　　　　　　　　　　——作者手记

　　张岱的《夜航船》里说到苏东坡居然能喝到供皇上专用的有密云龙茶，极为甘馨，他惜之如金。时黄、秦、晁、张号"苏门四学士"，子瞻待其厚，每来客，必令侍妾朝云取密云龙饮之。张岱说苏东坡是深谙茶中骨头的人。

　　苏东坡时代，气候变换，贡茶风已移至初建武夷山，但顾渚山风韵犹在。

　　苏东坡是另类的，细察顾渚山的茶树：嫩茎，微带红色，叶长而尖，芽肥而微带白色。他说用这种芽叶制成的紫笋名茶，汤色清澈，香气馥郁，滋味鲜醇回甘。眼光有别于陆羽。

　　宋人饮茶，视阶层而异，朝廷重奢侈又讲礼仪，讲气派又讲韵味。民间注重友爱，茶肆、茶坊、环境优雅而轻松祥和。文人则反对过分的礼仪化，只求回归自然。苏东坡更以临溪品茗、吟诗作赋为乐事。

　　我国最早种植茶树是西汉时期四川蒙山甘露寺的僧人吴理真，他将七棵茶树植于清峰，被当地人称为仙茶。这七棵树氤氲了蒙山雾岚的灵气，茶质芳洌，成为贡品。大唐天宝年间在此建立了唐明皇的御购茶园，流布千年，蒙顶茶闻名天下。苏东坡是四川眉山人，与蒙顶茶产区不远，然苏轼早年不谈茶，这与川地煮茶加姜和盐有关，不求茶与水之精华，未得雅趣，故不言茶。

　　苏东坡做杭州通判时，要到湖州办事，还未动身，先给湖州太守孙觉寄诗打了个招呼，说你湖州有很多美味："顾渚茶芽白于齿，梅溪木瓜红胜颊。吴儿鲙缕薄欲飞，未去先遇馋涎垂。"在苏东坡眼里，紫笋茶和梅溪木瓜加上生鱼片，令他馋涎欲滴。

苏东坡对茶的研究颇独到，他细察顾渚山的茶树：嫩茎，微带红色，叶长而尖，芽肥而微带白色。他的眼光是另类的，用这种芽叶制成的紫笋名茶，汤色清澈，香气馥郁，滋味鲜醇回甘。品后留下了"千金买断顾渚春，似与越人降日注"的名句。当然，这与唐代天下第一的，属于蒸青团饼茶顾渚紫笋茶的品质又有不同。

饮茶，从科学角度讲，对人体有诸多裨益。助消化、降血脂、生津利尿，而茶本身的淡与雅，又为人生的修身养性提供了一个重要的文化载体，一日无茶便口中无味，生活少趣。

苏东坡对饮茶很有讲究，他认为茶可以除烦去腻，但有副作用，"暗中损人不少"，为此，他自创了一套浓茶固齿法。苏轼有一杂记，叫《仇池笔记》谈茶与养生：吾有一法，常自修之，每食已，辄以浓茶漱口，烦腻即去而脾胃不知。凡肉之在齿间者，得茶漫漱之，乃消缩，不觉脱去，不烦刺挑也。他习惯于饭后泡一杯浓浓的茶，每次饭后用来漱口，清洁口腔残留在齿缝里的肉屑，不需剔牙，而"齿性便若缘此渐坚密，蠹病自己"。他认为这样既去了腻味，防龋齿，又不伤脾胃。

苏东坡一生，因任职或遭贬谪，到过许多地方，每到一处，凡有名茶佳泉，他都留下诗词，做徐州太守时有过酒后行路，口渴问茶的经历：日高人渴漫思茶，敲门试问野人家。

苏东坡于煮茶技艺的把握，全仗一位长兴煮茶高手的点拨。苏东坡任职杭州通判的第一年，便参加了州试的监考活动，在那里，他与一位长兴人因茶成为故知，这个人叫刘行甫，与苏轼同为州试监官。宋时州试制度极严，监试官要摒弃一切杂务，拒绝会客，禁居在杭州望海楼，待发榜后方能出来，他说得闲二十余日。这二十余天如何打发呢？只有写诗，今天存于湖州的《墨妙亭诗》都是"囚禁"时的力作。这个刘行甫有一手煮茶绝技，工作之余，两个人一个写诗，一个煮茶，互不打搅也不寂寞，苏轼则时常在试院观刘行甫煮茶，按惯例八月十五发榜，这一年因故推迟到十七，不过没误十八钱塘观潮。刘行甫对观潮不感兴趣，依旧心无旁骛地煮他的茶，苏东坡说他"银山地动君不看，独爱清香生云雾"。刘行甫煮茶的魅力在于按照陆羽的古法煮茶，苏东坡难得见此出神入化的煮法，将整个煮茶过程记了下来，因为大诗人的笔触，他的《试院煮茶》一文读来真是个妙不可言。

今天的长兴人要感恩苏东坡的是他留下的两句诗。一句是送刘行甫的茶句。后来刘行甫要去余姚任职，苏东坡专门写诗赠之，因知道刘酷爱家乡顾渚茶，诗中便有"千金买断顾渚春，似与越人降日注"之句。另一句是赠予钱塘令周开祖的，周是湖州人，他俩常相邀游城郊，两人在虎跑祖培寺吟品茶时，苏轼捧着虎跑泉却赞赏顾渚山的金沙泉来"金沙涌泉雪涛香"。好茶配好水，苏轼诗颂顾渚茶、金沙泉，功德圆满了。

他还写有一首《试院煎茶》长诗，对烹茶用水的温度作了形象的描述。他说：蟹眼已过鱼眼生，飕飕欲作松风鸣。蒙茸出磨细珠落，眩转绕瓯飞雪轻，银瓶泻汤夸第二，未识古人煎水意。君不见昔时李生好客手自煎，贵从活火发新泉。又不见今时潞公煎茶学西蜀，定州花瓷琢红玉。我今贪病常苦饥，分无玉碗捧蛾眉。且学公家作茗饮，砖炉石铫行相随。不用撑肠挂腹文字五千卷，但愿一瓯常及睡足日高时。

有了对刘行甫煮的观察，后来又有过一次江边煮茶。写了《试院煮茶》姐妹篇《汲江煎茶》诗，讲的是诗人临江煮茶，感受到江水的情意和炉中的自然生机，大瓢请来水中明月，又把天上银辉贮进瓮里，小杓入水，白如分来江水入瓶。茶汤翻滚，声响如松风呼泻，与江流松声合为一气。茶人呢？虽融于茶心韵和自然的节律中，却并未忘却人间，荒城夜晚的更声，天上人间，江风渔火，茶中雪乳，山间松涛，都在这汲、煎、饮中融为一气，茶道中天人合一的精神被描绘得淋漓尽致。

苏东坡对茶的药用功效深信不疑。他做杭州任通判时，一天，因病告假，游湖上净慈、南屏诸寺，晚上又到孤山谒惠勤禅师，一日之中，饮浓茶数碗，不觉病已痊愈，便在禅师粉壁上题了七绝一首：示病维摩元不病，在家灵运已忘家。何须魏帝一丸药，且尽卢仝七碗茶。

五年后，苏东坡知湖州，与刘行甫、周开祖又相聚喝茶酬唱，重温"焚香引幽步，酌茗开净筵"的旧韵。他一到顾渚山，便为百姓的苦难抱不平，把茶农之苦辛悬于心头，写了"悲歌为黎元"诗。五月苏东坡任湖州知州，七月其诗作被诬告为讽刺新政的"乌台诗案"，差点丢了性命，幸亏也做过湖州知州的章惇找到皇后，救了他。章惇亦爱长兴，死后葬水口顾渚山麓。

苏东坡对烹茶用具也很讲究，他认为铜腥铁涩不宜泉，他喜用紫砂壶，紫砂泥土以其透气性的功效，令茶过夜不馊。苏轼在宜兴时，设计了一种提梁式紫砂壶。后人为了纪念他，把这种壶式命名为东坡壶。

苏东坡与同属刘家的刘谊、刘焘父子也友情深厚；刘焘还一度是其同事，被称誉为苏东坡的学生，东坡有一首《次韵刘焘抚勾蜜渍荔支》：

时新满座闻名字，别久何人记色香。
叶似杨梅蒸雾雨，花如卢橘傲风霜。
每怜莼菜下盐豉，肯与葡萄压酒浆。
回首惊尘卷飞雪，诗情真合与君尝。

与苏东坡最后打交道的朋友是长兴泗安人，叫陆元光，字蒙老。

公元 1101 年，被贬黜在儋州的苏东坡得到朝廷赦免，北返途中在常州停留时突然身体不适，这时在他身旁陪伴的好友就是时任晋陵县令的陆元光，据宋人费衮之《梁溪漫志》卷四所记："东坡北归至仪真得暑疾，止于毗陵顾塘桥孙氏之馆，气寝上逆不能卧。时晋陵邑大夫陆元光获侍疾卧内，辍所御懒版以献，纵横三尺，偃植以受背，公殊以为便，竟据是版而终。"其意思是苏东坡因为重病以致躺在床上不舒服，陆元光就以自己平时休息时常用的"懒版"相送，类似于现代的躺椅，不久之后，苏东坡就是在这"懒版"上离世的。

书画里的
茶香

　　顾渚山营造的文化意识，将历经沧桑的人们带回到了久违的岁月。

——作者手记

　　陆羽在顾渚山置茶园，在湖州写完成《茶经》的著述，于是茶道大行。

　　卢仝在长兴洞山课童艺茶，《七碗歌》品茗入仙，于是长兴茶文化的流韵千古。

　　裴汶上顾渚山修贡，深得茶理，撰写《茶述》，于是顾渚山再度传神。

　　诚然，顾渚山还因颜真卿、杜牧等大唐名臣虔诚的修贡；因皎然、钱起关于茶道、茶宴的独创；因袁高、于頔、杨汉公等留下的摩崖石刻，当之无愧地成为中国茶文化的源头。

　　顾渚山三大片九组摩崖石刻，如永恒的图腾，供奉在这片翠绿与苍老之中，其拓片流传国内外，尤其在日本、东南亚地区影响极大，是艺术价值极高的书法作品。

　　走近陆羽，我们还能获得另外的惊奇，他有一篇散文《僧怀素传》，记述了怀素同颜真卿等人论书法之事。文章颇妙：颜真卿问怀素关于书法的心得，怀素说：我观察变天的云层变幻无穷，像奇峰起伏，就取法于它，那种舒展畅快的情趣就像展翅的鸟飞出森林，受惊的蛇窜入草丛。又看到开裂的墙壁的纹路，每一道都是那自然。怀素的手札《苦笋帖》："苦笋及茗异常佳。"此帖现藏于上海博物馆。

　　颜真卿《竹山连句》帖，记录了颜真卿、陆羽、中侍御史李萼、裴修、皎然、房夔、丞李观等十九人于茶事后，游览长兴小浦竹山时作诗连句。这件1200多年前的作品，今天我们仍可以看到此帖的出版物。

　　唐右相阎立本，曾画过长兴陈朝五帝的肖像，他所作的《陆羽点茶图》，描绘德宗密召陆羽进宫点茶以试竟陵大师，画中帝王气宇昂扬，书生有自得之色，老僧有失志之态，执事二人嘘气止沸，其状如生。宋人评价："非善写貌驰誉丹青者，不能办此。"苏州人赵原的《陆羽烹茶图》，淡牙色纸本，淡着色，园亭山水，茂林茅舍，一轩宏敞，堂上一人，按膝而坐，旁有童子，拥炉烹茶。并题有七律一首。

中唐著名人物画家周昉的工笔重彩画《调琴啜茗图卷》，表现唐代宫廷贵妇品茗听琴的悠闲生活，画中五人，三主两仆，衣着色彩雅妍明丽，人物丰腴华贵，后人题张文规《湖州贡焙新茶诗》诗于画上。

明人陆延灿的茶著《续茶经》，记载了誉为吴门四大家之首的沈周的一篇专论，对明代流行的名茶进行品评，与其诗书画一样，内行、熟练而专业，可见亦人知茶之流。

沈周的文章说，昔人咏梅花云："香中别有韵，清格不知寒。"此为顾渚茶足当之。若闽之清源，武夷、吴郡之天池虎丘，武林之龙井，新安之松萝，庐山之云雾，其名虽大噪，不能与顾渚茶相抗。沈周对当时顶级名茶逐一审评，并对顾渚茶推崇备至，实亦一家之言。可贵的是透露明初贡顾渚茶32斤，为茶史上较早记载。沈周不但评顾渚贡茶为顶级，还为顾渚贡茶院增添墨宝。

沈周还有一幅极有名的画《桐荫濯足图》，此画据说是描写顾渚山及霸王潭风景，图青绿设色，画一山涧，危石高耸，涧中烟云缭绕，涧底桐荫送爽，泉水清冽，一高士正悠然坐于溪边濯足，回首招呼奉茶而来的童仆。画的左上角题：河水清且涟，可以长泳游，虚襟抱灵素，凝然坐中州。双足破万顷，一石轻九州。人生在适意，此外非所求。画中奉茶的情节点出了高士逸人淡泊的人生观。

赵孟頫受唐代长兴境会亭斗茶启迪，作了《斗茶图》，画中记述了元代斗茶习俗，工笔、设色，茶人四位，两人一组，动静结合，交叉构图，人物十分传神。赵孟頫的一卷《咏茶诗》书法中，那篇《送高仁卿还湖州》："高侯远来肯顾我，裹茗抱被来同眠。"其被认为是传神之作。

苏东坡曾在长兴留有数处墨宝，《新岁展庆帖》是东坡给陈季常的一封手札，行书，247字，史评此帖"如繁星丽天，照映千古"。现藏于故宫博物院。他研制的东坡提梁壶更成为长兴紫砂的主打产品，长兴壶人曾制作东坡提梁巨壶创了上海吉尼斯之最。

米芾在湖州时经常受到朋友热情款待，行书《苕溪诗帖》，记述了一次因身体不适而以茶代酒的茶会雅事。米芾的另一幅作品叫《吴江垂虹亭作》，倾慕湖州茶风是他在湖州之行中所作，用笔枯润相间，中侧并行，取八面之锋，得遒劲之势。

宋代茶圣蔡襄读了皮日休的《茶经序》，见皮日休为不留陆羽无诗的遗憾，与陆龟蒙在顾渚山十咏唱和，蔡襄为此作《北苑十咏》并书法传世。

卢仝饮茶入仙，历代书画家频频泼墨神化卢仝。唐寅以茶为题的画有十余幅，如《卢仝煎茶图》《事茗图》，但画得最为出色的是《品茶图》，一展山水树木和宇宙间广阔空间。唐寅的《品茶图》画面青山高耸，古木杈丫，敞厅茅舍，短篱小草，画角题一小诗：买得青山只种茶，峰前峰后摘春芽。乾隆十分偏爱，先后为该图题过16首诗。

金农的《玉川子嗜茶》对玉川子饮茶入仙的神韵有所描述，书法用秃笔重墨，蕴含金石方正朴拙的气派，风神独运，气韵生动，有"漆书"之称。他还有一幅玉川先生煎茶图，现藏于故宫博物院。钱选的《卢仝煮茶图》中，意境颇似卢仝隐居长兴洞山艺茶。明人丁云鹏的两幅《玉川煮茶图》，都以卢仝煮茶为题材，清人方薰说他取法张僧繇、吴道子，神姿飒爽，笔力伟然。徐渭行书《煎茶七类》帖带有明显的米芾笔意，笔画挺劲而瘦润，布局潇洒而不失严谨，与他另外的书法相比，多有雅致之气，该帖现藏浙江上虞博物馆。

吴昌硕的《煮茗图》，学陈曼生画意而作，此画仅梅一枝，寒花几簇，高脚小炉上坐紫砂壶，旁一破扇，其款曰："阿曼陀室有此意，屡摸不得其味，兹以武家林石画参用，庶几形似而已。"吴昌硕在长兴八都岕见梅茶正放，即有书法《梅茶诗》一幅，后两句为"请君读画冒烟雨，风炉正熟卢仝茶"。

古董里的
商业文明

顾渚吴商绝，蒙山蜀信稀。

——韦处厚

茶叶种植区域化、专业化、商品化，为唐代茶商带来商机。

唐文宗时重臣韦处厚有诗："顾渚吴商绝，蒙山蜀信稀。"说当时紫笋茶已被"中枢"掌控，当地茶商则与紫笋茶无缘。而曾被陆羽评为全国第一的"蒙顶茶"，已退居到皇宫里很少有人问起。唐代贡茶中，紫笋茶已处"至尊"地位。

唐代茶叶产量史无记载，但根据税额、传记、野史等资料推测约为 80 万担，贡茶、私茶、礼品茶未包括在内，其产量可能要大于这个数字，茶叶种类以生产饼茶为主，粗茶、散茶、未茶极少。

私人茶商从产地采购，按章纳税，从南方运往北方长途贩卖，茶叶贸易形成了各自的路线和市场。

经营茶叶可获厚利，使一批"商贾以起家"，成为富商大贾，经营茶叶的人越来越多，有些人联合起来，勾通官府，铤而走险，武装抢劫财物，作为贩运私茶的资本。杜牧任湖州刺史时做过一个商业调查，上报朝廷说，说某些私商求利心切，不择手段坑害百姓。

出现了固定的市肆，而茶商城市开有店铺或煎茶卖。出现茶栈，代客堆放、卖茶叶，抽取佣金，还经营批发的茶行，出现了官办或私办的原始金融组织，方便了茶商流通资金的汇兑，农村出现了集市贸易。唐代的广州、闽州、扬州和宁波是茶叶对外贸易集散地，日本、新罗、印度等国都来华贸易，促进了茶叶商品经济的发展。

初唐执行"去奢省费"勤俭建国的方针，政府全年开支不到三百万两。中宗登基后，奢侈之风渐起，玄宗后期，政府开支每年高达一二千万两。唐玄宗赐安禄山的宅第时，令不限财力，务求壮丽，以上银为厨具。安史之乱，军费开支浩繁，而且藩镇割据，截留中央税赋，使唐政府出现了财政危机。到肃宗接位，财政更加空虚，到德宗年间，财政已近枯竭。

我国的税茶、榷茶、贡茶、茶马市制度均始自唐代。中唐茶叶生产快速发展，购销两旺，"山泽以成市，商贾以起家"。杜牧有诗描述了长兴茶山草市的情景，这是增加财政收入的好机会。户部侍郎赵赞为充盈国库，赡济军费，建议竹、木、茶、漆皆征10%的税，当时是作为权宜之计，三年后停征。把税茶法规固定下来是公元793年正月的事，盐铁使张滂因赋税不足，国用匮乏，在茶区及交通要塞，设置茶场，由主管官吏分三等定价，每十税一，自此税茶制度在我国历史上宣告确立，年得钱40万贯，一律解送中央，由朝廷直接掌握，成为国家财政重要支柱。州县看到中央征收税茶，也巧立名目，设立关卡，敲诈勒索，对正常的茶叶流通破坏性很大。

文宗起开始禁缉私茶颁"纳钱决杖之法"，凡茶农私卖十斤至一百斤，纳钱一百文，决脊杖20下，至300斤，决脊杖50下，钱如上数。三犯之后，送州收管，重动徭役。商人私贩违反决脊杖15下，没收其茶及随身物，捕捉送本州收管，使别营生。300斤以上即是恣行凶狡。后来，盐铁转运使裴休立茶法十二条，禁止各州层层设卡，取缔私茶，禁令更为残酷，凡贩卖3次，每次满300斤，论死。结帮长途贩运者，不论多少，一律处死。茶农私贩100斤以上，杖脊。犯3次处以重役，毁弃茶园者，以盐法论处，强化了茶法。如此重典，使税茶倍增，年收税80万贯。

贡茶源于周武王，仅是部落向王室敬献的礼品，尚未形成制度，只是萌芽状态。唐代贡茶制度有两种，一种是官焙制，一种是定额上贡制。国家级贡茶包括紫笋茶在内的十六个州，地方官吏也自行制定贡额，中饱私囊，所以其数量当不在少。

贡茶是赤裸裸的掠夺，产品直接供朝廷使用，它绕过商业流通渠道，阻碍了商品经济的发展。但贡茶制作精良，推动了技术进步，增进了地区联谊，发展驿道交通，客观上也起了推动社会发展的作用。

安禄山反唐，回纥曾两次派兵助唐平乱，为酬谢回纥军援，德宗二年，唐送回纥绢二万匹，回纥则赠唐骏马二万匹，换回茶和丝，自用之外，运往中亚地区销售，确立了对边疆少数民族地区的茶马互市政策，成为边陲要政。

大隐
隐于茶

茶是一种野生植物，茶是一种生命哲学。

——作者题记

中国茶文化的发展，在某种程度上得益于历史上失意的文人的沉湎于茶艺或茶道，在茶中享受人生，在茶中倾注中国的儒释道思想。

刘禹锡是一个不得志的文人，他一生穷困，茶作为一种休闲饮料，显然并不能提供他口腹温饱，而是扮演着精神食粮的角色。对刘禹锡来说，茶的长处是说不出的，是一种气韵、一种向往和执着。刘禹锡在面对茶时，恐怕也相近于面对自己潦倒的人生。

刘禹锡在顾渚山留有《西山兰若试茶歌》一诗。同为咏茶之诗，刘禹锡不走卢仝的路子，刘禹锡赋予茶以形而上的意涵，茶是天地灵气的结晶，必须是有德之士才能识得其味。诗人寄居山林寺院，与僧人寝息相关的生活环境，这是一种哲学的生活，思考的生活，于是茶也成为哲学与思考的投射物。"何况蒙山顾渚春，白泥赤印走风尘。"诗人续写采摘之后，在阳光、水、雨声与白云之中煎制新茶，这整个情境运用到眼耳口鼻等感官意象，到阳崖阴岭、炎帝与桐君，使茶不框限于一时一地之物，反而是时间与空间两重坐标所无法丈量的一种精神。失意却不失志，这是刘诗的最动人处。

世人饮酒多自欺。韦应物是个失意文人，他有一句名言：为饮涤尘烦。现实中不得志，便消沉隐退，靠饮茶消除人世间烦恼，在茶盅中享受人生。

白居易的后半生仕途不畅，便退隐山林，在恬淡宁静中以茶相伴：食罢一觉睡，起来两瓯茶。无忧无乐者，长短任天涯。茶是灵魂之饮，可喝出天光云影，可洗去浮华燥烈。茶人可以无诗，无诗的茶人是超然洒脱，无茶的诗人是艳俗堕落，这是白居易悟的茶理。

唐末刘贞亮对饮茶功用的总结：以茶散闷气，以茶驱睡气，以茶养生气，以茶除疠气，以茶利礼仁，以茶表敬意，以茶尝滋味，以茶养身性。宋徽宗则说，茶因禀有山川的灵气，因而能祛襟涤滞，致清导和。

梅尧臣被誉为宋诗的开山祖师，宦途不得志，毕生创作了大量的茶诗，在茶中享受闲远、古淡的人生。苏东坡一生屡遭坎坷挫折，刚正不阿又恬淡飘然，在《叶嘉传》中赞茶：广风味恬淡，清白可爱，容貌如铁，资质刚劲。司马光把茶比作君子：茶欲白，墨欲黑，茶欲新，墨欲陈；茶欲重，墨欲轻，如君子、小人各不同。司马光以君子喻茶的完美人格。

陆游以为是茶使他了悟了自然。茶是一门悟的艺术和品的文化，茶气是醒的翅膀，茶色是悟羽毛，茶水是悟的洗礼，几片清叶浮漂杯中，悠然间如针而坠，飘飘洒洒中风情万种，灵性之叶也。陆游以陆羽的后人自居，也喜欢紫笋茶"不减红囊顾渚春"。仕途失意，终日以茶言志，他眼里的一叶青绿，凝聚多少物华天宝，人间至情至性，每当笔端尘俗地时，就会借茶净化，以养浩然之气。

明人讲究纯粹的饮茶，在隐逸主题下品茶、鉴茶，以庄禅式审美为指归，屠隆认为，品茗既要白石清泉，还要煮茶得法，更要长期体会，才能进入这种身心舒泰、令人陶醉的美妙境界。

陆树声退官隐居田园后，以品茶为人最大满足。他的《茶寮记》叙述了这种禅境：田园间建一敞开的小屋，中设茶灶，有水流经，请一稍懂得茗事之人侍候，一人煮之。客至，则茶烟隐隐竹外，其惮客过从余者，每与余相对结跏趺坐，啜苕汁，举无生话。

性情古怪的张源，喜欢幽居，号称隐君子。他隐于山间，无所事事，习诵诸子百家言，每每博览之余，汲泉煮茗以愉心境，不问四季寒暑，30年与茶为伴，疲衍殚思，研究茶之品性。他的《茶录》中强调，品饮就是要独自一人，才能进入忘乎的审美境界：饮茶以客少为贵，客众则喧，咱则雅趣乏矣，独啜曰神，二客曰趣，五六曰泛，七八曰施。

独自一人静坐饮茶，以达天人合一的境界，是明代茶人所特别强调的。徐渭认为唯有寒宵独坐时才有品茶体验。罗廪也觉得"山堂夜坐，至水火相战，如听松涛，清芬满杯，云光潋潋。此时幽趣，故难与俗人言矣。"冯可宾说到品茶环境亦钟情于独坐。

一直嚷嚷着要"毁尽文章抹尽名"的怪客郑板桥，对茶却顶礼膜拜，他与扬州另七怪是诗友、画友，也是茶友，常常相约品茶鉴泉，尽得风流。"从来名士能评水，自古高僧爱斗茶"，是这群怪才的写照。

明代文人士大夫面对畸形的政治生态，他们疏离宋儒理学而走近禅庄，在茶艺和艺术鉴赏、山水景物中率性而行，他们追求自然人性在具有幽趣和雅趣的茶道中挥洒性情。晚明众多茶人则在内困外忧中，更足在茶艺中走向内向心性的修养，在清赏闲适中避世。

明人把品茗看成艺术，既讲究饮茶的方法，又追求环境的和谐，这种美学意境是天人合一哲学观的曲折体现。明人要求品饮者应是"鸾俦鹤侣，骚人羽客，皆能志绝尘境、栖神物外者"，自然环境是或会于泉石之间，或处于松竹之下，或对皓月清风，或坐明窗静牖，才能"不伍于世流，不污于时俗"。罗廪津津乐道的是："山堂夜坐，手烹香茗。至水火相战，俨听松涛，倾泻入杯，云光潋潋。此时幽趣，故难与俗人言矣。"徐渭主张凉台净室，曲几明窗，僧寮道院，松风竹月，晏坐行吟，清谈把卷。所以，屠隆说："煎茶非漫浪，须人品与茶相得，故其法往往传于高流隐逸，有烟霞泉石磊块胸次者。"他们都把品茶看成风雅而高尚之事。

茶乃天地间之灵躯体，生于明山秀水之间，与青山为伍，造福人类。中国的茶文化作为一个艺术宝库，人们从中可以获得各自的快感，品茶中环境、人品、清风、明月、松吟、竹韵、梅开、雪霁等妙趣种种。

让我们再回到裴汶对于茶性的体验："其性精清，其味淡洁，其用涤烦，其功致和。"一个"和"字，讲出了国人追求和谐的中国茶文化之花，人们以家中无茶为耻。

第五章

盛世华章

圣茶的
回归

明代有五部专著记一种茶——长兴罗岕茶，誉为仙品，世竟珍之，该是顾渚山王气使然。

——作者手记

宋人艺茶崇尚奢华繁琐，文化人以茶事表现风流倜傥。宋亡，因故国残破把这种心境一扫而光，转而由茶表现清节、磨砺意志。元代制作精细、成本昂贵的团茶数量大减，深受中原文化影响的元初名相耶律楚材，居然也好几年喝不到好茶。

明代文化到了后期，既没了秦汉的质朴雄浑，也没了盛唐的宏大气魄，只是用一些小品对抗八股，拒绝以文媚权，当然也有湖州人茅坤那样直抒胸臆的散文。明初茶人大多饱学之士，其志不在茶，而在以茶雅志，从茶中追求物趣。明亡，文人们不肯失节事清，只求助风流文事送日月，耗心志，有的则皓首穷茶，一生泡在茶壶里。许多人仿效陆羽入山访茶，有的自筑茶园、茶寮。张源隐居太湖洞庭达 30 年，朱汝圭春夏两季必入长兴罗岕访茶，六十年不辍。罗岕茶因唐时卢仝之好，突然受到明人推崇，顾渚山再起茶热。

明人著茶书成风，各种见解异彩纷呈，现在已知的明代茶书达五十多部，占了从唐至清茶书的一半。

这些著作大多另辟蹊径、标新立异。来看朱元璋的十七子朱权的《茶谱》，宁王朱权精于茶道堪与宋徽宗相提并论。朱权饮茶很讲究形式美，让一少年安排好香案和茶炉于堂前，另一少年掌握，瓢汲清泉炊之。然后碾茶磨末，量客分。水开将如蟹眼，投茶末入于巨瓯。候茶出相宜，以茶筅摔令沫不浮，乃成云头走雨脚，分于茶杯啜之。

朱权之后，明茶人大多把室外饮茶搬到室内，品茗环境一变，茶便有了新的索求，对茶、水、茶具连同喝茶人数都另有一番解读。陆树声的《茶寮记》讲述烹茶方法和饮茶的人品、伴侣及兴致，反映高人隐士的生活情趣。许次纾精于茶理，撰写了《茶疏》，对产茶品第和采制、收贮、烹点等方法颇有心得。罗廪自幼喜茶，后周游茶日，收集各种制法，互相比较，深有所悟，于是入山，栽茶树十多年，每年亲手摘茶制作。根据实践所得，写了《茶解》。熊明遇的《罗岕茶记》，周高起的《洞山岕茶系》、冯可宾的《岕茶笺》，一种叫作罗岕茶的新茶诞生了。

罗岕茶的与众不同之处是立夏开采，取其粗大的芽叶，这与福建的乌龙茶用鲜叶原料相似，制作工艺又有创新，用青蒸之法，相同与现今日本的煎茶原理。罗岕茶味甘色白，其香自溢，其品次区分极为严格。以洞山和老庙后为最，地不过三亩，年产不过二十斤。新庙后和棋盘顶为第二品，张沙和火袞头为三品，下张沙和梧桐洞为四品。

《檐曝杂记》里有一则关于朱元璋夜巡尝顾渚茶的故事，说的是某夜朱元璋读罢经书，便微服来到国子监，见学子们都在苦读，很是满意，又顺便来到御厨茶房，当班厨师泡上一杯香茶请他品尝，朱元璋见茶水青翠澄碧，呷一口顿觉香气直入心脾，脱口而出：此茶比龙团好喝，莫不是顾渚牙茶？厨师回答：正是，正是！从此龙团凤饼罢贡，岕茶以散茶新姿登场，所以，明代早中期的贡茶都仿效岕茶制。

罗岕茶以朱、丁、姚三氏制作为最，秋茶也别有风味，周高起说，老庙后的茶为一品，只二三亩地，箬溪姚象先与他的女婿朱奇生分种之。明末施润章有诗：官符少得金泉水，地主难求庙后茶。制作丁姚皆好手，风流底事独朱家。

清代画家李方膺为之作了《梅兰图》，图上题跋：洞山秋片茶，烹惠泉，贮砂壶中，色香乃胜。光福梅花开时，折得一枝归，吃两壶，尤觉眼耳鼻舌俱游虚世界，非烟人可梦见也。

明人认为茶本身蕴含着一道，不必去大自然中寻求契合，所以，茶友必是翰卿墨客，缁流羽士，逸散老人，有钱又有闲。明人不好茶会，希望聚茶者越少越好，故许次纾有易饮和不易饮的讲究。

唐代茶具以古朴典雅为特点，宋代茶具以富丽堂皇为上等，明代茶具又返璞归真，转为推崇陶质、瓷质，但又比唐代的更为精致灵巧。明人眼里陆羽的二十四器好像没有触及茶具的本质，明代茶书，记载了由宋至明茶具的变迁。蔡君谟的《茶录》说：茶色白，宜黑盏。屠隆则说茶盏，料精式雅，质厚难冷，莹白如玉，可试茶色，最为要用。冯可宾在《岕茶笺》中将壶和杯分开，"茶壶，窑器为上，茶杯汝、官、哥、定如未可多得，则适意者为佳耳"。明代斗茶已不时兴，蔡襄时期的黑釉茶盏已很少使用。散茶流行，故许次纾说纯白为佳，绿色的茶汤，雪白的瓷具，清新雅致，赏心悦目。故明代瓷器胎白纹密，釉色光润，后来发展到"薄如纸，白如玉，声如磬，明如镜"，成为十分精美的艺术品。

　　明代流行散茶，见汤而茶神便浮，前人用那种碾磨出来的茶饼泡法很简单，因此用嫩芽，故而散茶偏老，汤须纯熟，才能发神。故曰：汤须五讲，茶奏三奇。这是罗岕茶引出的冲泡法。

罗岕，
那山顶的一抹余晖

每一片叶子，都有可能破坏了山的历史完整。

——作者手记

对于顾渚茶，明人好像有另起炉灶之意，他们顺着顾渚山脊西行，在紫笋茶乡区的茗岭安营扎寨，研发他们的新品去了。

夕阳西去，踏上尧市山顶，极目西眺，眼能所及之处，有一名曰罗岕的山岙，一条东西向、长达10华里的山谷，岕底有一峰，称茗岭。与顾渚山同属一个山脉，这里四面环山，溪涧长流，风露清虚，银杏蔽盖，小气候持佳，因山体属石灰岩，多有喀斯特溶洞，洞内有地下长河，曲径通幽别有洞天，三国时吴主孙皓封茗岭为南岳，建南岳寺。山上植被丰富，林木蓊翳，云雾缭绕，正是长兴代知县冯可宾描绘的："朝旭夕晖，云蓊雾浮。"

陆羽在顾渚山时，曾到过这里访茶，他称之为圈岭茶。明时江阴人周起高来长兴做官，发现了罗岕茶的特殊之处，写下了《洞山岕茶系》的专著。他说："厥产伊始，则自卢仝隐居洞山，种于岭阳，遂有茗岭之目。相传古有汉王者，栖迟茗岭之阳，课童艺茶，踵卢仝幽致。阳山所产香味倍胜阴岭。"他把茗岭两界之茶列为岕茶，茗岭脚下有一溶洞，故又有洞山一处景观。他的著述中还说道："两峰相阻，岕就夷旷者人呼为岕云。有八十泄处，前横大洞，水泉清驶，漱涌茶根，山土之肥，故洞山为诸岕之最。"

罗岕在今天的白岘乡，茶成名于明朝万历年间，它有"香如幽兰，味甘醇，色白入汤柔和如玉露，香藏味中，永啜之愈出致在有无之中"的特色，深得文人雅士喜爱，明人笔记与诗歌中常有对岕茶的溢美之词。大批名人文士、书画大家、山人处士、僧道、茶人都涌入这个区域运作茶事，他们品茶择水鉴器的经验之论为今人提供宝鉴。

长兴知县、后来做了兵部尚书的熊明遇是爱茶之人，懂得茶的性情。熊明遇尝试着开辟识茶认茶的新领域，他记罗岕茶的笔触是换了角度的。他说：产茶处，山之夕阳胜于朝阳，庙后山西向，故称佳；总不如洞山南向，受阳气特专，故称仙品。凡茶产平地，多受土气故，其质浊；罗茗产于高山石岩，浑是风露清虚之气，故为可尚。岕有秋茶，取过秋茶，明年无茶，当地人禁止。

对于罗岕茶的特色，《岕茶疏》这样表述：茶以初出雨前者佳，惟罗岕立夏开园，吴中所贵。梗桷叶厚，有萧箬之气，还是夏前六七日，如雀舌者最佳。最不易得棋盘顶、纱帽顶、雄鹅头、茗岭所产茶，诸地有老柯嫩柯，惟老庙后无二梗，叶最密，香不外散，称为上品。

罗岕茶立夏才开园，与清明茶差两个季节。吴中所贵，贵在季节差。当然，若在立夏前六七日，采到雀舌为最佳。吴中推崇罗岕的茶；梗桷叶厚，色淡黄而不绿，叶筋淡白而厚，烹煮后汤色柔白如玉露，味甘芳，有萧箬之气。

吴中，指苏州、湖州太湖流域一带，罗岕茶味厚，指茶汁浓，借煎法，才能成为佳品。至于罗岕茶的煎法，明俞允文的诗中称："小鼎初着火候均，精气漠漠纷兰英。"显然，将岕茶放入鼎内泉水里，用文火煎后饮用。

明人李日华的《六研斋二笔》说，到了明代，吴人于茶，已不数顾渚山数罗岕。罗岕茶以洞山为最，老庙后为第一品，棋盘顶为第二品，庙后张沙、火衮头为第三品，下张沙、梧桐洞等为第四品，外山不入品。

冯可宾知长兴县，调查了长兴境内的罗岕、白岩、乌瞻、青东、顾渚、筱浦等地，独罗岕茶最好。冯可宾写一手好文章，他的游记非常不错，他记罗岕的文笔颇到位，明人风行小品文，故他的《岕茶笺》读来还是有点味道的：环罗岕十里而遥，为岕者也不可指数，在小秦王庙后，称庙后罗岕也。罗岕庙后洞山所产茶，为岕茶之首。洞山水泉青骏，漱涧茶根，泄山土之肥泽；南面阳光，朝旭夕晖，云翁雾浮，所产之茶，回味别异。

冯可宾对采、蒸、焙、藏、辨、烹论述精详，此人为官绝对潇洒，对于饮茶的情感投入，堪称一绝。他有宜茶的十三要点：一无事，俗务去身，悠闲自得；二嘉客，志趣相投，主客两洽；三出坐，心地安逸，环境幽雅；四吟诗，激发诗思，口占吟诵；五挥翰，濡毫染翰，婆墨挥洒；六徜徉，小园香径，闲庭信步；七睡起，大梦归来；八宿醒，宿醉未消，惟茶能破；九清供，鲜爽瓜果，清口佐茶；十精舍，茶室雅致，布置精巧；十一会心，心有灵犀，彼此会意；十二赏鉴，精于赏茶，擅长品鉴；十三文童，伶俐书童，胸有点墨。这些都属外部条件，于茶本身，他提出藏、辨等法，求取真品佳茗；水则求上等，不可太滚；茶具，以窑器为上，锡次之，至少以适意为佳，茶壶以水为贵，每一客壶一把，任其自斟自饮，方为得趣。

熊明遇的《罗岕茶记》中说，岕茶色白，但它走了这样的程序，泉清瓶洁，叶少水洗，旋烹旋啜，其色自白；关键是如何保持其真味。熊明遇曾收过洞山白茶，自谷雨后五日，以汤薄浣贮壶良久，其色如玉，至冬则嫩绿味甘色淡，韵清气醇，亦作婴儿肉香。

交夏时采茶，雨前则精神未足，夏后则梗叶太粗。茶以细嫩为妙，看风日晴和，月露初收，烈日下，须伞盖，防郁蒸，净匾薄摊，剔去枯病叶，方为精洁也。

蒸茶须看叶之老嫩，以定蒸之迟速，太熟则失鲜，锅内汤须频换新水，盖熟汤夺茶味。

茶焙每年一修，修时杂以湿土，以养土气。将干柴隔宿熏烧，令焙内外干透，焙上之帘，忌用新竹，恐惹竹气。须均摊，炭无烟轻摇大扇，使火气旋转，见茶叶梗骨干透，置于高处，微烘之，明早收藏。

藏茶，净坛内砌干箬叶，装茶后，覆盖箬数层，以干炭铺坛口、扎固。宜藏高楼，炎热则置凉处，阴雨不宜开坛。辨真赝，茶虽均出于岕，有如兰花香而百味甘，秋后，开坛烹之，其香愈烈，味若新沃，以汤色尚白者，是真正的洞山茶。

烹茶，先以上品泉水涤烹器，务鲜务洁。以热水涤茶叶，置涤器内盖下，色青香烈，急取沸水泼之。夏则先贮水，而后入茶；冬则先贮茶，而后入水。罗岕茶在明朝中后期，是长兴的名茶，当时被苏浙一带士大夫所推崇。

这两位知县都是明末时期的才俊之士，在长兴建树颇多。熊明遇还是反对魏忠贤的中坚，遭过贬斥。

山中修得
文人茶

　　所有的出发并非只是为了回到原地，向高人叫板也并非只是让自成为高人。

——作者手记

　　江南烟雨滋润出花草，南北朝的文赋，于铺陈绮丽中回响出悲凉之音，晚明的小品却有脱俗出尘的禅机仙气。

　　明代的官宦子弟大多生性落拓，许次纾亦不例外，他的父亲许茗山官至布政史。公子哥出身的许次纾生活在杭州这座天堂般的城市里，个性豪爽，挥金如土，好蓄奇石，好品泉，好旅游，饮茶之间，吟诗填词，颇为自乐，又好交结朋友，见识极广当然最爱好的是饮茶，家道在他手中败落。明代的茶学界，有一本书受人称道，这本书叫《茶疏》，作者是杭州人，叫许次纾，对于茶的理解不同于常人。清人厉鹗对《茶疏》的评价极高：深得茗柯至理，与陆羽《茶经》相表里。

　　该书还入了清《四库全书总目提要》，认为"论采摘、收贮、烹点之法颇详"。《茶疏》是明代一本重要的茶书，记叙了当时茶文化的现实，按《茶经》的思路加以发挥，挣脱束缚，以显示明代茶文化的复兴。

　　许次纾是个跛子，但跛而能文，有才华，敢于炫耀，敢说人所不敢言，即便论茶，亦带点恶俗。他的《茶疏》里说：一壶之茶，只堪再巡。初巡鲜美，再则甘醇，三巡意欲尽美。余尝与冯开之戏论茶候，以初巡为婷婷袅袅十三余，再巡为碧玉破瓜年，三巡以来，绿叶成荫矣。以佳人喻茶，一派明代文人声色之好的习气。

　　相比而言，他的好友冯开之就比较委婉，他说自己好茶"如事美人，如古法书画，岂宜落他人手"。美人喻茶，已经够浪漫了，如若佳茗加佳人，岂非愈加风流倜傥。

许次纾的功绩是生动地记述了文人茶盛况，如对论客、茶所、良友、饮啜等章节的阐述极为新颖，别开一面，对茶人的古今制法也有自己的见解。他说：古人制茶，一般为团和饼，拌以香茗，嫩芽先以水浸，已失真味，再掺杂名香，更夺其气，怎能制出好茶，不如按照现在的作法，现摘现焙，香色俱全，尤蕴真味。转了一圈，还是回到原地，简单的却是科学的。

许次纾关于茶的品鉴，得到他长兴的一位好友姚绍宪的指点。姚绍宪属于真正的茶痴，他几十年一直生活在顾渚山，租种茶园，终老于此，积下产茶、采、炒、收藏、芥茶制法、择水、烹点等经验。他与许次纾是金石之交，二人都是茶痴。每到春茶时节，两人同住在顾渚山，品茶交流。姚绍宪将几十年积累的经验，悉数传授予许次纾。所以《茶疏》，内容贴近实际，成为茶史的名著。

许次纾把饮茶环境绘成一幅图画：饮茶之良友为清风、明月、纸张、褚衾、竹床、石枕、名花、琪树。其使人内心与环境和谐，物性与人格一致，乐趣自然两至，让品茶纳入吟诗作画的轨道，成为抒发胸臆的最佳方式。他说我居泉得闲，无所事事，却很有陆羽的爱好，研究茶叶与朋友鼓励，写出此书自成一家。

许次纾认为：若巨器狂饮，或求浓苦过瘾，与农匠的作劳动有何区别，何论品赏？何知风味？要顾及煮茶时的合度和清静，真正的茶人都主张煮茶亲自动手，那是一种特殊的乐趣。

再进一步，许次纾说："宾朋杂沓，止堪交钟觥筹；乍会泛交，仅须常品酬酢。惟素心同调，彼此畅适，清言雄辩，脱略形骸。"文人茶到这里方显境界。他以为最宜饮茶叶的时辰与环境应是这样的：

心手闲适，披咏疲倦。意绪棼乱，听歌拍曲。歌罢曲终，杜门避事。
鼓琴看画，夜深共语。明窗净几，洞房阿阁。宾主款狎，佳客小姬。
访友初归，风日晴和。轻阴微雨，小桥画舫。茂林修竹，课花赏鸟。
荷亭避暑，小院焚香。酒阑人散，儿辈斋馆。清幽寺观，名泉怪石。

到了明代，文徵明的曾孙文震亨在他的《长物志》里对饮茶环境有个构想：

构一斗室，相傍山斋，内设茶具，教一童专主茶役，以供长日清淡，寒宵兀坐，幽人首务，不可少废者。文震亨的追求比较简单，只要依山傍水，有嘉客，有人服务就行，屋子小点没关系。

姚绍宪的茶学悟性也不错，他为许次纾的书写了《序》，全文只有 300 字，真可谓言简意赅。他说：陆羽品茶，以我的家乡顾渚山所产的紫笋茶为最好，而明月峡的紫笋茶为最佳。

姚绍宪的《序》中还提到了顾渚山麓的两处泉眼，"每茶期，必命驾造余斋头，汲金沙、玉窦二泉，细啜而探讨品骘之。余罄生平习试自秘之诀，悉以相授。"这里地下水丰富，姚绍宪用玉窦喻泉，说窦大如镶盖，似玉液从地下窦中汩汩涌流。

林语堂及欣赏《茶疏》，他从中找到了自己的释怀空间，他按照《茶疏》之说，将浓浓的《茶疏》化解，他也有宜与不宜之说。

宜辍：作事、观剧、发书谏、大雨雪、长筵大席、翻阅卷帙，人事忙迫。

不宜用：恶水，敝器，铜匙、铜铫、木桶、柴薪、麸炭、粗壶、恶婢、不洁巾帨，各色果实香药。

不宜近：阴屋、厨房、市喧、小儿啼、野性人、童奴相哄，酷热，斋舍。

《饮茶歌诀》说得好：烫茶伤人，糖茶和胃，姜茶治痢；饭后茶消食，酒后茶解醉，空肚茶心慌；午茶提神，晚茶失眠；隔夜茶伤脾，过量茶消瘦；淡茶温饮，清香养人。

《茶疏》分产茶，今古制法，采摘，介中制法，收藏等章节，收藏一章又分为三十六目，产茶一章，摒弃前代文献，而专述当下茶事；制法一章，则批评宋朝的团茶，反对茶叶混入香料以图抬高茶价，以致失去茶之真味；采摘一章，记录了过去茶书里未曾记载的。此书被公认为明代茶书中最好的一本，也可说是超越历史的一本茶书。

张岱，
陶庵梦忆罗岕茶

顾渚山炼就的性情，可以虚怀若谷，可以怀抱清旷，可以不偏颇也不逃避，不焦躁也不颓唐。即使像张岱这样的大家，也会为圆一回风雅梦屈膝。

——作者手记

晚明时期，出现了一部至今让人感到意味隽永的散文小品《陶庵梦忆》，它的作者是自称茶痴的著名散文家张岱。

晚明出现主张"独抒性灵，不拘俗套"的公安派与"幽深孤峭，奇理别趣"的竟陵派。新兴的散文是公安、竟陵文学运动的产物，形式自由，信笔直书，毫无滞碍，其中有幽默也有讽刺。绍兴人张岱是晚明散文家的代表，诙谐幽默，洞悉事态，笔调清新率真，在明代的小品文作家中，堪称第一。明亡后，避迹山居，展现文人高贵的气节，一生以读书著述为乐。

张岱出身富贵之家，故闲情极备，癖好极多，而诸多癖好中，尤嗜茶，明茶理，识茶趣，为品茶鉴水的能手。认为开门七件事中，可以不管柴米油盐酱醋，茶却是每日不可少的，视品茶为最大乐事。当时的茶人饮茶必以惠山泉水为高贵，张岱专门组织了一个运水队伍，为朋友们服务，按量论价，月运一次，愿者登记，每月上旬收银。

明初，朱元璋禁止团茶的生产，所以团茶、饼茶逐渐消亡，以散茶代之。散茶的盛世，瀹茶之风大行。在《陶庵梦忆》中，张岱叙述了他和善于瀹茶的名士闵汶水之间的一桩瀹茶故事。

闵汶水是南京城里的煎茶高手，更擅长瀹茶，因其年事已高，人称闵老子。当时的名流雅士如董其昌、郎瑛等人，凡经过其地，识与不识，皆去拜访，以能尝到闵老子所烹之茶为人生一大快事。

崇祯十一年秋的一天，张岱根据好友周墨农的介绍，坐船到了南京，前往桃叶渡拜访闵汶水。不巧，他一大早就出门了。张岱等到天很晚，闵老子才慢慢悠悠踱回家，很是散漫。

两人刚见过礼，闵汶水忽然想起什么，起身自语道："呀！我的拐杖忘记了。"径自出门去了。焦躁不安的张岱，耐住性子等待，并告诫自己，今日怎能空手而归！

等到初更时分，闵汶水才回来，见张岱还在，感到奇怪，仔细打量了张岱一番后说：怎么您还在这里？

张岱恭恭敬敬地说：久闻闵老的大名，今天如不能畅饮您老的茶，我决不回去！

闵汶水一听，乐了，想不到天下还有这样的"茶癖"。于是亲自当炉煮茶，款待客人。

闵汶水将张岱请进一小室。张岱环视之，窗明几净，案上摆设古朴的宜兴壶和成化、宣德官窑瓷瓯十多种，都是片瓷千金的精绝之品。灯下再看闵汶水奉上之茶，但见茶汤之色与瓷瓯之色无别，而香气逼人。张岱禁不住叫绝，小呷一口，问：这是哪儿的茶？

闵汶水随口答道：这是四川阆苑茶。

张岱再细啜一口说：你别骗我，这茶是阆苑茶的制法，但味道不像。

闵汶水偷偷一笑说：那么您知道它产于何地？

张岱举杯再啜一口后慢慢说道：像是长兴罗岕山的名茶！

闵汶水闻言吃了一惊，吐舌称奇。

张岱又问道：这水是哪里的水？

闵汶水说：是无锡惠山泉。

张岱道：不要再骗我了！惠山泉运至南京路途遥远，千里致水而不见其水之老，这是什么道理？

闵汶水道：是惠山泉，只是在汲水前必淘净泉井，待后半夜新泉涌至才汲之，并非得江风满帆才行舟运水，所以这水新嫩不生杂物，即使寻常的惠山泉与它相比犹逊一筹，何况其他的水？

闵汶水话音刚落即离席而去。过了一会儿，又持来一壶茶为张岱斟满上，说：您再品味一下这茶。

张岱细细品鉴，茶香气浓烈扑鼻，味甚浑厚，失声叫道：还是罗岕茶，是春茶！刚才煮的茶则是秋茶。

闵汶水哈哈大笑说：是罗岕茶。我已七十岁了，所见精于鉴赏茶的人没有一个能比得上您。于是两人成忘年交。

明代瀹茶之艺实为茶的一种鉴赏艺术，它讲究品茶环境的幽雅洁净，所用茶具古朴典雅，追求名茶名水，更重要的是茶人要有涵养，谙熟品饮之道，注重鉴赏功夫。瀹茶有这样的风俗，如果客人品出了味道，点出了蕴藉，则主人以更好的茶相待。

张岱后来倾心写了《茶史》，又找闵汶水细细研讨。但在书稿付梓时，明朝土崩瓦解，江南大乱，《茶史》稿本散佚，只有序文收于他的文集中，这是中国茶史上的一大憾事。

张岱有一段非常可爱的自我评价：少为纨绔子弟，极爱繁华，好精舍，好美婢，好娈童，好鲜衣，好美食，好骏马，好华灯，好烟火，好梨园，好鼓吹，好古董，好花鸟，兼以茶淫橘虐，书蠹诗魔，劳碌半生，皆成梦幻。

张岱叙述自己前半生生活优裕，喜好锦衣玉食，纵情声色犬马，是个十足的纨绔子弟；明亡后，身历国破家亡之痛的他，性情大变。避居山林，箪食瓢饮，虽屡遭断炊之苦，却仍甘之如饴。他不忧生畏死，看透世事无常，他事先为自己看墓地，作墓志，在安排好后事之后，仍继续读书著书。

张岱还见家乡的日铸茶衰落，便请徽州人来杓、摺、挪、撒、扇、炒、焙、藏一套诸因成，始冲泡，香气不出，小罐煮之，则香太浓郁，加茉莉，放于敞口瓷瓯，候其冷，再以开水冲泻，色如竹择方解，绿粉初匀，又如山窗初曙，透纸黎光，盛于清白，素瓷，如素兰与雪涛并泻，给岱取名为兰雪。四、五年之后，兰雪茶风行于茶市。

明人品茶已成时尚，各地茶馆林立，对爱茶的张岱而言，上茶馆似乎也是他生活上的一种休闲。崇祯年间有家名为"露兄"的茶馆，店名乃取自米芾"茶甘露有兄"句，因其"泉实玉带，茶是兰雪，汤滚却不老，器常时涤洁净，无秽。其火候、汤候有如天合"，深得张岱喜爱。

张岱爱茶成痴，从饮茶到品茶、评茶，无一不精。他把观一出好戏，犹如观赏一轮好月、啜饮一杯好茶般的令人愉悦。若非因身遭国破之痛，改变其人生态度，相信以其才华及对茶学的理解，一定为中国的茶学文化留下更多的财富。

深山里的
贵族气

道可道，非常道。名可名，非常名。

——《道德经》

顾渚山的荫绿与幽远构成的空间，给了思考以长度，穿行在无形的时间里，被一点点地派损与改造，沉静、落寞、寂然，奇怪的是人自如地活着，自在地行走着，让现代人自如，本是个难题，顾渚山却解开了这个难题。

顾渚山庄户人家，只把茶作为商品，品了上千年，除了提神醒脑、去油解腻的效用外，还把茶当作独坐、闲谈、外出、居家之伴。

道可道，非常道。万事万物一与道字相关，便显得深不可测，便生出无穷之奥妙、无尽之遐思。《道德经》说：道生一，一生二，二生三，三生万物，把道说成包容万物、博大精深，太精妙深邃了。品茶到了以心品悟的层次；到了苦尽甘来的品感；到了茶味惟有方寸知的品味效果，便是近了道。

《茶园十二韵》中"出蒸香更别，入焙火微温"等，或许这些就是文人雅士的茶道了。拥有雅室、名画、美乐、茶艺、品茶的人，往往心不在茶上，茶道究竟为何物，如云在空、鹤在野，只闻其声观其形，不知其理与其情，能品一味达半生的茶水，确有它超凡脱俗之处。这里有几个关键词构成茶之魂魄：真、和、净、礼、境。

茶道之真，茶应是真茶、真香、真味；环境最好是真山真水；挂的字画最好是名家名人的真迹；用的器具最好是真竹、真木、真陶、真瓷，敬客要真情，说话要真诚，心境要真闲。茶是活动每一个环节都要求真，以求得情与性之真，达到茶人之间互见真心、放松自己、在无我的境界中去放飞自己的天性。

茶道之和，是表现人与人、与事、与物之间的和谐和悦。许次纾求"夜深共语，洞房阿阁，宾主款狎"，明代冯可宾求"佳客会心文童"的和谐之美，而饮茶则使这种美益甚，人和则生和悦之情。

茶道之净，茶道之净是饮茶环境的净和茶具的净，再加上饮时的净：明窗净几、轻阴微雨、小桥画舫、竹茂林修、小院焚香。

茶道重礼，茶道器具的配合务求和谐，环境务求清静雅致，在形式上和内容上必须和谐统一。在人们日常的品茗中亦发现了"修身，齐家，治国，平天下"的大道理，从中挖掘出了处世的进退之道。陆羽甚至认为，在进行茶道时，"二十四器缺一，则茶废矣"。茶道礼仪之严，可见一斑。

茶道与境：人不能多，亦不能杂，境要清幽，干净整洁为佳。欧阳修在其《尝新茶》一诗中，记他得到朋友馈赠的新茶而不用来待客时，有"泉甘器洁天色好，坐中拣择客亦佳"之句。欧阳修对品茶的环境诸如天气、品茶地景色，饮茶的人须佳客，所用茶具，泡茶用的水讲究是很高的。

品茶一旦上升到了与人格节操相对应的高度，也就是对茶的清淡宁静品格的欣赏和谐的统一，成了心灵与自然的自然契合。

明季文士往往把品饮活动置于大自然的环境中，独揽山水之胜，饱尝林泉之趣，使整个品饮活动充满了诗情画意，颇合于天地之道。求茶的质地优良，水质纯净，冲泡得法，茶器精美，青山秀水，小桥亭榭，琴棋书画，幽居雅室，当然是理想的品茗环境了。

只有泡好茶之后才谈得上品茶，而泡茶实不仅是一个单纯的技术操作问题，也是一次艺术创作的过程，品茶者在欣赏茶的沏泡技艺中，得到美的享受，境美、水美、器美、茶美和艺美。茶的沏泡艺术之美是通过沏泡者的姿态、风度和眼神表达内心的精神与思想。让我们欣赏一下功夫茶的表演艺术：

　　焚香雅气、嘉叶酬宾、岩泉初沸、孟臣沐霖、乌龙入官、悬壶高冲、春风拂面、薰洗仙客、若琛出客、玉壶初倾、关公巡城、韩信点兵、鉴赏三色、三龙护鼎、喜闻幽香、初品奇茗、再斟流霞、细啜甘莹、三斟石乳、领悟神韵。

品茗三县官，
当仕途遭遇了茶

在谁也不能抱守残缺的仕途，让人直面潜藏的威胁，心态在虚妄中
沉寂下来，寻觅于大自然，依然是大境界。

——作者手记

顾渚山历史的过往常无意间化为心灵嘱托，令来到这里的士人充当精神上
的旗手，领跑时代。

中国茶业史上，长兴曾经两度辉煌。第一次是公元 8 世纪的唐代紫笋茶，
经陆羽推荐为贡茶而闻名全国。第二次在公元 17 世纪的由一批士人推崇的罗
岕茶，明时的白岘罗岕茶，品质优良、采制工艺精湛。"岕茶"这个怪异的名
字走出了山沟，饮誉海内。与陆羽当年发现紫笋茶一样，眼力独到者纷纷走进
这深深的山谷，一批岕茶专著由此而生。如许次纾《茶疏》，熊遇明《罗岕茶
记》、冯可宾《岕茶笺》、周起高《洞山岕茶系》、冒辟疆《岕茶汇钞》等等。
这五人中，熊遇明、冯可宾、周起高是明代长兴的地方官。

熊遇明出任长兴县令已是万历三十三年，明朝到了晚期，熊遇明却是二十
来岁的年轻县官，当地的一些长者并不看重他。长兴历来有匪区之称，熊遇明
一展他硬派小生风采，抓治安，屡捣匪穴，地方得以平安，百姓安居乐业。他
在任七年，勤政爱民，疏浚了两条河，修了七座桥，变水害为水利。他常一个
人到乡间问俗，动员百姓种茶桑。罗岕茶就是在他扶持倡导下得到开发的。他
去白岘罗岕在一座庙后发现一片茶地，面积不大，茶树长得极精神，熊遇明让
他的副手丁玺去组织动员山民垦种，后来有许多山民竞相仿效。

岕茶成名后，十分畅销，山民增加收入，改善了生活，他为此专门写下
了《罗岕茶记》，百姓为感谢他的恩，在他离任的二十余年间，无论他在哪里
上任，当地人年年委托小秦王庙的如茂和尚给他送茶。如茂故世，他的徒弟静

缘接着送，有一次静缘送茶到北方，熊遇明却去南方上任，静缘又送到南方任所，令他感动异常。他为此专门作了一首《长兴僧送罗岕茶》的长诗，诗的序文写道："余离任二十余年，父老年年藉僧芨驰至，无间凉，即在瘴乡亦不乏紫笋煮雨。固僧之勤乎，亦父老之笃旧也。"像熊遇明这样关心民生、体察民意，致力于发展地方经济，深受老百姓的爱戴，二十余年从不间断地给他送茶，这样深厚的茶缘、茶谊，在我国茶史上绝无仅有，应当成为千古流传的佳话。熊遇明是个能干的名臣，最后官至兵部尚书。

冯可宾出身于丹青世家，善写兰竹，步入仕途时已很有名望。他于天启二年任湖州府司理，两年后，长兴发生一件大案，长兴县令石有恒被匪徒杀害，足见长兴这个三省交界之地社会治安的混乱。冯可宾被任命为代理长兴县令，到任后严惩犯罪，安定民心，在大道张贴布告安民。冯可宾"录善剔恶、百度肇新"，做了许多有益于安居乐业的事，深受百姓敬重。离任时，百姓"焚香罗拜、扳舆拥辕，几不成行"，场面非常感人。

与熊遇明一样，冯可宾也痴上了罗岕茶。《岕茶笺》是他在任期间研究的成果，全篇分十二则，虽只一千多字，但言皆居要。他侧重岕茶生长环境的研究，他经过观察认为："洞山之岕，南面阳光，朝旭夕晖，云瀚雾浮，所以味迥别也。"事实确实如他写的那样：两山之介处，山土积淀较厚，土质肥沃，向阳之岕，阳光充足，"朝旭夕辉"，成为茶生长的温床；两山所交之际，两边地势倾斜、定有洞水中流，因而漱润茶根，滋养枝叶。《岕茶笺》对洞山岕的描述，寥寥数语，却揭示了茶的品质与自然环境之间的内在联系。通常有高山出名茶的说法。长兴茶农们却不去抢占高坡崇岭，而是把茶落户在岕里，自然界亦确实给予了丰厚的回报，岕中所产的茶都品质极佳。万历时长兴产茶仅限罗岕、洞山岕一带，到了天启年间，罗岕、白岩、乌瞻、青东、顾渚、筱浦等岕相继产茶，大量的优质茶风靡全国，盛况空前，更有一些文人雅士，歌之咏之，写下了不少赞美诗篇。

冯可宾又是懂壶之人，他的书中说壶亦颇到位："茶壶以小为贵，每一客，壶一把，任其自斟自饮，方为得趣。"至于茶杯，则适意为佳。明人恬淡心态，在冯可宾这里说了个明白透彻，看来其深得茶道精髓。

明崇祯十年，江阴人周起高为长兴县主簿，他的才学体现在博学与文辞，有极敏锐的观察力，史学造诣更见长，著有《读书志》。在长兴工作期间，居然有两部传世之作，一部是《洞山岕茶系》，另一部是《阳羡茗壶系》。与明末所有的江南文士一样，周起高袭有一身傲骨，面对世态巨变，临危不惧，崇祯十七年清兵占领长兴城，四处勒索，周身无值钱之物，屋中唯有图书翰墨，遭清兵鞭打，他竭力抗辩，被打死在县衙。

《洞山岕茶系》是周高起深入茶区实地考察的实录，他逐一品尝了诸岕所产的茶，判其品第，罗岕庙后列为首品，洞山之岕判为二品，大多数岕评为三四品，顾渚等岕定为入品。明代长兴尚有少量贡茶任务，但已不产在顾渚，制法也不是古时固体茶形式，而是片茶，称为贡片。天启崇祯年间，岕茶名望极大，供不应求。

翻过顾渚山，是生产紫砂壶的宜兴，这给了周以振奋。《阳羡茗壶系》是周起高另一部重要的传世佳作，是我国最早记载紫砂茶具最有权威的作品。书中叙述了紫砂起源，壶与茶的关系，诸代名家师承，工艺特征，典故逸事等等，至今壶人视为经典，谈壶必涉及周起高。它既是一部茗壶史，又是一部明代茶具的造型艺术史。

熊遇明、冯可宾、周起高三人，学识渊博，人品高尚，政绩卓著，对岕茶开发的贡献，可谓造福一方，遗泽后世。明代是我国制茶工艺重大变革时期，从"龙团凤饼、杂以名香"到"旋摘旋焙、色香俱全"，由固体茶的碾、罗、烹煮到撒叶冲泡，十分简便，是茶业变革的巨大进步。他们三人的著作，都生动地记载了这个变革的经过，科技价值极高，是留给后世的一份极为珍贵的文化遗产。

冒辟疆，
抄袭成著只为茶

> 顾渚山扑面的是毫无遮拦的精气和挣脱束缚的朴实，即便拘于一式，照样令整个江南大地充满敬意。
>
> ——作者手记

冒辟疆这个名字出现在顾渚山，的确有些意外，他与明王朝的灭亡有着莫名的牵扯，这个人物以其俊才早早地成名，史可法推荐其为监军，后又特用司李，皆不就。

冒辟疆有个恋人叫陈圆圆，在秀色如云的江南佳丽中可谓色艺双绝，后来却成为明朝大将吴三桂的爱妾，李自成进京，陈圆圆被刘宗敏抢走，吴三桂冲冠一怒，助清兵入关，明亡。

人在这里过闲云野鹤似的生活，一定不是他的本意或初衷，长袍马褂、青面布鞋昭示着博学。国破家亡后的冒辟疆无意用世，回到江南他的水绘园，园内更造池亭馆榭诸景，在此结识四方名士，身边有另一江南名媛董小婉伴随，晚年结匿峰庐，以图书自娱。

人们一般知晓冒辟疆以他的《水绘园诗文集》《朴巢诗文集》及《影梅庵忆语》等力作传世。其实他还有一篇专门写长兴罗岕茶的专著，叫《岕茶汇抄》，只是内容大半取材于三位在长兴工作过的县官冯可宾《岕茶笺》、许次纾《茶疏》和熊明遇《罗岕茶记》。张潮特地为此撰序和跋，足见明人对于罗岕茶的钟爱。

冒辟疆写罗岕茶，从故事入笔，将岕茶写得如董小婉一般美妙，是所有写岕茶中最为诱人的：

忆四十七年前，有吴人柯姓者，熟于阳羡茶山，每桐初露白之际，为余入岕，箬笼携来十余种，其最精妙不过斤许数两，味老香淡，具芝兰金石之性。

十五年以为恒。后宛姬从吴门归，余则岕片必需半塘顾子兼，黄熟香必金平叔，茶香双妙，更入精微。然顾、金茶香之供，每岁必先虞山柳夫人，吾邑陇西之倩姬与余共宛姬，而后他及。此则茶事，在《影梅庵忆语》中亦有记述："姬能饮，自入吾门，见余量不胜焦叶，遂罢饮……而嗜茶与余同性，又同嗜岕片，每岁半塘顾子兼择最精者缄寄，具有片甲蝉翼之异。"

金沙于象明携岕茶来，绝妙。金沙之于精鉴赏，甲于江南，而岕山之棋盘顶，久归于家，每岁其尊人必躬往采制。今夏携来庙后、棋顶、涨沙、本山诸种，各有差等，然道地之极，真极妙，二十年所无。又辨水候火，与手自洗，烹之细洁，使茶之色香性情，从文人之奇嗜异好，一一淋漓而出。诚如丹丘羽人所谓，饮茶生羽翼者，真衰年称心乐事也。

又有吴门七十四老人朱汝奎，携茶过访，茶与象明颇同，多花香一种。汝奎之嗜茶自幼，如世人之结斋于胎，年十四入岕迄今，春夏不渝者百二十番，夺食色以好之。有子孙为名诸生，老不受其养，谓不嗜茶，为不似阿翁。每竦骨入山，卧游虎虺，负笼入肆，啸傲瓯香，晨夕涤瓷洗叶，啜弄无休，指爪齿颊与语言激扬赞颂之津津，恒有喜神妙气，与茶相长养，真奇癖也。

难怪张潮要为他写序和跋，让我们再来欣赏张潮的文字：

小引

茶之为类不一，岕茶为最，岕之为类亦不一，庙后为佳。其采撷之宜，烹啜之政，巢民已详之矣，予复何言，然有所不可解者，不在今之茶，而在古之茶也。古人屑茶为末，蒸而范之成饼，已失其本来之味矣。至其烹也，又复点之以盐，亦何鄙俗乃尔耶。夫茶之妙在香，苟制而为饼，其香定不复存。茶妙在淡，点之以盐，是且与淡相反。吾不知玉川之所歌、鸿渐之所嗜，其妙果安在也。善茗饮者，每度卒不过三四瓯，徐徐啜之，妙尽其妙。玉川子于俄顷之间，顿倾七碗，此其鲸吞虹吸之状，与壮夫饮酒，夫复何姝。陆氏《茶经》所载，与今人异者，不一而足。使陆羽当时茶已如今世之制，吾知其沉酣于此中者，当更加十百于前矣。昔人谓饮茶为水厄，元魏人至以为耻甚，且谓不堪与酪作奴，苟得罗介饮之，有不自悔其言之谬耶。吾香三天子都，有抹山茶，茶生石间，非人力所能培植，味淡香清，采之甚难，不可多得。惜巢民已殁，不能与之共赏也。

跋

吾乡既富茗柯，复饶泉水，以泉烹茶，其味大胜，计可与罗岕敌者，唯松萝耳。予曾以诗寄巢民云：君为罗岕传神，我代松萝叫屈，同此一样清芬，忍令独向隅曲。迄今思之殊深，我以黄公酒垆之感也。心斋居士题。

唐代茶人对茶道的主要贡献在于完善了煎茶茶艺，确立了饮茶修道的思想。陆羽为中国茶道的奠基人和煎茶道的创始人。煎茶道的代表人物有陆羽、常伯熊、皎然、卢仝、白居易、皮日休、陆龟蒙、齐已等。煎茶道为时约500年。

点茶道形成北宋中后期，代表人物是蔡襄、赵佶、梅尧臣、苏轼、黄庭坚、陆游、审安老人、朱权、钱椿年、顾元庆、屠隆、张谦德等。点茶茶艺，发展了饮茶修道的思想，点茶至明朝中，为时约600年。

泡茶道成于明朝末期，代表人物有张源、许次纾、程用宾、罗廪、冯可宾、冒襄、陈继儒、徐渭、田艺衡、徐献忠、张大复、张岱、袁枚等人。泡茶茶艺在于为茶道设计了专用的茶室，延续至今。

中国先后创造了煎茶道、点茶道、泡茶道，传入日本后，经日本茶人的崇新改易，形成了日本的抹茶道、煎茶道。茶道发源于中国，光大于日本。

茶后壁上
观雅兴

现代文明，挤兑了那深深浅浅的浸透了生命汁水的绿，却不会侵吞这种家园式的宁静。驻足顾渚山给今人的是一个梦，一个无可替代的关于茶文化的佳梦！

——作者手记

顾渚山的泉水里流淌着夕阳的光芒，在叙述的明暗之间，在声音的变奏之间，在思考的悠远与顷刻之间，顾渚山呈现了难以言传的安详，内省的精神在山性里时隐时现，在松风竹涛间呈现一种挥之不去的久违的亲切。

元末的政治大舞台上，有两个领衔人物始露头角，一个是农民军领袖朱元璋，一个是军阀张士诚，但由谁来主宰这个世界就要看他们最后的造化了。张士诚1363年降元后就在苏州自立为吴王，成为一方霸主，长兴应该属于张士诚的辖区。但之前却是朱元璋麾下大将耿炳文开辟的根据地。

公元1357年，耿炳文率部经广德，攻下长兴城，朱元璋眼里的长兴地位举足轻重，耿炳文属于战神类的将领，他率兵在长兴筑城，坚守于此与占据苏州的张士诚抗争十年，不失一寸土地，但是长兴城遍留战争创伤。

朱元璋登基的第二年，工部主事萧洵被派来长兴任县令，足见这个县的重要。明王朝开国之初，百废待举，长兴却还有一项重任，这就是紫笋茶岁贡之责。萧洵是个很能做事的官员，他受命于百废待兴之际，下轿伊始，但见公署里荒草淹没了路径石阶，政府久未施政，他来不及整理机关的事务，就急切地去了顾渚山。

眼前的贡茶院已剩一片废墟，当年的亭台、楼阁、荷池也是一派破败，几个可怜的寺院僧人见州、县官员到，声泪俱下，再看看山麓之茶，与草莽杂混。责任意识使然，萧洵组织民众对贡茶院再作修缮，疏涤金沙溪水，召回外逃的僧人，恢复茶事，"修息躬亭于茶园右，构清晖轩于磨院西，金沙池绕之以栏槛"。

与范仲淹、欧阳修等古代名臣一样，萧洵在完成这件大事后，写了一篇非常不错的散文《顾渚山采茶记》，文字不多，将顾渚山文化历史叙述得明明白白，稿成后将此文题写在贡茶院壁上，一个历史性的创意。

萧洵博学于文，廉洁勤政，修学校、建县治，整理坊巷街道，建树颇多。萧洵的作派与范仲淹《岳阳楼记》中的主人公滕子京极为相似，滕子京在巴陵郡兴学、治水、建楼之后，请范仲淹作记。而萧洵这位县令是在完成这些业绩后，自己亲自捉刀，将文章留于壁上，娓娓道出这山、这水、这茶的文化脉络，实在是一种雅人高致。四年后，也就是洪武十年，萧洵又组织重修城内报德寺的钟楼，监制重达4000余斤的铜钟，这口钟今天仍静静地藏于县城钟楼。

第二年春恢复贡茶生产，而人们关心的是他那篇题于壁上的历史文化散文《顾渚采茶记》：

长兴县，本战国（春秋）吴夫差（阖闾）弟夫概故城。城北四十五里有山，曰顾渚，夫概顾其渚，可为都邑得名。山麓宜茶，志称与光州同。始自唐贞元十六年，刺史李词乞贡焙，立寺山下吉祥，故有寺也。寺前百步有泉，极清甘，煮顾渚茶叶，皆仰立。相传每岁刺史入山将造茶，具礼拜敕泉，顷之发源，其夕清溢，造毕随灭，刺史去则涸矣。历代皆贮之与茶同贡。当时刺史入山，啧啧称胜，号为茶仙。刘禹锡诗云："何处人间似仙境，春山携妓采茶时"；杜牧之云："谁知病太守，犹得作茶仙。"颜真卿、白居易、皮日休、郑谷辈，逮宋苏轼诸贤，履舃所至，题咏尤为烂漫、流风，余韵皆可想见。若曰：息躬、枕流、忘归、金沙诸亭，与木瓜、明月峡、清风楼皆漫无可访。洪武六年春，余以工部主事来宰是邑，始至官公署仅设，而垣壁穿缺，草荒侵阶。胥吏辈三五，皆累然联索，上下争呼，惟知救过，以共济其欲涸□之民，仰无所属。案牍委弃，无缓急类，废置不治，安得知有他。为政裁未几，府贴下，通判四明周亨随至。余以守令，例当偕行。明日，守御刘侯显亦来，盛集于此。寺悉倾圮，守僧养中来见，垂首衣结，眊眊焉，言即泪下。周视山麓之茶，皆虆新拔草莽间，大惧，将何以修厥，贡罪将谁归？明日，既毕而竣事，于是始谋诸众，伐木辇土，求金沙水疏涤之，招来僧之窜避者，复其身，专事于茶。寺宇之蠹折者，悉令撤而完之以居。岁入山之众，制备和笼焙之器，饰童子数十，至期盥栉易衣，入授采筐，平旦以从采毕，乃收寺。僧喜悦，定为常典。然后，次第修完息躬亭于茶园右。率童子、官僚，至则少休焉。构清晖轩于磨院西，为监官之所舍憩。金沙池绕之以栏槛，仍作亭四间，池上笼焙时，所以礼泉也。明年春，谷雨先二十日，通判金华田侯洞实来，前夕小雨，茶皆叶芽争敷，足供常贡。田侯喜而有诗，时太守楚公而下，相继属和，汇成两卷。前为图，并见出山刘侯，郊迎之恭；男侯复序之，咸曰：盛哉！此一时也。余惟臣子朝夕恪恭，厥职苟当报上之礼，无所不至其谨，况在时物之新，荐之于太庙者，诚敬莫大焉。故仅书其当事之所宜，先采贡之次第，记于寺壁，庶来者守之，而弗敢怠忽。

历代岁造之增益，罢行并书下方云：唐岁造焙茶一万八千四百斤，宋罢贡，元末茶二千斤，续增芽茶九十斤。丁酉年，进芽茶三百斤，戊戌年，增荐新茶九二斤，又增贡五百三十斤；丙子又增芽茶八百十六斤，叶茶三千二百六十五斤。吴元年又增贡荐新芽茶二斤。磨造末茶二千八百八十三斤。叶茶二万二百八十二斤。钦以每斤折米一斗，该铜钱一百二十文。洪武四年又增末茶三千二百四斤，芽茶一万六百一十一斤，叶茶九万六千八百斤。洪武七年又增顾渚山叶茶一十斤，该钱通计一千四白一十六万五千七十一文，末茶变易价钱值九十六万一千三百二十六文。

洪武八年二月二十五日并书于吉祥寺屋壁

萧洵上顾渚山的确没了那份欣赏山川风光的雅兴，他组织修复贡茶院后，长兴芽茶、叶茶、末茶有过几次惊人的高额之贡。

朱元璋毕竟是位农民出身的皇帝，还能体谅茶农。洪武八年，他下令废除了贡茶制度，只贡二斤早春芽茶，用来焚祭太庙奉光殿。朱元璋有两件事办得很有眼力，一是不建深宫，京城不需固若金汤，大明江山坚固才是正经，中国历朝的宫殿，朱元璋的皇宫最为差劲；二是废了贡制，紫笋停贡，紫笋茶被冷落一边，顾渚山又归寂静，这倒恢复了它的常态。

一壶
青山

松风竹炉，提壶相呼。

——苏轼（宋）

中国是最先懂得喝茶的民族，苏浙是最先使用茶具的地区。

一个神秘人走出顾渚山，嘴里念念有词：卖富贵土啰。于是人们进山发现一种紫色的亦石亦泥的土，经简单提炼后可把玩出各种器物，这土便紫砂泥。一般公认供春是壶之创始者，其实紫砂壶真正的始作者应该是顾渚山区两境交界处金沙寺的和尚，只因僧人不问俗事，只管捏制茶壶，壶上不留款识，印刻一身空灵。

苏州提学副使吴颐山为寻求清静，来到茶区金沙寺读书，带了一位叫供春的书僮伺候，上苍于冥冥中就是这样安排的：供春在给使之暇，无意中看了老僧制壶，颇有趣，再看，入迷，偷偷找缸中沉泥来捏，见寺旁古银杏树上结瘤，作壶身花纹，捏制成壶。于是紫砂壶出现了，于是有了梅尧臣的"紫泥新品泛春华"；欧阳修的"喜共紫瓯吟且酌"；米芾的"雪溅紫瓯圆"等对紫泥的捧场。顾渚山北羊角山出土的紫砂残器说明，紫砂器在北宋已获得当时嗜好饮茶风尚文人的称颂。

袁枚的《随园食单》里将壶说得如小妾一般："杯小如胡桃，壶小如香橼。上口不忍遽咽，先嗅其香，再试其味，徐徐咀嚼而体贴之。"紫砂茶具，精美、简朴而不奢侈，生活态度恪守清寂，不拘形式，平和而宁静。

供春壶出世，很有些故事。民国十七年，一位叫储南强的宜兴壶痴，无意间在苏州冷摊闲逛，发现一把造型古朴紫砂壶，因为壶形丑陋，被摊主丢置一边。储南强拣来，赫然见"供春"二字跃出，壶盖内有清末制壶名家黄玉麟章款，想是后配制的，即不动声色以五百银元买下，摊主茫然。储南强为此撰写数万言考证文字，引得轰动。徐悲鸿、黄宾虹等名家观赏不绝。黄宾虹倒真是爱壶之人，他看出蹊跷，供春壶系树瘿状，黄玉麟配北瓜盖，显然是错误的配法。黄宾虹一语中的，储南强邀请名家裴石民为该壶重配了树瘿壶盖，并在盖缘上刻了铭文："作壶者供春，误为瓜者黄玉麟，五百年后黄宾虹识为瘿，英人以二万金易之而未能，重为制盖者石民，题记者雅君。"研壶就是这等的有味，英国人曾欲出二万元买下，国宝无价，国人是绝不肯出手的。

紫砂壶在整个明代都极蓬勃，供春壶后，即有董翰、元畅、赵梁、时朋四大名手跃出，不久，时朋之子时大彬以及李仲芳、徐友泉三大家频出新招，以强劲之势超越父辈。艺术的创新与独创是那个时代的记录。

明代，自然古朴的崇尚回归，唯美情绪的大力觅求，从一壶一饮中寻找寄托，使紫砂壶得到殊荣。一把好的紫砂壶，往往可集哲学思想、茶人精神、自然韵律、书画艺术于一身。紫砂的自然色泽加上艺术家的创造，给人以平淡、娴雅、端庄、稳重、自然、质朴、内敛、简易、蕴藉、温和、敦厚、静穆、苍老等种种心灵感受，不是浅薄的扭曲涂鸦与自我陶醉式壶外点缀。

紫砂壶体小壁厚，有助于保持茶香，"发真茶之色香味"，故受到欢迎。至名手所作，一壶重不数两，价重每一二十金，能使土与黄金争价。

饮茶风尚的变更，促进了茶具制作的变化；明代推崇集实用性和欣赏性为一体的小巧玲珑式茶壶。周起高曰："壶宜小不宜大，宜浅不宜深，壶盖宜盎不宜砥，汤力茗香，俾得团结氤氲。"冯可宾曰："茶壶以小为贵，每一客，壶一把，任其自斟自饮，方为得趣。何也，壶小则香不涣散，味不耽阁。"宜兴壶人陈鸣远开创了紫砂"文丽工雅"的壶艺典范，此后，一直为小壶流传。

"西泠八家"之一的溧阳知县陈曼生，凭自己对紫砂壶的理解，设计了十八壶式。"曼生壶"的艺术观照，成为绝唱，中国历史上像陈曼生这样不以官而以艺术传世的人的确不在少数。

陈曼生以后，紫砂茗壶成为文人墨客，达官贵人的珍藏，成为文房雅玩。董其昌、郑板桥、任伯年等名士纷纷定制，更从壶艺扩充为陶艺、花盆、瓶罐、餐具、挂盘、壁画。陈曼生让壶艺由俗入雅，走向名噪古今的辉煌。紫砂壶一夜间从茶馆走向书斋，登上大雅之堂，让壶有了深度。

19世纪后期，苏浙一带陷于战乱，壶手们大都避乱离土。只有黄玉麟、陈光明、王东石等延续紫砂一脉于不坠。黄玉麟属艺德双馨人物，为人落拓，令大师吴昌硕敬佩，便在黄玉麟作"弧棱壶"上题刻"诵《秋水》篇，试中冷泉，青山白云吾周旋，"此壶堪称壶中杰作。黄玉麟被苏州府台吴大澂请去补制供春壶盖更得声望。

民国以降，冯桂林、俞国良、吴云根、李宝珍、蒋燕亭、裴石民、朱可心、顾景舟等去上海滩制壶，但依附名家之下，如裴石民在上海著名魔术大师莫悟奇家中制作陶器，任淦庭在上海吴维盛陶器店制陶雕刻作画为生，蒋彦亭到上海一古董商人家仿制名壶，顾景舟、蒋蓉都有浪迹上海滩的经历。

近代壶路已现百花竞艳之势，顾景舟走了大师一路，有机会接触许多明清传世的精品，与上海名画家吴湖帆、江寒汀、王仁辅、唐云、来楚生交友，后又与江苏画家傅抱石、陈之佛、亚明结为好友，使壶技有了艺术支点，顾景舟成为挚旗人物当在情理之中。

艺术品中，紫砂的旧纳与开放密不可分，无处不在阐释自己的艺术见解。明清大家中董其昌、郑板桥、汪士慎，吴骞，张岱，近代名家黄慎、吴昌硕、任伯年、吴大澂、于右任、蔡元培，以及当代名家唐云、朱屺瞻、亚明、富华、冯其庸等多热爱宜壶，参与创作，笔涉紫砂题诗作画神赏名壶；韩美林也自己设计，托人制作壶上书，美林壶当属不俗。

现代壶人一般以顾景舟、蒋蓉为最，同期的裴石民，王寅春、朱可心，后起之秀高海庚、徐汉棠、徐秀棠、李昌鸿、汪寅仙、周桂珍、李裴芳、邵元章等都属于大师级。

欣赏紫砂壶与欣赏音乐的机理相同，亦浅、亦深、亦玄、亦神。紫砂壶色泽深沉，不鲜不显，"壶既用，涤拭日加，自发暗然之光，入手可鉴"。

紫砂壶融雕塑、书法、篆刻、绘画、金石于一体，呈现完美。紫砂壶泡茶不走味，盛暑储茶越宿，不易变馊，使用经久，日加擦拭，越发光泽古雅。"人间珠玉安足取，岂如阳羡一丸土。"杭州人唐云有"壶藏第一人"之称，对陈曼生这位老乡情有独钟，仅曼生壶竟藏有八把之多。早在20世纪30年代，他就在上海与顾景舟、朱可心、王寅春研讨壶艺。

我们祖先在漫长的用火实践中，获得黏土经烧后质变的经验。陶的观赏功能出现后，这"泥与火"的艺术有了划时代的飞跃，这是宋以后的事情。

供春捏出第一把紫砂壶以后，陶土被赋予了艺术使命，小心翼翼地登上大雅之堂。将陶土往异路上带，泥土被陶化以后，被用来造物，这种朴素的传统物质对于精神的渗透，深藏在历史与现实的尘埃之中，神奇是由民间创造的。

视觉语言的全部，文化生活的守恒意义，在泥土石质化之中达到冥冥虚空的精神气度，陶艺所负载的人文内涵，给了陶人以创新的灵气。

顾渚山在滋养茶叶的时候，又靠这种特殊条件下生成特殊泥土，顺着自己的神经末梢的感觉行走，让陶人们在咀嚼艺术中又让自己真气弥漫，大自然一旦被不安支撑，其原始的表情，照样可以将粗俗化为精灵。

陶叙述了记忆的脚步，捏出实物于烧造时刻物化出质感和色彩。当代人越来越用它填补文艺情感上的空白，寻找遗忘和宁静，反叛现代文明的矫饰与虚伪，表达出对泥土的尊重。时间永远在空间上运行，我们惊讶于世界的永恒，当永恒已是一种局限的时候，陶人的手法智慧引导人们透过山阔水长的背景，感受时间在里边行走，看到顾渚山精神文化之火生生不息。

陶土因顾渚山的亲切而可塑，饱蓄着泥土在被造过程中生命的魅力，在时间断想的状态下远离媚俗与矫情，顾渚山深藏着对旧时光的记忆，紫砂泥土在这里表述着生命的传递感，促成人们对精神家园的回归，中国茶文化的奇葩，居然在紫砂泥土里作另类绽放。

寻根、寻找历史、寻觅民族文化之源，一切从泥土开始，由石化结尾。顾渚山令茶、水、壶的心灵构造达到了高度的一致。

唐风，
小镇上的茶客

破梦一杯非易得，搜肠三碗不能赊。

——（清）长兴三箸居茶馆联

中国人的煮泉品茗，说起来别有一番情趣，只要入得其中，都能喝出境界。

从前水口小镇上，街屋低矮，道路狭窄，货摊无序，即使行人不多，也不见得冷清。唐代诗人称之为草市，自打茶馆东一家西一家的开张，小镇竟更见闹猛。

水口镇历史悠久，与紫笋茶、金沙泉有关。早在公元 7 世纪中叶，这里已是小有名气。紫笋茶、金沙泉已连续作贡 80 多年，贡茶、贡水和来往的官员都由这个小集镇出入。杜牧到顾渚山修贡，从湖州坐官船到水口上岸，就是从这个镇弃船上路，诗兴大发，作了一首七绝《水口草市》："倚溪侵岭多高树，夸酒书旗有小楼。惊起鸳鸯岂无恨，一双飞去却回头。"这首诗形象地描绘了 1200 多年前水口镇的生态环境之优美。

这个季节的顾渚山区，远墨，近绿，清溪，红花，绿油油的茶篷，穿红着绿的采茶女，点缀在茶丛间，清香、笑语，扑面而来。李郢踏上水口小镇，在"茜茜红裙好女儿，相偎相依看人时"的状态里进山。

小镇上的茶馆陈设极简陋，方桌、条凳、瓷碗、散茶，三间屋构成一大室，炉灶、柴草之类堆放一角，满屋熏黑，虽然档次低下，但茶客们不在乎这些。中年以上的人，有早起的习惯，上街卖菜或买菜都是一起床就去赶早市，一进茶馆，洗脸、品茶都在其中。且不必刷牙，嘴中嚼些茶叶漱口打消气味就是，以浓茶漱口，烦腻顿去，脾胃自清。早点摊就在门口，但茶客大多不用早点。

这里的男子喜好喝茶，专有茶客一族。茶客不问季节，光顾的都是些熟脸，进馆的也是熟门熟路，直奔自己平常的位置，凑平常的搭档，扯平常的话题。品茶人颇具性情，不论老友新知，一面啜茶，一面便漫无边际地聊，有心无心地听，任凭吞云吐雾，饮个烦腻顿消，饮个耳目朦胧，饮个无欲则刚，饮个过去未来。茶馆低檐、棂窗、木桌、长凳，大壶、绿茶、麻将、评弹、烟雾、水汽，构成江南生活脱俗出世的一部分。

那些莫名的闲坐者像是修炼的高人，只是闲坐、闲喝、闲听，并无目的。在茶馆里任何事都能说个天方地圆，如云如雾，每日的市场局限于少数几个，像是约定俗成，主题发言者，偶尔插话者，默默旁听者，自成一路，自成规矩。茶馆内虽乱哄哄，混浊浊，一片嘈杂之声，但也有序，品茶之外，小镇上的当日"新闻"也必从此散开，当然流言蜚语、讹传、谣言自然也是少不了的。

来的都是客，全凭嘴一张，开口见笑，水到茶成。这算不得真正意义的茶馆，品茶者亦非在赏鉴其色、香、味，意未必在品。铜壶内撒一大包茶末，凭柴灶上猛煮名曰："煎茶"，味道倒是特别的浓，呷一口甚是过瘾，一些茶客带一包自产的南瓜子，莫名地嗑，莫名地喝，半天不出声，只是尽情地听，走时丢几个"角子"在灶台而去。

那些门窗东倒西歪的小茶馆却至今还飘荡着袅袅的茶香。闻着这样的茶香，听茶客唠嗑海天山地，在河上吹来的湿冷的风中，吃着茶馆伙计从隔壁叫来的汤面。嗜茶的德性，是从骨子里淌出来的。

茶馆多临河而建，茶馆与那些茶人一样，总带着历史的倦容，神情肃穆地注视世事，茶楼顺河，推窗之间，古老的橹声惊破街河的梦。码头边就傍着茶客的小船，他们的货摊也就设在茶馆前的拐角上，若有买卖，他放下茶杯就可过去。茶客都有固定的座位，他们进茶馆如同回家，半明半暗的茶馆里总有一股暗香弥漫开来。等到第一道阳光射入，茶馆里已是热闹非凡了，空气中充满着茶的清香，白蒙蒙的水汽，闹哄哄的聊天。

茶馆起源于何时，不得而知，但古代的话本、小说、戏曲中很少漏了茶馆的描写，所以想来也该很久远了。茶馆之所以经历千百年离乱盛世而不衰，自有它生活基本的一面。与茶为道，养成生活中顺从老婆、尊老爱幼的好性格，养成与世无争、朴素温和的生存方式。

　　长兴的民间至今依然视"皎然三碗"为饮茶佳境。清代访卢阁茶楼有联："卢仝七碗诗难得，念老三瓯梦亦赊。"

　　茶馆之事，听才有味道，才出经典，理想中的品茗是要环境幽雅，茶人要雅致而风趣。或于竹影窗前，或于落花树下，慢慢品啜，耳能听泉瀑之声，目能断飞鸿之影，心能骛八极之虚。若有人品诗论文，诗文在暗香浮动中品赏，疑义在无边风月中消融，情怀在青山绿水间坦吐，心曲在杯美茶醇里逸飞，对饮成趣，渐进醉茶境界。想必是高品位的，这些大概不见得轻松，为平常百姓所不能为。

　　这倒应了苏东坡的习惯：人固不可一日无茶，每食后以浓茶漱口，烦腻顿去，脾胃自清，颊齿留香。得茶消缩脱去的茶客日见其少，但却另起一番风景，麻将、扑克风起云涌，中国的民间，大都为这自得其乐一族。士大夫能入此境界，也是一乐。

尝一口
远古茶、史前水

> 山的生活后面，实际上隐着一种超然的灵性力量，这灵性力量的负载者就是这茶树。
>
> ——作者手记

顾渚山势顺太湖而入，山水俱佳，流泉清澈，既得气候之宜，又兼水土之精。山中又多佛刹精舍，陆羽、皎然、钱起等一批文人于此奠定了中国茶道的格局。

历史上的名茶藏于好山少水之间，又得茶人品第，文人传颂。庄子以为，凡物，契合于自然方算真好，真美。

神农尝百草而发现茶，这个传说已有五千多年。史前虽然没有文字记载，但我们的祖先最早用茶这一史实对人类文明的贡献是不可磨灭的。

中国是茶的故乡，原始社会便发现和利用茶。茶最初是作食用、药用的，饮用则是后来的事。饮茶的起源，至今仍争论未定。清人顾炎武推测饮茶始于战国末，也只是推测，西汉《僮约》有"烹茶尽道""武阳买茶"的记载；《僮约》写定于公元前 59 年，中国的饮茶历史已逾 2000 年。

科学家考察，云南镇源千家寨发现有古茶树群，其中一株野生茶树树龄约2700 年，云南西双版纳巴达的一株野生茶树树龄约 1700 年。《茶经》里提到巴山峡川有两人合抱茶树，称为南方嘉木。

史籍记载，商末周初已有种茶产茶的迹象，东晋常璩《华阳国志》称：周武王灭纣后，巴族地方出产的丹、漆、茶、蜜等列为贡品。三国时，蜀国曾以茶作为人名、地名，荼陵县就是因产茶多而名之。

汉代《神农本草》、华佗《食论》、壶居士《食忌》中都记载了茶的性质和药效。三国《广雅》中记载有煮茶羹饮的方法。《三国志》中还有以茶代酒的记载。张载登成都白菟楼时留下一诗："芳茶冠六清、溢味播九区"，称茶是最好的饮料。

汉魏六朝的饮茶法，诚如皮日休所言，煮成浓厚的羹汤而饮。那时还没有专门的煮茶、饮茶器具，往往是在鼎、釜中煮茶，用食碗饮茶。西晋左思《娇女诗》中则是一种三足两耳的食器。

东晋杜育对茶已有细微的观察：茶煮好之时，茶沫沉下，汤华浮上，亮如冬天的积雪，鲜似春日的百花。

隋朝短暂，茶事记载很少。唐朝茶以团饼为主，也有少量粗茶、散茶和米茶。隋唐时期的饮茶除延续汉魏南北朝的煮茶法外，又有泡茶法和煎茶法。

《广雅》说：在川东鄂西交界一带地方，采叶制成饼茶，叶老的，则要用米汤处理方能做成茶饼。想饮茶时，先烤茶饼至赤色，再捣末设入瓷器中，用葱、姜、橘子做佐料，加入沸水浇泡。喝了可以醒酒，使人不想睡觉。

《茶经》说，所饮茶有粗、散、末、饼四类。粗茶要切碎，散茶，末茶入釜炒熬、烤干，饼茶舂捣成茶末。无论饮哪种茶，都是将茶投入瓶子和大腹的瓦器之中，灌入沸水浸泡，用沸水淹泡茶。这种泡茶简单方便，民间较流行。

元末举乡荐的朱升为茶书《茗理》题诗时写过一序，云：茗之带草气者，茗之气质之性也。茗之带花香者，茗之天理之性也。抑之则实，实则热，热则柔，柔则草气渐除。然恐花香因而太泄也，于是复扬之。迭抑迭扬，草气消融，花香氤氲，茗之气质变化，天理浑然之时也。

南北朝时《吴兴记》中有长兴弁山出贡茶的记载，说明宫廷用茶出现之早。

唐代以后，茶叶名品有 150 多个。饮茶普及，以茶为礼，茶入诗、画，茶会、贡茶、斗茶、禅茶、品茶和茶道等逐步兴起。《封氏闻见记》有了饮茶入禅的记载，坐禅饮茶引出禅茶一味。《高僧传》中记述了著名的禅语：吃茶去。

陆羽写成《茶经》后，广为传颂，从此茶道大行。茶叶在民间悄然流通，唐政府于 793 年开始征收茶税，后始有茶马交易，唐文宗时开始实行茶叶专营专卖。《唐国史补》《膳夫经手录》介绍的蒙顶石花、顾渚紫笋等几十种名茶。

宋代贡茶的发展推动了品饮技艺的提高，斗茶之风盛行。范仲淹《和章岷从事斗茶歌》：北苑将期献天子，林下雄豪先斗美。斗茶味兮轻醍醐，斗茶香兮薄兰芷。其间品第胡能欺，十目视而十手指。胜若登仙不可攀，输同降将无穷耻。

明代的徐渭、文徵明、黄宗羲、唐寅等；清代的曹廷栋、曹雪芹、郑板桥、高鹗、陆廷灿、顾炎武等都做过不少茶诗。

唐末五代韩鄂的《四时纂要》对茶园的选择、茶树的种植、茶园的管理和茶子的收藏等做了系统的叙述。他认为，茶有畏日、水两个特点，茶是喜阴作物，适合种于"树下或北阴之地"，即"桑下、竹阴地种之皆可"；茶又怕水，故适合种于山坡地带，便于排水。若在平地建茶园，则须开沟泄水。茶树适合于种植在背阴的山坡上，即《茶经》所说的"阳崖阴林"，向阳且有树木荫蔽的山坡是种植茶树最好的生态环境。

《四时纂要》"种茶"和"收茶子"两条记载，是已知有关茶树栽培和管理方法最早最详细的记载，后来的茶书都未超出此书的记载。

第六章

重返圣地

《茶经》中的
地气释然

作为精神上的旗手，陆羽在这里独构了中国茶文化学。

——作者手记

陆羽对顾渚山细察入微，踏遍一条条山谷，走了顾渚山的斫射岕、悬臼岕、葛岭坞岕、啄木岭，写了两篇《顾渚山记》，记录这里的物产、风貌。读山读茶园，另有一番解悟。

陆羽用身体和心灵去解读这幅渐渐舒展着的精美的茶山图，断定全国诸茶"顾渚第一"，才有底气给宰相杨绾写信。他说：顾渚山中紫笋茶两片，此物但恨帝未得尝，实所叹息！

陆羽够胆，把话说绝了。意思是说当今皇上喝不到这等好茶，实不应该。

其实早于陆羽130多年，即公元620年，也就是唐高祖武德三年，长兴顾渚山茶与湖北蕲春、河南信阳、江南鄱阳茶进贡，民间称之为土贡。唐代第一位皇帝、李世民的父亲李渊，已经喝到顾渚茶了。

紫笋茶名是陆羽取的，陆羽为长兴代言，宰相杨绾为紫笋茶押宝。此前，陆羽做了一档功课，在顾渚山麓种了一片茶园，跑了斫射岕、悬臼岕、葛岭坞岕，细究了气候、生态、环境、土壤及野生茶树的特性，发现生长在阳崖阴林和砾壤中的野生茶，呈紫色，形如笋状。《茶经》中提到的方坞岕和四坞岕，仍是今天顾渚山野生茶的精品产区。

陆羽四处行走、访茶，一辈子在找好茶。他顺着山路，走出顾渚山，向南到了煤山大干岕，一个颇具规模的村落，有建于南朝的长兴最早寺院之一的飞云寺，以及曲水寺、伏翼阁等著名景区，这些地方都写进了他的《茶经》。

长兴为何产好茶？为何令陆羽魂牵梦绕，对长兴的茶区走了个遍，去了吴山茶区，白岘茶区，槐坎青岘岭，筱浦乌瞻山、凤亭山。陆羽有机会品读长兴气势的，他上乌瞻山访茶，看到长兴的山地、丘陵、平原直铺太湖而去，因专心试茶，却没发现有一个神奇的强大气场，没有感受到长兴天境般的山水形势。

距陆羽在此试茶270年后，到了北宋景祐年间，成都名道杨仲庚登此山北望，发现长兴形势宏伟，形如大鸟，若大鹏展翅：

> 五通山是头，至香山为一翅，至仰峰山为另一翅，子山为心胸处，雉山和车渚山为爪。层层峻岭如波涛奔向太湖。而陈氏祖墓埋子山，遂破解《梁书》所载"鸟山出天子"之谜。杨仲庚自认乌瞻山是他的"洞天福地"，于是隐居于此，题乌瞻山十八景。《县志》上说，乌瞻山产云雾茶。岭间生兰花。

明时，诗人徐中行曾为寺院题记。今天的登山踏古者，仍可见到当年的龙潭幽竹遗迹，古遗址山门和石护墙、参天银杏，一片寂光真境。

紫笋贡茶诞生后，陆羽继续他的皓首穷茶之路，先后去了绍兴、余杭、苏州、宜兴、丹阳、南京、上饶、抚州等地，最后还是回到湖州，依旧惦记他的长兴茶区，依然品泉问茶，登山虽辛苦，春光明媚中，仍有穿林渡水，分花拂柳之惬意。

诗僧皎然凭他的实力尽了长兴人的地主之谊，资助陆羽出版《茶经》。《茶经》问世，使32岁的陆羽名声大噪。皎然与陆羽，相交40余年，两人同住于与长兴接壤的杼山妙喜寺，之间的佛缘情谊达到了生死超然的境界。

茶风在偌大的中国转一大圈后，在顾渚山安然地沉淀下来，留下了植物与文化合璧的经典情节。这座不起眼的普普通通的江南山脉率先读懂了中国的心灵，跑到了时代的前面，构成江南风流的一个奇观。

《茶经》记载，合溪两侧白茅山、伏翼涧、乌瞻山，均为唐代贡茶紫笋茶的产地；山中还盛产毛竹，丛生兰花和紫藤向为名贵。

这里提到的合溪，是长兴的母亲河，旧时称画溪，两股西北群山中的涓流汇聚而成，古时称箬溪，一股源于煤山襄王岭，另一股从青岘岭下来，在草子槽合为一涧，称合溪。

画溪两岸古木参天，朱藤倒影，风光如画。从唐代开始即为历代文人墨客流连忘返之地，合溪之畔的竹山潭，有长兴县丞潘述的乡间别墅，刺史颜真卿邀约陆羽等一批名士云集联诗作句，写下了书法名帖《竹山堂联句帖》。赵孟頫游览画溪，在五峰山的道观，写下名帖《长兴州修建东岳行宫记》。

画溪之畔的钱氏家族在六朝时，已是江南豪门，一直延续至唐初的开国大将钱九陇，中晚期的钱起、钱徽、钱翊祖孙四代一门五进士。

沿溪分布着长兴旧时最为集中的名刹古寺。南梁时，长兴县令钱道，负责监护陈霸先祖陵，在画溪桥舍宅为寺捐建了清果寺。陈文帝为感念母恩在西门外建起了南临箬溪、北枕五峰山的报德寺，皎然题诗："帝乡乔木在，空见白云边。"

明代县令熊明遇在《水游诸札》中称画溪："古木荫之，交戾掩拂者二十里，竹光、山色、苔衣尽一绿也。"熊明遇为此创办的箬溪书院，绵延300年。

明朝画家沈周有"长溪碧衍玉光净，树夹两岸俱倒映"诗句。明时徐中行请大作家王世贞、李攀龙来长兴览美景，李攀龙写下："扁舟窈窕若耶西，丛竹交加罨画溪。两岸好山啼杜宇，一湾新水隔棠梨。"冯梦龙也专程游画溪。

当年的气概都已落入历史的尘埃，曾经经历的人也已记忆模糊。《茶经》编织一个县的童话，经时间和信念的无数次过滤，对一片叶的无休止挑剔，千百年来，将护茶的信仰留给了这方山水。

当代陆羽，
世界仅剩的仪式

茶叶含精气神，像是植物与神灵相互密谋的结果。

——作者题记

年已九旬、被誉为当代陆羽的日本茶人里千家的千玄室大宗匠，当年来中国，在浙江大学演讲时很拽，对谁都不屑，这矍铄长者甩下一句狠话：你们中国人不读《茶经》吗？台下鸦雀无声，随即便兜售他的一本狠书：《不要再伪善地活下去》。

里千家的品茶之道，简约中交心，繁复中知心，喝天地之气，解胸腹之渴。端碗，露了端倪；放碗，弃了伪善。

他来中国的目的不是来演讲，也不是叫卖他所谓的茶学，而是上顾渚山朝圣，进贡茶院拜谒陆羽。茶道，茶人手势的一次次动情，终成精神意志的坚定者。绝不流俗的临风气度，不像年已九旬的老人。

优雅地去茶席布道，凝固为世道之美，属怀疑时的信仰，浮躁时代的安静，丑陋时代的唯美。

茶道造型了你的生态，茶气雾化了我的净土。人们相约进入茶者心灵，是自我意识的永生，理想主义的回望。

吉祥寺界隆大和尚用宗教仪式为远道而来的长者做了法事，禅让茶和人相互报恩，裸露了茶人的慈善细节，洒落在背影上的佛光与朝霞都是真心的。

低眉、合十，降服于心，向自己臆想的世界致敬。用谦卑与意志做交流，用虔诚与精神做约会，胸膛化作殿堂，福慧酿成智慧。这位老者对于陆羽的崇拜，近乎愚昧；对于顾渚山的虔诚，超越祭祀。

有宗教感才会祈祷，这手势不是仪式，是本能，是冥冥中震慑魂魄的神秘力量。启蒙的晚钟从天边传来，令幻觉瞬间真实。你是行吟的圣徒，没人可以挡你的路，去远方，与神和佛祖共享永恒！

合十，是一种意志，用来抵孤独，冬日里驱赶了冷漠，也温暖了信念。

千古风铃，一声佛号，全世界都在竖耳。顺着风铃，寻觅归宿，才知我们走得太远，忘记了为什么出发。

茶道用优雅诠释奇迹在一片叶的存在，用独自的话语叙述微妙，用一杯茶的时光安顿一生，用一滴水的声音轻叩众生。

道学泡出的才气，常人没法靠近，彬彬散发老派人的魅力，珍贵得如历史残留的卷宗，淡定得似无灯无月，无妨人生。

和余光中
在顾渚山聊乡愁

故乡的茶，可以借瞬间温暖永恒。

——作者题记

见了余光中的白发，想起他那句诗：我死后，埋葬在，长江、黄河之间，白发覆盖黑土。

余光中靠头脑生活，顶着苍白在尘世殿堂转悠，用瞬间温暖永恒。

秋瘦了，长兴沿太湖的滨湖大道的树荫中间金光依旧，可灿烂中竟含着一点轻愁。秋思本来就是一种妙造，何况有乡愁诗人余光中的光顾。

余光中来长兴，与之聊乡愁，是一种雅人深致。人有思维障碍是因为有了乡恋，思乡改变人间生态，可以让珍贵走得长远一点。乡愁，与信念有关！

顾渚山适合余光中这样的老诗人稍作停留，风细竹软，旧影依稀，让这方人文大地变得情意绵长。这位矍铄老人步履轻健，登陆羽阁凭栏四眺，对顾渚山的景象赞不绝口，说顾渚山披着自然主义光芒，整个气场在竭力接近艺术，说山势饱含的气息都在充塞那个伟大的旧梦。这里永远是个好世道。

贡茶院的唐风建筑气势宏大。余光中说，听不到自己的足音，历史感直透心底，仿佛被融入盛唐，顾渚山给了一个寻觅旧式时光的甬道。

拐出岁月的巷道，坐进茶室，沏一壶紫笋茶，听我叙述顾渚山、紫笋茶的成名史，说到当年湖、常两州刺史共督贡茶的史实。余光中的太太插嘴说她是常州人。余光中说，那我与紫笋茶有缘了。紫笋茶谐音"子孙"茶，妙！诗人说话也像诗。

人生最好时光在回家路上，带着时间上路，故乡尽为猜想，将乡愁做成文字，做成荒古时代一湾清流，做成从容独白后的一种风采，做成精神生活的长度，为的是让生活的模样慈祥一点。

从长兴虹星桥走出的香港城市大学生物医学教授贺菊芳，研究发现人体"记忆开关"，一个"忆"字，忧伤很淡，思念很浓。亲情交缠于乡情，红尘纠结于故土，寻根比远行更能体悟生命，村庄比城市更不能失去。做一点故土情怀，只是不想把缺憾留给已经残缺的世界。

一脸江南人气质的余光中，生于南京，就学于金陵大学，22 岁来到台湾，考取台湾大学外文系。后赴美进修，获爱荷华大学艺术硕士学位。现任台湾中山大学文学院院长。1971 年，20 多年没有回过大陆的余光中，在台北的旧居内遥望故乡，赋诗一首。写完后，诗人热泪盈眶。这就是后来被海外游子不断传唱的《乡愁》。

《乡愁》写余光中在大陆的经历，情深意远，音调动人，给了千千万万人的思乡情怀。那年少时的一枚邮票，那青年时的一张船票，甚至那未来的一方坟墓，都寄寓了诗人的也是万千海外游子的绵长乡关之思。

余光中从广远的时空中提炼了四个意象：邮票、船票、坟墓、海峡。是难以捕捉的情绪，"小时候""长大后""后来呵""而现在"，意象递进。如音乐中柔美而略带哀伤的"回忆曲"，一唱三叹的旋律，是游子深情而美的恋歌。

80 多岁的老诗人，一脸的清爽，一脸的平静，聊到乡愁，总有他独到的见地，乡愁的事件每人都会摊到一件。离乡的游子，永远亏欠故乡，一辈子都在补回家的课，故乡是永恒，就算成了灰，也是一生的底气。

中国的背景是让所有的游子甘愿作一个文化学徒，倾听来自故土的叮咛。顾渚山密布着涤荡心灵的乡土之绿，竹境通幽，引领着人们在怀旧的时光里风尘仆仆，谁都知道自己无法缩短故土与人生的距离，只能在朝暮岁月的两端打量。

诗难写，有天分的人在继续探索。诗人虽不能点醒历史生命的茫茫沉醉，但他总以一个小小的诗眼，窥到传统文化的要津。乡愁，这个大众思想精品的诞生，似乎成为一种奢侈品，所有人愿用毕生的积累去购买。

用白描的手法表达万古愁绪下的真挚情感，是一种最难的功力。余光中问长兴人如何表达乡愁？我说，长兴人离家三天，便会生愁。俗话这样说，三天看不见自家烟囱，就要流泪。老人庆幸自己有与民间共拥的乡愁造诣。

愁绪是一种万古亘同的外壳，表明着彻悟，薛道衡、孟郊、宋之问、王维、李白、杜甫、贺知章、李清照都写乡愁，月，总是故乡的明。看上去语无惊人之处，看不出一点锤炼的痕迹，但足以把天下各种离愁别恨都囊括殆尽。

余光中的现代乡愁如诗人自己所说："纵的历史感，横的地域感。纵横相交而成十字路口的现实感。"乡愁诗构成新的时代和特殊地理条件下的变奏。

余光中在诗歌、散文、评论、翻译方面都有大量著述，可以说是中国诗坛30多年来的一个走向。他把诗笔伸向自己民族居住的地方，对乡土文学的态度变为亲切，显示了由西方回归东方的明显轨迹。他那表达意志的诗，都显得铿锵，而写乡愁和情爱作品，又显细腻而柔绵。

坐进茶室，翻陆羽书，喝紫笋茶，品金沙泉，老诗人兴起，一展他的硬笔功力，题诗："饮酒可成仙，喝茶能通禅。"句不押韵，却散发韵味。

我倒是爱读余老先生的散文，见学养，见境界。谈起他的散文《日不落家》，夫人来了兴致，说当年几个孩子在海外读书，怪惦记，于是写了《日不落家》，几个女儿捧这篇为至宝。诶，新乡愁一代。

茶隙，我送余老先生我的台湾版的几本散文集，我说台湾书商精明，伤痕累累以后方可出版。他说，在台湾出书，需才气加勇气。

道别时，余光中游意未尽，说明年开春，再来长兴，世上已少有这留人、留诗的新乡愁之地。

汪国真，
做个茶人懂得放下

捧着茶壶，人生每天在横渡彼岸。

——作者题记

汪国真来，我们同游顾渚山，在贡茶院，他送我碟子，他说已不写诗文，改为古诗词谱曲了。碟面装帧尚雅，兰花点缀。我问为何以兰做底，他说渴望身材如兰叶，条形显瘦！

汪国真有些发福，显龙钟，青年人不追，中年人也懒得追了，只剩老年人听他的古典曲，情韵是古雅了，心却难沉穆，早年独秀的锦心没了，怀想的境界还在，于是，相约古乐与书法前行。

他说你做散文带山居剪烛的线装幽趣和炉边冥想的烫金智慧，我作诗毕竟过了行吟的古代，谱点古曲，留点追忆的本能。他的气氛，一下飘起陈年的樟脑味！

4月26日凌晨2点10分，诗人汪国真抵达天堂。

我和他同岁，他出道时，我尚不知诗歌为何物。他的诗在20世纪80年代末、90年代初广为传播，成为诗集销量最多的诗人之一。但在研究领域和文学史书上，并没有获得与在大众阅读市场受欢迎程度相匹配的认可。

诗人就这般坚定，带着平静的行为主义诗篇远行了，通往天堂的路上，谁都会得到祝福。

汪国真曾两次受邀来长兴采风，第二次我陪他进顾渚山访茶，在贡茶院闲逛闲聊闲喝。我说我抄写过你的诗。他说那不是诗，是座右铭的组合。我说励志了一代人。他很谦虚，说，我的诗不是诗，你的散文，真散文。

长兴电视台要做专访，我在一边欣赏他的富态，一点症状也没有。听了他为唐诗的谱曲，我隐约听得喑哑之声来自时光深处，属另外一种劲道。

汪诗是如晦年代的一座风雨长亭,是被敝的人文古道,劫后的一抹斜阳。秉烛梦冷,顿成遗产。人的寿限,关乎信仰;人的美丽,关乎华章。用性情呵护月色的寂寥和晨曦的风霜。

汪国真有一手好字,怎样的磨难都没有改变他对汉语言那种与生俱来的爱。他的诗,一直是20来岁年轻人的怦然心跳,他很纯粹,用青春点亮古人智慧的烛光。他有资格怨今人浅薄,有能量去古诗源头品味消遣。他说他的乐比诗好,字比乐好。

写诗,不寂寞,因为读者还在。独自作诗,静静地吮吸剩余的营养,享受着自己生产的精神食粮。汪国真带着疲惫在尘世殿堂转悠,试图用瞬间温暖永恒。

人们评汪诗是健康的矫情,大约可以称为能量的传递。汪国真的诗风就是如此:天真清新,一览无遗。当现代诗歌以先锋的姿态传递着"献给无限的少数人"的理念时,这种几乎人人都看得懂的大白话怎么能造就诗歌的神庙呢?但是它是那么朗朗上口,励志中带有形象的抒情,色彩、意象、情境中又充满那种最易于理解和接受的文采,写的总是少年人那种未经损伤的单纯的情怀,自然也就能让年轻的读者为之倾倒了。

当北岛们绝望地质疑"一切"的时候,当"撒娇派"戏谑化地挑逗神经的时候,汪国真用个体的低吟浅唱让人们"热爱生命":"我不去想,是否能够成功,既然选择了远方,便只顾风雨兼程。我不去想,能否赢得爱情,既然钟情于玫瑰,就勇敢地吐露真诚。我不去想,身后会不会袭来寒风冷雨,既然目标是地平线,留给世界的只能是背影。"

如果了解20世纪八九十年代的社会风尚,大概我们会理解汪国真诗之所以风靡的理由。汪国真的诗歌是如今心灵鸡汤式文字的滥觞,但这种症候值得玩味,清浅或者天真本身,并不是一种错误,也不意味名之为某种肤浅。

汪国真生命交缠于信念,用资格打发一些片段意义。

帅哥汪国真已经作古,他的古曲、好字加上曾经的诗歌风光,作为遗产留下来被祭奠。

大概也顺便捡拾了自己的某段年轻时光。人,拥兰自赏,才看破放下。顺便,汪国真有一手好字!

名人茶堂，
与大师过招

置身于大唐贡茶院，人们才看清自己的智慧宝座。

——作者题记

人生活在悖论之中，永远走不尽的围城，给了难隐的尴尬：身居繁华闹市的，追求寂寥空静的田园生活；而地处林深竹海的乡人，却向往灯红酒绿的都市；拥有华宅名车的竞相附庸风雅，而做学问的人却难免为五斗米折腰。

登尧市山俯瞰贡茶院，这独具神态的个体景观，一个山村居然构成丰盈辽阔的大唐精神地貌，紫笋茶，子孙茶，故国理想的延年疆域，世界变得简单起来，天下只剩下了繁衍。

寿圣寺界隆大和尚有个上海朋友，叫江铸久，是以聂卫平为代表的那一代的围棋大师，曾经代表国家队，战胜日韩众多高手。江铸久得知长兴顾渚山国际禅茶大会办得很棒，日韩茶人集聚。于是有个创意，借贡茶院、禅茶这个平台，让围棋融入，因为古人于棋和茶密不可分。

于是，中日围棋擂台赛30周年纪念赛在顾渚山贡茶院拉开序幕，再显巅峰布局。聂卫平、马晓春、俞斌、常昊、芮乃伟等国内顶级大师悉数亮相。日本茶人武宫正树、小林觉、依田纪基等当年的悍将应战。

晚宴，我把我的线装书《一字经》送聂卫平，他笑道：我只知三字经，还有一字经，学无止境啊！不过，要到"战后"再读。于是大笑。

和常昊大杯干过，年轻人海量，不恋战，回头与陈村聊天。睿智的陈村形容自己叫"弯人陈村"，因为强直性脊柱炎而常年弯腰驼背，轮椅成为他外出的必备。当然，这次来长兴没备，拄着拐杖进顾渚山。

陈村很早学围棋，和女大师芮乃伟同门，后来去安徽农村插队，断了围棋念想。日后与江铸久称兄道弟，江铸久说，长兴有个围棋活动，中日高手聚聚。陈村于是跟来看西洋镜。在贡茶院找常昊过招，常昊让六目，陈村照输不误，乐呵呵道：与中国棋界领军人物对弈，今生荣耀！

贡茶院刚建成便令各方关注。很多年前，浙江的一批青年作家来茶山采风，顾渚山给海飞以新的做派，在海飞的谍战剧《麻雀》中，警察处长用了一个很有地方特色的茶壶，留给观众独特的印象。海飞还安排了这样的场景：一对后来牺牲的地下党员夫妇将孩子留在长兴外婆家。

黄亚洲有一种宗教式的写作狂热，他可以在坐车甚至飞机降落时继续写，写作成为终身爱好。已出版诗集、小说、剧本集9部，有《开天辟地》等13部电影，得过飞天奖、金鸡奖、金鹰奖、华表奖、百合奖十余次。

黄亚洲1970年开始写作，近50年写下来，依旧活力四射，没个搁笔迹象。他说，人一辈子能成就一件事不错了。黄亚洲做中国作协副主席那年来到顾渚山，他在贡茶院写过一首诗，其中两句：

> 唐朝的茶，泡进顾渚山的碗。
> 醉眼间，误将长兴作长安。

仅仅两句，黄亚洲将作品与人生一起掉进时空。

在品茶时段安静下来，是一种心态，说到底，是一种人生体验。这种安静该是久蓄心中的一方天、一方地、一方滋润心灵之树的水土。人们不容易自由选择环境，但却可以从从容容地修养心境，以平静之心对繁复纷纭的平静之遇，以不变应万变，以万变养不变。

抄茶经，
性灵派顽童程少凡

抄录《茶经》，会收获个人书法史上的意外。

——作者题记

书法，是生命的重复运动，做本好书让精神延寿，让世人相信世界有无穷的希望。写书，是前世的情愫，今生的纠缠。书的气味影致教人追寻，领人贯穿风潇雨晦。一部经典，半杯香茗，贵比王侯。

做点文字，只为遣怀，瞬间文字如一睹清冽的涧溪，碎却连绵，顺便激发流水说话的石头，兀自窃喜！

说谎时代，走真性情颇难，平庸是活着的脊梁，出门去，尽见街头绷紧脸的体面人，重返内心则是好去处！

时常有这念想，往书法里逃生，方可昂首再上路，找回原先的情操。

程少凡携手抄的一部《茶经》去湖北，路过长兴，让我一睹大作风采，我说留给长兴贡茶院吧。他说已经答应存与湖北天门陆羽塔了。此部书法巨制，是我见过的当今手书者的最好作品，放在陆羽的老家竟陵城下，当属正道。

有一年我到访天门陆羽塔，接待方取出少凡先生的作品让我点评，我说的确合了这巍峨的高塔。少凡老先生的字，不是书家格调，但圈内圈外人见了，都有些云窗春迟的惆怅，当今难写的是成人童话，字如此，做人的气度不致琐碎。

阅历饱满才能于用情处泛起厢房里疏影，民国身板穿休闲装，迎来一片惊呼。年近八旬，动辄大杯拼酒，乃性灵做派。

啼笑时代，作者横了心任由一生的辛劳自甘苍茫，钻了书法的空档，那是世道的不屑，贵族没落了，平民的衣袖不屑一挥，这字成文人相，够了。

我向来认定大师无师，大家不尚偶像。那一手字，带骨见肉，幽婉有致，有人说他奴颜媚骨。这清气着实服了一些人。

我不介意胸装高贵，人生从清贫走来，总想生活得暖和些，装点出来的贵气，总不踏实，做人要脱俗不容易。少凡兄的老师沈尹默在重庆时弹劾宋子文，官司打到蒋介石委员长那里，一身傲骨。蒋介石委员长看了文稿，扔下一句：娘希匹，字倒蛮像腔。躲过一劫。

第一次与少凡先生见面，他送我"无心到处禅"匾额，至今放在我的茶室陪饮，我对那个"禅"字，极爱。后来他又让词家杜使恩带来他的"桃花源记"，我把它当散文来读，跃出的文字密码，隐约的思维风范，游动的文化线条，尽是君子行为。文中的生死观、长短寿、悲喜事、隐逸谈，用流水贯穿，化为图腾，游历至今。

欣赏，逗留在文字，《茶经》的昂贵，接近不朽，这就跟"供"有关了。

少凡书《茶经》，屡有神来之笔，一开始就触及书法质，并非不作探险，抵达顶峰，是因为这个大家遍布的时代的文字无人照看，需靠耐力供养情操，一辈子不急于赶路，不借人家的道走完自己的人生，逆风逆雨方遇正道。

他为我的线装本《一字经》提了书名，结构堂皇卓越。假如把少凡看作文人字，这就有味道了，运笔流真性情才是礼数，用时间和心灵多重过滤，染上了文人色彩。文化意志下的乐观期待，体悟得极好。

冒犯了寂寞的他，薄雨收寒中丢了风骨，当了一番仁厚的叛逆者。

书界暗淡后，用故土的方法抵御他乡，用新光闪亮旧山旧水，做了醒世的智者。少凡用不可攀的字，让生命变得有凭有据。肃穆的殿堂挂着自己的字，长夜苦盼到了晨曦。

藏英气、锐气，书法可以率性，多少书家，有些文稿把自己缠绵死了。随手拨弄的笔墨，坚持放纵到连自己深表敬仰。在纸墨的当铺里把灵魂抵押了。

精神力量衰竭一后，冷漠的眼光滞留在书法，世界已分崩离析，人也眼空一切。书家一定要到了被祭奠，人生末端才在字迹上露出轨迹。

法度，骨力，阳明心气，用冷酷硬汉之风。

笔底风景，生命里的神韵。

兰博园，
顾渚山的衍生

花语"只要你好点，阳光会多给一点"

——作者手记

长兴至顾渚山的路上，有两处与茶无关，却别具一格的景点，一属奇葩，一属奇异。

奇葩景点叫东方梅园，藏在一个叫夹山的小山岱里，周边连绵的杨梅山包裹着一个遥远的真核，进得酷似石磊的山门后，盘山入内，将人们导入世外，那浓缩了名山大川的千年古木，重生的味道极浓。发现世界真的还有原先，还有旧时月色，这些枯木带着品节，披着千秋风雨，坚守于漫漫长夜，万古不坠。

奇异景点则是兰花博物园。兰花草的故事令游人情绪易失控。兰博园主人收集500年来500多种精品兰花，追回流落日本的极品珍兰，创幽远之气，筑淡雅之韵。这里的兰花似乎带着信仰，开得一点也不犹豫。

在长兴建兰博园，并非凭空臆造，有它的历史由来：

天目山余脉这一组山峰，顺着顾渚山势，向东南方向缓缓地伸展过来，渐入太湖，是将入未入水中的最尾端。尾端上，上苍安排了一座小山来传神。

这座小山的名字叫香山，高只五十丈，东枕太湖，突兀于湖上其形如鳌，又有鳌山之称，山上林木葱茏葳蕤，兰蕙溢香，环境清幽，湖畔芦花飘忽，船帆星云，其美景还是惊到了县令谭肇基，在任上留下了他最好的诗：

> 何年凿片石，突兀临湖浒。孤撑势欲飞，不与群峰伍。
> 俯瞰万象空，浊浪自吞吐。拟下磻溪竿，惜无钱王弩。

香山西连群山，烽火墩绵亘而西，北为斯圻、迭路湾，远眺宜兴兰于山，东望，湖上洞庭山隐约可见，明代，这里是泊舟的港湾。早年国民党元老张静江曾想在此开辟香山公园。

香山，这个名字，引人欲醉，暗合一生一世。《长兴县志》里记载了两座有名的兰山：

一座是香山，古时叫兰香山，因山中多生兰蕙得名。香山谷中的兰草淡雅幽香，具山之魂，水之韵，林之绿，气之远，草之青，花之香。

另一座是乌瞻山，山中产名贵兰花。这里的兰花似乎带着信仰，异常地冷静，悄无声息地来去，暗香中，开得一点也不犹豫，只是在思考如何绽放可以更美。

长兴盛产兰花，得益于山清水秀的地理优势，历代好花选出，本地下山的文俊蝶、方山梅、赤小荷、朱埠梅等多个品种被录入兰花书籍，载入兰花发展史册。清同治年间，秀水人杜文澜编著《艺兰四说》，在品类说中写道："蕙多产于浙江长兴及江苏宜兴，故名兴兰。"清张光照专门编著一卷《兴兰谱略》。从此，前人的兰谱中往往称惠兰为"兴兰"。王叔平为此有专著《五十年艺兰之经验谈》。

经过百年孕育，历代传承，兴兰早已不仅仅只是一个兰花品类，更沉淀为一种兴兰文化，养兰言志，以花寄情，体现出高尚的情和雅数的情，在欣赏中修身养性，在截培过程中潜移默化，兰随人转，人因兰移，兰我相融，共誉清辉。

长兴变通便利，南来北往中便于兰花交易、集散，故有兴兰之乡的美称。

花卉一族，兰好像不解人意，只去空谷绽放自己的芬芳，说是古老世纪鲜活的倒影，兰花冷冷地躲开冷冷地散着幽香，意境淡远。人贵兰，兰花长枝直撩人心底，是爱花的理由。

人一旦在幽谷和真情间回荡，小思维一点就亮。于是，兰可香的英姿，淡彩若梦。画中能找出感官世界，大概非兰莫属！

兰代代舍不得岁月留下的旧枝，为的是了有新意，我天井里的兰虽不高贵，也没什么盟约，但总有牵挂。

梦入兰，心若兰，吹尽繁红，占春长久，不如思柳。念生命葱郁，叹世道炎凉，不如念兰。有了兰，人生在枯寂中少听几声寒鸦。

兰花靠天赋走向冷艳，冷艳中静等爱慕，又漠然中积累热烈，将欲望流向独特，于空谷中独酿贴近人本主义的济世良方，用道义上的冰清玉洁，代表一方哲学。兰花持淡泊无为立场，与文明为伴，却隔膜着世道，孤独中修来生。

兰居幽谷，用孤独浅说生命的深层意义；用芬芳诱惑丛生中的真我；用花开表示惜缘，不要惜恨；用淡泊教你淡忘，不要铭记；用幽静告诉不要害怕遥远，人生就一步之遥。

春天是用来辜负的，生命是用来消耗的。人就一辈子，省着点用，别指望来生。心态当若兰，自以为学会了抗拒浮躁，却未透悟真正的冷清。

兰，随信仰活脱，爱极；置文人案头，雅极；株态清秀、花姿富艳，美极；芳香酸郁、神色高贵，醇极。人贵德，花贵香。兰香，醇而不浊，清而不腻。

独自疲倦，低调得让人窒息，谦卑得让人压抑，用下辈子做承诺，赏花人还能说什么。此乃人间长调，悠然黄昏。

风景与内心寒暄，精神才不致饥饿。

茶山连句，
一座山与一种文化

在中国，唐代以后"茶道"一词突然成了死语。

——仓泽行洋（日本）

顾渚山因盛产一种天赋的灵草，使它历经一次次浮躁，顾渚山风景依旧，气质不同，顾渚山精灵挣脱异化后，便不见传统，向世界灌注那一个个古老的传说。

2013年10月，第八届世界国际禅茶大会在顾渚山召开。茶人、学者、官员，共同有过一次风雅的顾渚山联句活动，堪比唐代开茶时节的热络，遂录：

古值良辰调锦瑟。（刘国富）
今逢快事列诗墙，流觞欲继兰亭会。（章根明）
春色偏多陆羽乡，紫笋沴来茶胜酒。（刘征）
新词唱彻凤求凰，红泥炉火汤初沸。（梁东）
绿羽旗枪实漫尝，顾渚雷芽催梦华。（杨金亭）
竹山雅集粲文光，才八高韵铿金石。（周笃文）
故国风华被典章，天目云深明月峡。（雍文华）
太湖波淼木瓜堂，苕溪白鹭翔西塞。（蔡厚示）
叙午清泉仰上苍，绝品始生悬脚岭。（林从龙）
时壶长撮健身房，昆仑雪煮江南翠。（星汉）
玉洱杯分漠北香，道悟空云春未了。（王亚平）
心行静美路犹长，奇峰沃野崇真气。（褚水敖）
瑞草繁枝送嫩源。（戴盟）
濡墨三江歌盛世。（钱法成）

联珠五月播遐方，笑言欲试风生腋。（王漱居）

默啜远思霾湿裳，乞米官勤民致富。（周友生）

读经锵健语能狂，忘机独好伦闲日。（徐弘道）

许国无论染鬓霜，何幸吾侪展鹏翅。（薄松涛）

偏教后来步中唐，鲁公大历临州乐。（嵇发根）

箸下流霞到处芳，浪起吴边拍河荡。（杜使恩）

焰滕越角射朝阳，久仪颜杜虹霓吐。（马以）

雄视杭宁首更昂。（孙文友）

　　轰轰烈烈的修贡，轰轰烈烈的享受以后，顾渚山静寂了，紫笋茶千年的作贡，将中国茶文化的氛围打造出无限风光，顾渚山以其对中国茶文化的特殊贡献，默默地躲进深山僻壤，独享春色去了。

　　世间一片喧，再回到顾渚山的宁静与安然，茶给了世间以和谐之光、之气、之神。当现代浮华替代历史的厚重，当物质的浮躁淹没了精神的纯洁，当贪婪的欲望覆盖了生命的本性，只有茶依然朴实无华，默默无闻的承受着人世的沧桑，承载着人性的光芒。

　　顾渚山泉流在两岸山体坚挺的护卫下，潺潺淙淙，不滞不溢，不绝不息。有钱、有闲者，入山访茶，沃土清流，山亭聚会。塑造不出傲岸不群、摧之不垮、折之不弯的灵魂。顾渚山幽谷深深，林木交荫，雾气弥漫。中国文化史上的顾渚山现象，值得玩味。

　　紫笋，合了唐代崇紫的文化成因，紫气、紫金、紫薇星座、紫光阁、紫阳山、紫云茶等，高官大臣着紫色衣裳或佩紫金鱼袋等。笋，形容芽茶的茁壮饱满，喻为竹的再生更新，加上紫笋茶芽边缘有一种紫红色的晕。

　　春到顾渚山，万木争荣，群山披绿。令人动容的是挂在峰峦间、山腰间的白云朵朵，悠哉飘然，清闲自如，烟云的变幻构成充满生命气息的流动美，在奇峰深谷间穿云驾雾而过，缓缓领略一派梦幻世界，云雾为山披上神奇面纱，满山的雾气，一片茫茫，湿云下垂，蒸气扑面，衣袂面孔，被细雨轻雾所濡染，充满天地之间的都是水。然一路松竹夹云，苍翁秀碧，天风琅琅，身心舒畅，置身于此，颇有遗世之感。

　　大自然赐予顾渚山之灵气，这里常年雨水充沛，沟壑中竹木丰茂，泉水清洌，水气凝聚，白云披于山峰，虚无缥缈，在有无之间。山性伟岸，可以养浩然之气，故云雾袅绕，虚幻柔美，使毓秀的群山于险峻中见柔恬，于秀美中显洁雅。一旦登临，人们临崖纵目，毫无黏滞，仰则云天，俯则翠华，宇宙大观任人摄取。

顾渚山凭借一种气量与心胸，拒绝所有的不公，所有的脚步在这山道上被无私的承载，所有植物都在此按自己的方式成长。带一种超凡脱俗的禅意静思、远眺，气流涌动，云层翻滚，遥远的涛声，使人想起遥远的岁月，神情为之迷离。

悠然的山道上，多为茶人和闲人，倒是合了山的情调的，中国士人，骨子里谁没有一些隐逸之念，有人曾于月朗风清之夜登峰独坐，抚琴轻拨，琴声引起崖谷回应，引得山中飞禽走兽前来聆听，雨雾中罕见人迹，眼前云雨扫却人生的烦躁与芜杂，生命变得澄澈透明。面对这虚幻、缥缈、空灵的世界，许多美丽的童话应运而生。远望绛雾白云，令人杳然生翼，乘风而去。

山之美，美在山上的云蒸霞蔚，山麓的淙淙清泉，田园村落的清丽淡雅；美在晴瀑雨溟的崖壁，瞬息万变的晨昏暮霭；是在看生命与世界交汇，那流光溢彩，是理想世界纯净的最好禅释，岁月弥漫着的如云如雾的时光空间，精神世界在此升华为净无纤尘的境界。

顾渚山微观上领略不到雄壮与震撼，但还是值得细品的。郁郁葱葱的岩屏叠嶂，绵密华茂，空苍积翠，古意深长，这是江南山水特有的山体植被，然顾渚山最能表达这种溟蒙的意境。

《桃花源记》里，自渔人去后，桃源便隐入万山青松中，云深不知处，此系作者的高明。想象一个理想世界本不难，若要寻找或实现一个太虚幻境似的乌有社会，一定是人自身出了问题。

站在贡茶院，俯察凡尘，村庄、田野、炊烟、鸡犬、锦绣阡陌，近在咫尺，一幅天上到人间的绚丽画卷映入心灵，融入旷远。

十大茶区，
顾渚胜景有呼应

今天，紫笋茶依旧呈千年行色，满目青山被现代主义茶风覆盖。尽显吉兆。

——作者手记

长兴的山地、丘陵、平原直铺太湖而去，自酿一个神奇的大气场，山水形势筑起茶的天境。

陆羽在长兴，除了踏遍顾渚山，还走了槐坎的青岘岭、筿浦的乌瞻山、凤亭山、白岘、煤山、吴山和皎然的妙喜寺周边茶区，为长兴全域规制了紫笋茶一样的品第，顾渚紫笋在京城长安成为茶中翘楚。这是1000多年前，作为中国一个县的茶品牌的绝妙亮相。

现代长兴人再度发力，打造十大新型茶区，与顾渚山保持一种历史完整。

张岭，紫笋震人心

最早代表紫笋茶参评全国名茶的，是张岭茶区的货色，属于紫笋茶中的精品。张岭茶厂的专家工作室，挂着1982年和1985年，两次被评为中国名茶奖牌。

张岭那一片山，因为阳光、谷岱、轻风、薄雾、软土、溪流，与世俗隔绝，后来成为茶场，做出了长兴最好的紫笋茶，络绎的道骨仙风者，袭一身优雅，来茶场排阵，布道。与世俗隔绝。

1988年夏天，80岁的著名茶学家庄晚芳教授，来到张岭茶场，挥毫题诗："古风胜景吟，紫笋震人心，改革创新绩，禅香圣味深。"

茶园，地球上最安静的角落，是最初的净地，是下一个时代的去处。风掠过，茶香化解了欲望的气息，陌生土地补了路人分情的亏损。

山的娟秀、水的晶莹、光的柔曼、雾的朦胧组合着张岭的倩姿和丽影。一个茶魂古园。当人们毫无顾忌地进军大自然纵深的时候，在满目繁华的背后，我们面对的是另外一种贫困。张岭不仅隔绝了污流浊气，更隔绝了尘世俗嚣。

山口有一民宿把持，叫"青鸟·岭雾"，喝茶品山都在其中，张岭用茶的宿命为一个遥远的将来献上当下。茶人保住那片茶山冷香，这里连繁花杂草亦具绝不流俗的临风气度。

岭雾茶居，安放在张岭这样一尘不染的山岱，一点人间烟火的气息都没有。舒展的形态像釉面考究、厚薄匀称、弧度飘逸的青花瓷碗，连细部都接近艺术，像是人与神灵相互密谋的结果。

蓝天打造了张岭这山岱环抱的茶园，如童话里老岁月，上天余晖里那道巍然不坠的元气一直在。

神川坞，天地溢茶香

人间处处有道场，茶山处处藏乾坤。

神川坞是浙江最北的茶园，凭其1000多亩茶山具备的潜质，集聚域外真气。

很少见到如此的茶山连绵，有一种气量与心胸作祟，拒绝所有的小家子气，所有的脚步在这山道上被无私的承载，茶的植物在此按自己的方式成长。带一种超凡脱俗的禅意静思、远眺，气流涌动，云层翻滚，遥远的涛声，使人想起遥远的岁月，长兴到长安的急程茶，以遗产式的商业壮举，一步一步从心头踩过，将茶的神秘拉得长长的。神情为之迷离。

常年云雾笼罩，空气湿润，土质属紫砂性，多酸性灰，土层深厚，腐殖质丰富，松软肥沃。藏茶避光，藏心需光，是光对心灵的爱抚。来神川坞借光，对抗内心的精神压迫，绰绰有余。

山间传来熟悉的雨声似乎相当遥远了，这里写出的诗有茶叶舒展的韵，有茶果开裂的音。眼神隐一丝冷雨的消寒，雨天的忧郁是让人停脚，人生偶尔的慢行，可以看清来去路。

站在山巅西望，不像是最后的落日，除了张望，还有触及，作为一场生命，还须拥有足够的忧愁，因为明天太阳还得落在这群山之后，夕阳用诗意点亮一座城池。

山顶茶室如道家喝法，旷野中与天地同饮，这样的地方适合带着向往与茶交流，嗅到的气息有点甜，有点涩，看到的是满眼的翠绿，使劲呐喊一声，满山谷的一齐回音，脱离凡尘，离孤独很近。

残月清照，薄雪披山，亮出大山坡度的劲态。

基龙坞，绛雾织白云

基龙坞八百亩茶山，是长兴紫笋白茶的主脉，雨雾中罕见人迹，眼前云雨扫却人生的烦躁与芜杂，生命变得澄澈透明。

陆羽周游四方茶乡，在永嘉县发现白茶。但该茶是一种珍罕的变异茶种，属于"低温敏感型"茶叶，其气温临界约在 23℃。茶树产"白茶"时间很短，通常仅一个月左右。

神秘的白茶惊鸿初现，陆羽受限于当时的认知，只在《茶经·七之事》中提到"永嘉县东三百里有白茶山"，不作诠释。

北宋，白叶露脸："白叶茶，芽叶如纸，民间大重，以为茶瑞。"宋徽宗认为："天时得于上，人力尽于下，茶必纯白。"大观年间，宋徽宗以陆羽《茶经》为立论基点，写就茶论二十篇，称《大观茶论》，来记录这种珍稀的茶类。

这种晶莹单薄、表里昭彻、如玉之在璞的白茶，十分稀有。自有这个记载一直到明代的 350 多年中，没有再发现过白茶。以至于后人展读宋徽宗的文字，往往无法理解这样的好茶究竟长什么样。

白茶在茶叶专著中出现，是 1042 年吴兴刘异为丁谓的《北苑茶录》作补《北苑拾遗》："官园中有白茶五六株"，是湖州地区关于白茶最早的记载，这一记载发现白茶时间比福建历史上白茶早了 20 余年。

动植物的白化历来罕见并被看作灵物瑞兆。佛教中有白雀与白猿听经的故事。白茶形似凤羽，色泽翠绿，白毫显露；叶芽如金镶碧鞘，内裹银箭，含一丝清冷如"淡竹积雪"的奇逸之香。

这些，都是基龙坞茶山的特有。

霞幕山，茶山多吉祥

霞幕山的名气，是周边一片片茶山，由一些古寺呵护，云林禅寺、法海寺、城山寺，还有著名的藏有陆羽与皎然魂魄的妙喜寺。

见古道，如遇断肠人远行，霞幕山古道，陆羽无数次踏过，他晚年居住在妙西的妙喜寺，每天张望，盼霞幕道上故人来，去世后葬于妙喜寺后的山坡上。

顺古道登茶山，幽深的竹林小道，清澈见底的山泉水，还有连绵起伏的山林，越往深处走，每一步都在探寻真性情，捡拾一路零落的旧情怀，一路的呼啸山庄，一路的长亭更短亭，光滑的石板路，留下隔着青山的瑞草温情。

元朝高僧石屋清珙来到霞幕山，在霞幕山顶天湖结庵近40年，写有《山居诗》，1347年，高丽国的太古普愚法师慕名前来参谒石屋清珙。其后，太古禅师带走石屋授予的"蒙授正印，传衣法信"袈裟禅杖，成为契诣付法嗣临济宗二十世的高丽国第一位祖师。因此，霞幕山被奉为朝鲜半岛临济宗的祖庭。

山上有云林禅寺、中韩友谊亭、金灵千佛塔、万寿亭等众多建筑或遗迹。如今，每年有大量韩国人士前来霞幕山云林禅寺拜祭祖师。

霞幕山下的滩龙桥村、岭西、上堡、稍康、妙山、肇村，每村都有沿着溪流通往霞幕山顶的古道。古道给游人喧哗的弯弯山道供奉清洌甘饴的诗果，唤醒灵魂中那片宁静竹海松涛。

初春的料峭，降落冷冽的霞幕山，让才绽的嫩芽尝到人间冷酷。

白岕，地气酿茶味

岁月知茶味，人生通茶性，生活除了沉浮便是举杯、放下。但放下是为了举杯，茶离了杯，一别便是一生。放下，疲惫中自我安慰，有恋雨的忧伤。芭蕉边听雨，有铜钿声。

白岕产出的茶，四百亩茶园藏在长水路边，有个颇雅的名字，叫轩瑞堂。世间一片喧，再回到山中的宁静与安然，茶给了世间以和谐之光、之气、之神。透过茶之瑞草看清自己的生命和身处的这个世界，是最大的营养。人们对茶园的倾情也变得会心的欣然。茶场隔世，令文化空气不至稀薄，尘世的嘈杂突然安静，理性夕阳下散发瞬间灿烂。

因有隔着山川的遥望，带紫笋的底盘，借铁观音的手法，半发酵，做出紫笋观音茶，成为绝响，散发那静谧的活力四射的味道。实物带走了气息，反倒不适。

白岕的山不高，云却很低，白云朵朵挂在峦间，令人动容，优哉飘然，清闲自如，烟云的变幻构成充满生命气息的流动美，缓缓领略一派梦幻世界，云雾为山披上神奇面纱，满山的雾气，一片茫茫，湿云下垂，蒸气扑面，衣袂面孔，被细雨轻雾所濡染，充满天地之间的都是水。

茶人憋气苦修，不要惊扰正在飘落的雨，行走中要用最小的声音，听寒风冻雪，听雪竹冷月，虽然寂寞，却是红尘都市难以享用的美妙。生活就是如此公平。

桃花岕，山水在静候

长兴最静悄悄地水面，叫桃花岕。

水边的桃花岕仿如一位沉静的佳人，秋日的落叶为她的长发系上黄色的丝带，清晨的薄雾又让她的眼眸多了些潋滟的波光。

桃花源不是一个单独的词，在南山，意味着扑面而来的日光、尘土、水草丰美的气息。

每个人都有属于自己此一片森林与湖水，在这里，无人熟睡在陌生人的影子里，太阳照白了空气，照过了那片茶坡。桃花岕适合裸泳，时光的绝情之处是，它让你熬到真相，却不给你任何补偿。

读梭罗，读《瓦尔登湖》，书做得好，文字却存难度，拗口加呆板，感觉有一湖静谧让人神往就够了。怀特也自然主义，他不拿斧子进林子，而是将古船改成书屋，逃离城市需要灵性之水，需要桃花岕那天镜般明澈的水。

听惯了童年乡居的拨浪鼓，神色里褶纹干净，朴素亦藏威力，桃花岕给大自然的美学铸下另一套新结论。

桃花岕品相壮丽得惊人，来到水边的人，都有独自探索心灵荒径的欲望，以个人力量为绿色思想的大刀阔斧留下伏笔，爱这个世界的净美与迷惑。

从精美岁月到凋零暮年，举传统薪火，烛照人生悲欣交集。如幽兰般不食烟火，在深谷中独善其身，关爱灵魂。这在桃花岕可以试试。

天镜一般的水面带着光晕行走，在对秩序的冒犯中，塑造《瓦尔登湖》的信仰。空谷藏幽兰，袭人欲醉，群山净水构筑了唯一的境界风格。

桃花岕的幸福是量身定做的！

弁山茶，茶汤有梵音

世界留下的精辟不多了，江湖来到茶山没了道行，透过茶园看世间，格调不会低贱，美景离灵魂最近，对乡间要好点。世道经过茶道该是精神的命脉，茶叶漂在水面，世事才显纯净。

浙江最早有文字记载的贡茶叫"温山御荈"，温山是弁山一峰，说明弁山在汉代已产贡茶，迄今有 1700 多年的产茶史。苏东坡说湖州山水清远，道出了湖州滋养好茶的地气奥秘。

弁山茶的精华是玉山果茶场，龙华寺护着七百亩茶山，茶带佛性。在龙华寺南眺，可以看到烟波浩渺的太湖，在弁山读湖州，山川映发，势雄楚越，"卞峰照城郭，震泽浮云天"。

踏上玉山果茶场曲曲弯弯的山道，不如说是拐进了昔日的岁月巷道。路旁密布着涤荡心灵的生命之绿，竹境通幽，谁都知道自己无法缩短与绿的灵魂的距离，只能在朝暮岁月的两端，流淌着鲜活、奇葩的区间。这是茶山书写历史的另一种手笔。山间偶尔苍劲的千年古木和百年古藤，让人世间变得情意绵长。

晚霞不肯落去，意在引人去冷赏一种不存戒心的美。茶山冷落才耐看，连花草不致等闲，风景的教化，是让人刻画内心。在弁山顶俯瞰茶坡，当光影越过纯粹，春日的低吟浅唱随之变得跌宕起伏，大自然用令人惊叹的方式奖赏采茶者，煞是好看。

四周岭雾茫茫，给每一根树杪命名，每一缕阳光的味道都寂寞。从湖中赏弁山，青山卧水中；茶垄中品弁山，山有草木情。翡翠一样的细节，有一种柔若无骨的黏附力。

玉山果含禅，在茶场随便找一株茶树织成绿荫，飘来的凉意感月吟风。

梅茶坞，一切皆味道

梅茶坞是正宗的紫笋品第，躲在徽州庄的深处，但一直味脱顾渚山气场。

徽州文明对于中国近现代的渗透，是其黑白色调的徽派建筑。水口的徽州庄村，在 20 世纪一直保存着这种持家旺族的气血，故徽州庄的商业嗅觉一直很灵。

辉煌年代里所有的经典都被化作一种积淀，如同窖了上百年的好酒，细细品，能品出点味儿来。"徽派"中，砖、木、石三雕，在井栏梁柱门窗柜扇等处大显身手，精雕细刻无所不用其极，真正能当精美二字。据说这些是当年普通工匠的作品，无从深究其匠气，只在一些细部花力气，显露给你一种不经意的讲究，骨子里却是非常刻意地追求这种风度，与之相对，直觉它们比你底气足多了。

很早以前，早到什么时候，已无从考证，一个徽州商人来到长兴水口做茶叶买卖，顺带做点山货生意，相中了徽州庄这风水好，自然景色更好的山村，落户了，徽州人集聚营生的特性给了这小山村徽州庄的大名。

今天这儿的徽州气息早已散去，长兴已不大习惯这黑白之风，迎来像芳草地之类的现代风范。当然，他们抽空也会去走走曾经的徽派弄堂，窥窥先人的生活，抚抚斑驳的粉墙，触摸到先人的体温，消减偶尔的惆怅。

水口徽州庄很早就有自己的茶园和茶厂，工厂的设备总引领着趋势，先进的生产线可以加工出多种好茶，倒是方便了周边的茶山处处。山涧细流化作婉约，竹林幽处藏着人家，偶尔的江南丝竹之音飘来，心往清静里去。道骨仙风与超然佛性浑然于天地间，人世间一切势利、等级、浮华到此一律烟消云散。

一个乡村，能创造出制造不朽的方法，这就跟文明大气场有关了。

八都岕，山居带诗意

植物社会的文明遗韵，留在了银杏叶上。

长兴有纵横两条银杏带，一条是东西向，八都岕长廊，特别写实；另一条南北走向，凤停山过合溪水库入大干岕的飞云寺，顺古道北去经江排白果寺，再向北在顾渚山寿圣寺收官，一路点状呈现，且茁壮于寺院，顺应古人银杏接地气懂佛性之说。

八都岕茶用纯粹指点汤色，是因为有银杏对于环境气场的调节与整理，茶山少有病虫害。整条山谷有诸多的茶山和诸多的茶室，这里的民宿，挂着一串串好名字，成为一家家有品位乡村酒家。民宿提供了一种徒然的憾怀，步出平实的人文素养，与清风明月似乎不配，更无迷雅的情节，却构成一个贵族村落的情分遗产。

世情移居八都民宿，为一个个旅人找归宿，周边银杏古树作为精神意志的守望者，换一种方式冲击心神，将人心空地填了。山里的人家，总是气色浓烈，逍遥林下的目光，一切皆是味道。

长长的山岕没有街市、店铺，用弯弯曲曲的林荫小道，串起零零落落的山里人家，山人们的情绪冷暖萦怀挂心的许多尘缘，常是卑微质朴的俗家凡子，整路整岕的没有高贵功名、事业风云，一辈子来回于碌碌生涯之中。

银杏凭心理挑剔土地，凭习惯顺应风水，将悠远的真气藏匿体内，余音永不示人，留作自己欣赏。茶园里难见唉声叹气之人，采茶人总是气色浓烈。

乡居充满故事，八都岕的茶山，地形开阔，坡度平缓，山体空间自然多变，开合有序。山脚下、溪涧边、树林里的岕里农家，零距离亲近自然，品味悠然闲适的漫步生活。林下和慢生活与修竹一起摇曳生姿。

广袤的自然中，因为山水的缘故，曲径通幽，以大观小，是岕里的专有。如同回到了故里。

乾坤茶，国门做照壁

诗歌式做茶，以饱含人性汁液和灵魂光芒的品质，昭示着对植物生命尊严的坚守与护望。在长兴西部丘陵复地有一款茶很大胆，以乾坤冠名，耸起了一座茶的峭壁，是从乡野村落出发，走出国门的茶文化风景。

世上的最足迹，是茶。二界岭茶本不想走精致，茶乾坤用面向国际的创意，带着仁者的真挚与忠良，将茶赋予现代意义。用新式手段，顺古道，驭因缘，一路无常，任所有的荒芜成往事。

茶乾坤用艺术化的招式，精心营造了走出国门的示范基地，如同瘦敝的人文古道，徘徊着出游的唐代诗人，前方是瘦马过客歇脚的一角驿站，或是幽幽灵慧的一座古寺，粉墙上留下失意或遣怀的诗作。

茶乾坤飘来的尽为新梦，舒缓成为重要情绪，清脆构筑敬神情操，聆听渗入茶人气度。借现代气息打发岁月，靠前卫令时光模糊，用玲珑让日子浓烈，凭动感酿温情叛逆。

长修则显不坏之身，短歇则见景见空灵，岁月泡出灵魂的味道。一片灵的叶，渗出禅的水，诗意地栖息于茶，人假如消失于茶地，世间无人知晓。

无数的茶山和无尽的泉流，承载着大自然的光芒。中国的植物文化令长兴茶叶在国门内外表现出极度的可爱。

茶叶不经意间定格了自己的神采。茶道用优雅诠释奇迹，用独自的话语叙述微妙，用一杯茶的时光安顿一生，用一滴水的声音轻叩众生。

茶入乾坤，阳光和阴影或许会告诉你一段鲜活的历史。你无须说话，只需聆听。

附录

南方嘉木
归来辞

顾渚山，一座伟岸的山，一座文化上的不可重复的高山。

——王旭烽

品山之境

自然本是客观存在，无心无欲，所谓天地不仁，以万物为刍狗。但因人生情，竟会形成倒置关系，比如赤壁山，若无三国英雄大战，若无东坡前后作赋，岂有后世形象。所以人们会说赤壁是为三国而生，是为东坡而生的。顾渚山亦如是。

古往今来，为某一座山吟诗作画行书著文者，天下滔滔。然而，真正要以学者姿态，文士笔墨，执子弟之礼，报儿女情怀，为一座家园之山著书立传，我环顾四周，长兴张加强乃第一人也。

在作者之前，这座山曾经为许多人而生。所以顾渚山是一座重复为人而生的山。作者本意是要叙述顾渚山那一次次重生的历史时刻，不曾想从而使他自己的叙述也进入了重生。而顾渚山，亦因为无数次的重生，进入了永恒的光荣行列。

顾渚山在湖州长兴，从大的地理环境上看，它属于长江流域的太湖流域，人类最适合居住的地方。而顾渚山的具体位置，则在吴根越角的浙北——浙江、江苏和安徽的三省交界地带。天目山余脉从西南延伸过来，缓缓渐入太湖，顾渚山就是这将入未入水中的天目山余脉的最尾端。而西北方向，则树起了一座由啄木岭、黄龙头、悬脚岭构成的天然屏障，海拔虽然只有五百多米，在杭嘉湖平原上就是拔地而起的高山了。这一组山峰向东南方向缓缓地伸展过来，一直抵达滨湖平原。

像顾渚这样的山，怎么可能没有魂魄呢？顾渚是有大魂的，此魂大写一个字：茶！

中国茶区，从长江上游的四川巴山开始，沿江东下，经过武汉，九江，就到了下游的太湖流域。这里的气候、雨量和土质，都是最适合茶叶生长的。历史上曾做过湖州刺史的张文规在提到顾渚山之水金沙溪时曾说：大涧中流，乱石飞滚，茶生其间，尤为绝品。后人不惜重蹈先人覆辙，再三再四文系顾渚山，实为一个核心——作为顾渚山之魂的"茶"。

然而，史书记载顾渚山的最初被人关注，却非象征和平的茶，乃是因为君王的霸业和春秋的混战。2000 多年前吴王夫差的弟弟夫概，为了防备越国的侵略而踏勘边关地形，上了顾渚山。登高远眺，自然心胸开阔，见那浩渺太湖，尽收眼底，那太湖流域的水中岛渚，星罗棋布、那"普天之下，莫非王土"的欲望油然而生，脱口而出：顾其渚次，隰原平衍，可为都邑之所。顾渚山，作为这座山的名字就这样产生了。

据说夫概回到无锡梅里之后，成功说服了吴王夫差，因此，"夫差顾望欲以为都"。好在因为吴越战事激烈，迁都之事不过一议，并未实施，从历史长河看，战事让位于茶事，顾渚之魂从此有了诞生的可能。

没有陆羽，作者还会为这座山树碑立传吗？陆羽就是顾渚的山神，就是顾渚的山魂，他是以茶的形象出现在顾渚山的。身为湖北天门人的陆羽，或许是闻着从顾渚山飘来的茶香，一路寻寻觅觅，来到江南这座当时并不出名的山峦的吧。顾渚山没有辜负这位旷世茶圣，紫笋茶成为当时中国最佳的贡茶，贡茶院成为中国第一座皇家茶叶加工厂。

闻香识唐朝，在对以陆羽为核心的唐代湖州的事茶集团进行细致准确的叙事过程中，我们闻到了飘来的阵阵茶香。这个 1000 多年前中国历史上最著名的朝代的味道，是茶香。

这样，我们就丝毫不奇怪，为什么这部长达十几万字的传记写了那么多关于顾渚的政治、经济、宗教、地理风貌、物产，乃至人物命运、诗文轶事，却又会无处不渗透着茶的馨香了。

要把这 1000 多年以来的茶香山魂以美以科学以智慧的方式叙述下来，是一种幸福的"登山运动"。作者选择了这样一条"山路"。许多年前，他曾经带我入顾渚山，进明月峡，踏山茶地，寻摩崖石刻，访贡茶院，饮金沙水，品紫笋茶。在我的"茶人三部曲"之第三部《筑草为城》中，我用了较多的篇幅把人物故事情节放在了顾渚山。今天，作者把我作为背景的这些搬到了前台，顾渚山成了一个大写的人。

张加强的文字很好，有足够的能力来驾驭这部大作。史料在这部作品中起着不可或缺的重要作用。但经过作者梳理之后的史料，读来文气充沛，才思横溢，意韵深远，美感迭出。作者具备的形而上思考，加之对家园的熟悉，对素材的掌握，以及对文化随笔这样一种文化样式的长期实践，使他具备了对这部作品的写作信心。这些文化和文学的准备，对这部作品的成功，都是极为重要的。

必须有这样的心理准备，那就是，以地域人情风貌为写作对象是有可能写小的，甚至写的比所属的地域更小。风情，风貌，风物，都是被一个特定的地域限制的，要从中发现大，写出大，首先自己就要大。张加强做到了。他是一个大气的作家，江南在他笔下丰厚细腻，并无小家之气。顾渚山因此才能够在他的叙述中，成为一座伟岸的山，一座文化上的不可重复的高山，一座历史上的深不可测的深山。

这座山正在迎接着自己的节日——顾渚山下的人们，不会让这样一座洋溢着从唐朝飘来茶香的江南之山白白散发香气的，它正等候各位山人来品。而作者则一手释卷，一手握茶，站在顾渚山口，以待同道之人。

（王旭烽：茶学教授、茅盾文学奖得主，

此文为《顾渚山传》初版序）

《中国茶谣》长兴曲

中国茶文化中有一部分文化基因在顾渚山的阳崖阴林之中，在太湖之滨、顾渚怀抱。要读懂长兴，必须探访顾渚山这座文化高峰，读懂顾渚，谈何容易？而我有一条"登顶"的捷径，就是结识一个人，与他品茶吃酒，听他纵论湖山。此人就是：张加强。我心目中顾渚山的风雅，就是与他一边品饮，一边回望。

我以为我与长兴顾渚山的情缘是从2008年的春天开始的。那一年，我们浙江农林大学茶文化学院建院伊始，只有两届九十多位在读本科生；那一年，茅盾文学奖得主王旭烽刚刚转行当教授，我也刚刚随之进入茶文化的领域；那一年，由我们这些师生原创的大型茶文化舞台艺术呈现《中国茶谣》将要走上联合国舞台又将在长兴中国国际茶文化研讨会上献礼；那一年，顾渚山中的大唐贡茶院刚刚建成，尚未向世人开放；那一年，张加强编剧的表现茶圣陆羽在顾渚山的电影《茶恋》即将上映；那一年，仿佛世事都在新生，清风楼下草初出，明月峡中茶始生！

那年我们师生两辆大巴到大唐贡茶院门口，一下车就见到等着我们的张加强先生。他一袭风衣，笃笃定定地站着，总是一脸从胸襟中透出的微笑。他的微笑本身是一种语言，像唐诗，虽是初见也如故交。我早在学生时代就曾购过他的散文集《傲骨禅心》。

在他的陪同下，师生们参观了初建成的贡茶院、吉祥寺，之后又赴寿圣寺吃斋、品紫笋茶，听界隆大和尚讲了一堂"茶禅一味"的课。在中国茶文化最古老的丰碑之地顾渚山中，一群当代的茶文化学子开始萌芽。

数月后，《中国茶谣》就在长兴大剧院的舞台上为来自全世界的重要茶人们奉上了中华5000年茶文化艺术的高度和内涵。中国是茶的故乡，茶是中国文化的经典象征，是中国人最广泛、最古老影响了世界的生活形态。茶文化是农耕文明中高贵、优雅的文明形态，是家园赋予我们的大美的人文主题。顾渚山，正是这个精神家园中的一座高峰。《中国茶谣》在顾渚山下公演之后，茶文化学院进入了一个全速发展的时期，也让学院与长兴的茶文化界有了亲密的关系。

2012年由王旭烽教授编剧总导演，我担任执行导演的大型原创茶文化话剧《六羡歌》完成了，我们第一次把茶圣陆羽的一生搬上了历史舞台。话剧在北京、杭州、湖州公演。王旭烽教授创作剧本时、我在导演这个话剧时，心目中描绘的故事背景就是长兴的太湖与顾渚。作品也就自有江湖之气、山野之气、林莽之气。可以说，陆羽其人是贯通着顾渚风神的，顾渚山也因陆羽而奠定其在中国文化中的地位。

《六羡歌》不仅表现了陆羽，还表现了李季兰、皎然、朱放、阎伯君，提到了颜真卿、张志和等以陆羽为核心的"湖州品饮集团"，那个中唐时期，常在顾渚山中交游盘桓、联诗品茶的中国文化的"高原"式的人物群像。他们各人所持儒、释、道三家思想的精髓渗透进陆羽的茶道。

佛门的众生平等，慈悲为怀，是陆羽从小的生命体验。他在寺庙中由高僧抚养长大，其后又与僧人释皎然成为莫逆之交。《茶经》中有不少地方带有禅意，"茶禅一味"的初相在此显现。道家的道法自然，让陆羽这自然的一片茶中冲破障碍，领悟茶道"我即茶，茶即我"如老子所言"人同草木"。"天人合一"不只要与自然一样高贵，也应与自然一同卑贱。儒家的参赞化育，生生之德，让陆羽领悟"爱茶，就是爱天地，爱日月山川，爱家国百姓，也就是爱自己，这就是茶道啊"！茶圣辞官不就，归隐顾渚，却始终心有家国。他经历安史之乱，颠沛流离，目睹人间疾苦，赋《四悲诗》。诗虽不存，但可以想见其忧国忧民之心。他钟情于茶，为的是百姓能否因茶而活，国家能否因茶而富。这也是他能选出天下第一的顾渚紫笋成为贡茶的根源。

陆羽与他的知交们共同谱写的顾渚风雅与深刻被一代代延续至今。2017年清明，我又赴长兴顾渚大唐贡茶院，与陆鸿渐、释皎然的精神后裔们共同完成了由央视直播的祭祀茶圣大典。午间工作餐时，我们抓紧时间听张加强先生谈顾渚。他在大唐贡茶院的"燕乐园"（唐代皇帝饮宴赏乐的宫殿）迅速解决了盒饭，开始讲述顾渚山的前世今生。他描述的顾渚，不只是知识学养与乡土情怀，又像是《中国茶谣》与《六羡歌》中所演绎的那种茶文化的淳俗与典雅，更是一种文化觉醒与艺术精神的高蹈情韵。他无需饮酒，也如痴如醉。看他的背影，像不像穿着高仓健风衣的张志和？

"远行的人只要闻到顾渚的茶香，便踏上魂牵梦绕的故乡。"这是我在他的散文集《近在远方》中读到的句子。

（潘城：日本神奈川大学博士）

借茶叶传递安详

读完张加强的文字，分明有一种文化认同感。

江南这块土地提供了层层叠叠的文化经验，生活在这块土地上作者差不多都有一种得天独厚的优越感，况且他们那敏感多思的心灵，早已浸泡在这些经验之中，挡不住生长出茂密的才情。张加强对江南的经验，不是那类外来的行走者，靠勤勉的双脚和东张西望探奇的眼睛来收集经验，他似乎更多耐心地长坐在自己的家园里，平心静观，眼神所及，去看一看故园里那些早已听在耳里记在心里的人物。

张加强对于江南的经验，是从当下开始的，却需要延伸到逝去的时间另一端，这般神思飞越，透入江南深处，在那块由一湖水几处山形成的地理范围内，寻找文化的层叠与皱褶。这里在地理平面上是如此之小，可是，文化的层积却如此丰厚，以至于一座小小的顾渚山，你就可以看到它容纳了从春秋吴越时代的吴王夫差兄弟，到秦汉末汉初的项羽，再到中晚唐的白居易、陆羽、颜真卿，再到宋明的苏东坡、吴承恩，其间霸主、武夫、官员、布衣、文人、隐士，历历可数，并由他们共创了"顾渚山现象"。作者只是某个傍晚的一次光顾，便从顾渚山发现了江南文化2000年逶迤前行的踪迹。

当作者解读顾渚山时，顾渚山在雾气迷蒙中也许的确"呈现了难以言传的安详"，但这"安详"不只是顾渚山的自然品相，在作者眼里，她恰是由时间沉淀下的一种文化状态。顾渚山以及顾渚山所标识的江南文化，不用说，于这"安详"中一点点发生，一点点展示，它借着陆羽手中一杯传递了千年之久的清茶，让作者和我们经验得清清楚楚明明白白。

注意到张加强坐在家门口，"远距离"遥看江南文化的姿势，他摆脱了低级的乡愿式的文化炫耀和简单欣赏，虽然总有一种见艰难如梦家园的文化归宿感时见其中，但这样的情感亲近，并没有影响或阻碍他进入江南文化的更深更复杂的历史关系中加以体认。张加强具备了一种大视野的特点。以文化历史为对象的大散文，当然不必如写历史著作那样质实，但大散文背后亦需历史理性，唯其有了历史理性精神贯注，才能在大视野之下从多重关系中把握我们的文化经验，从而使我们的写作具有力量的真知灼见和丰厚内涵。

张加强依赖于历史理性精神，透入到了江南文化中，这样他所寻求的对江南文化的经验解读，有了更多耐人寻味的发现，江南文化就像一棵生长太过茂密的大树，它在地底下的根系纠结盘绕，而作者需要理清和爬梳的恰恰是根系之间不同的关联。

关于江南文化的写作，在作者而言，需要记忆激活的正是它"灿烂创造"的部分。张加强在他的散文里，对此心领神会，为了真切的记忆，以对抗时间之遥带来的遗忘，于是在经验与记忆之间，记忆之光，照亮了张加强和他文字，使他在故园守望中成为这个文化的一个明证。

　　太湖和湖州，是东南文化生长的渊薮，江南的文化灵魂，从这里走出一代一代文化英才，如果我们要记取江南，要记取与江南与生俱在的文化，以及为理想而不惜作殊死守护的自由人格，那么我们就不能不像作者那样，用文字深深刻录太湖和她滋养的顾渚山这个"偌大的文化符号"。江南文化则永远流淌着无尽的诗意。

　　　　　　　　　　　　　　　　（费振钟：著名作家、评论家）

跋

茶室，
有个吊桥

顺着茶人张文华的想法，欲租一段老时光，带个奇思，在山涧做个有吊桥的茶室。独坐在绿苔滋长的木窗下，不招摇，隔世俗，显古旧，呈单薄。发现我们见过的茶馆市面不够幽深，发现我们的意识荒园里杂草丛生。

在吊桥茶室，才有时间跟踪一片叶的去向：它生于天地之间，便有道的韵致；长于释门之前，便有了佛的禅性；品于文人之间，便有了诗的雅兴；行于官场之中，便染了朱门的贵气；转于商海之上，便添了世故的俗意；流于市井之间，便熏上了人间烟火味。茶之味，亦俗亦雅。

这间茶室建于何处？或许在空旷的神川坞山顶，这里聚结太湖水气；或许在隐于山间的张岭，这里飘有山岭雾气；或许在倒影清澈的桃花岕水边，这里藏着隔世温情。

长兴占了地优，就地选茶，就地盛水，认真地递一滴水，用于涅槃。水以为，只要把茶认真的放进心里就能感化它的清苦，却发现，感化的只有自己。

独自饮茶，不会孤单，生活是个好听众，听茶水入盅的声音，然后过喉下肚，养在心里，才有下文。

茶叶做成排场，引来世间欲念，用大资倾诉茶人幽默，重温古人零落的茶情，舒郁结之气，敛放纵之习，是今天一个世外小注脚。

茶艺美学的命中注定，以一股优雅的力量铺垫至宗教殿堂。和陆羽一样，专心顾渚问茶。

一种文化一种活法，茶道在任何时候都如陌生的存在，用独语炼就品力，用真实捕捉虚构，用乏味构筑丰韵，用心气排解眩晕，用人生的大举措论证渺小，为的是在小茶几前能跪上梦想的拜垫，在生命的断瓦颓垣时段，化育新习惯。

　　窗上绿荫与壁上风月是人生的企慕至境。生意冷清，甚至被人遗忘，这些都不重要，只要还有那么一个客人，在慵懒的阳光下，将一盏茶，喝到无味；将一首曲，听到无韵；将一本书，读到无字；将一个人，坐到无我。

　　有的茶，此生注定要泡的，为的是寻找那一滴水一片叶一种味的下落。

二〇一九年一月九日　于顾渚山一茶居

图书在版编目(CIP)数据

顾渚山传/张加强著.—上海:上海人民出版社,
2019
ISBN 978-7-208-16037-8

Ⅰ.①顾… Ⅱ.①张… Ⅲ.①山-地方史-长兴县
Ⅳ.①K928.3

中国版本图书馆 CIP 数据核字(2019)第 172814 号

责任编辑 曹怡波
摄　　影 陈鲜忠
封面设计 零创意文化

顾渚山传

张加强　著

出　　版　上海人民出版社
　　　　　（200001　上海福建中路 193 号）
发　　行　上海人民出版社发行中心
印　　刷　常熟市新骅印刷有限公司
开　　本　720×1000　1/16
印　　张　15.25
插　　页　17
字　　数　244,000
版　　次　2019 年 12 月第 1 版
印　　次　2019 年 12 月第 1 次印刷
ISBN 978-7-208-16037-8/K·2883
定　　价　78.00 元